性屬關係（下）

性別與文化、再現

王雅各博士　主編

法言義疏（下）

汪榮寶撰・陳仲夫點校

編者序

　　這本書在想法上歷經了六年，在實際的操作上只有兩年，但它卻在精神的花費和期望的壓力上完全不下於我投注在《臺灣婦女解放運動史》裡面的。回國第三年，在張珏的鼓勵和支持下開授了「兩性關係」，當時性別相關現象——不論是學院或社會中——還是非常邊緣的。在許多性別研究先驅和婦運團體前輩的努力下，女性主義姊妹們在非常惡劣（包括物質和精神）的環境中艱辛的推動性別平等的大業。

　　我雖然極為關心婦運和女性主義（教學），但當時在甫出校門的尷尬和極度缺乏經驗中，相當掙扎的在「再適應」臺灣社會。原因是臺灣變化最大的七年（1985-1991）我都缺席了。不僅如此，甚至在婦女新知成立時我都還在軍中盡男性國民應盡的義務，而在退役之後的五個月就茫然無所覺的負笈異鄉了，因此在學成歸國時幾乎是經歷了比去美國時還要強烈的文化震驚，和相當長時期的「再適應」。

　　就開設兩性關係的課而言，物質上的匱乏可以忍受，技術上的困難可以克服，但精神上，我是相當愉快的。基於在校園中推動婦運的理念和在許多姊妹們鼎力相助的情形下，也顛顛跛跛的走過了這些年頭。在技術上的困難方面，教材一直都是很不容易處理的，我幾乎是在第二年就想到要寫一本性別的教科書，但都在巨大的教學和研究的壓力下卻步，之後的兩年中寫性別教科書成了我偶而午夜夢迴時的「瞎想」。

　　兩年前開學時分，心理出版社的許麗玉總經理到辦公室來找我，並提出了要我寫一本性別教科書的構想。我很衝動的說：「這件事我想了好幾年，現在終於可以做了。我沒辦法自己寫一本，但我可以找一票人來幫忙，大家一起寫。」許經理看我如此爽快，當下就樂不可

支的和我談論了一些細節。現在回想起來，若我能夠預先知道這張支票的內容和兌現的方式，我蠻懷疑（至少會有點猶豫）我會答應。但我是個極重然諾的人，因此儘管事後有了太多的恐慌，還是硬著頭皮做了下來。

提到這兩年寫這本書的情形是真正的「一言難盡」。除了打了不計其數的國內外電話之外，我們開了前後四次編輯會議討論各種細節，私底下也和各地的朋友有各種形式的交談和探討，再加上各種訊息、聯絡、確認、催稿……我真的很高興這本書「真的」可以出版了。

這本書的書名《性屬關係》（Gender Relations）是一個針對傳統觀念在生理性別（sex）上所做的挑戰和反動。「性屬」（gender）是一個一九七〇年代才被普遍應用的字眼，意思是「社會所建構出來對於不同生理性別的人的不同期望」。因此，性屬也可以被翻譯成「被建構的性別」或者「社會性別」。簡單的說，本書試圖表達一種和傳統性別理念——在其中男女兩性的差異是天生、自然、無法（或很難）逆轉且被用來解釋所有差別待遇理由——迥然有別的不同觀點。理想上，我們希望推翻（或揚棄）生理性別的被過度使用（和濫用），實際上我們在這裡藉由各面向的「社會性別」探討以激發讀者對「性別」（包括社會和生理）的多元想像。而這些理解和想像都是多了更平等、合諧的人際關係追求所奠定的基礎。

在形式上《性屬關係》分爲上、下兩冊。上冊的標題「性別與社會、建構」旨在說明傳統所認定（和通稱）的「性別」（sex）其實只是人們的生理結構，然而常人卻以此做爲區分「女」、「男」的絕對標準。更嚴重的是，兩性在日常生活中的各種不同（差別）待遇或者性別歧視主義（sexism）都在這一種「本質論的」（essentialist）的說法下被合理化和掩蓋。因此在上冊的三個部分中我們先以世界婦運的介紹爲起點；繼之以四章從不同的面向（生物學、性侵害、照顧和心理學）探討生理性別和它受社會制度之間的互動關係；在第三個部分

的八章中，我們分別從婚姻與家庭、諮商、教育、工作、休閒文化、政治參與、醫療和司法體制等說明生理性別觀如何在實際的社會機構中被模塑、傳遞、維繫和造成性別不平等，同時作者們也以女性主義的觀點提出打破（修改）這種機制的不同建議。

下冊的「性別與文化、再現」則鋪陳了性別差異如何在文化建制（cultural establishments）中被建立和表現出來。第一部分的「性別與文化建構」包含了歷史、文化和空間等三個建構文化——特別是象徵體系——的重要學術領域；第二部分的四章，則將重點轉移至再現社會性別的各種機制，從商業的廣告、傳播到美學的電影和視覺藝術；第三部分「女性主義的經驗與實踐」則以婦運中的五個不同議題（和領域）說明女性主義理論在本地的實踐（成功？）案例，包括有臺灣婦運史、同志平權運動、雛妓救援、高雄縣婦幼青少年館和兩性平等教育的推動等，這也是對相關部分臺灣婦女運動的多面向檢討；第四部分的結論則是扼要的整理和重述書中各章的主要論點並表達對新世紀（社會）性別關係——更多平等、包容、多元和互相尊重——的期望。

至於本書的讀法，讀者們可以基於自身特殊的考量自行調節。對於專業的讀者可逕自選讀自己有興趣的部分，而一般讀者和學生（若無法精讀全書）則至少需在序、緒論之後參考結論中的介紹（整理）之後再選擇課堂中相關所需的章節。每章的摘要和末了的參考書目和推薦讀物則提供了進一步研討的具體方向。大體而言，這本書是設計給現代化社會中的一般對性別議／問題探討有興趣的人，特別在大專院校中本書可以在不同的面向做為所有性別相關（如「兩性關係」、「婚姻與家庭」、「性別與文化」、「性別與社會」、「女性主義專題」和「婦女運動」等）課程中的主要或輔助教材。

每一本書都是許多人共同努力的結果，這本書尤其是如此。身為這本書的編者我很高興能夠在這兒提出對於所有促成此事人的感激。最先也最重要的當然是所有撰寫《性屬關係》的姊妹（和三位兄弟）

們。她／他們各自在學院／社會中有許多繁忙的工作，然而卻都熱心的擠出時間並儘量參與每個步驟。若非她／他們的慷慨和努力，非但這本書不可能出現，甚至臺灣社會在性別上的情形也絕不是我們所能目睹的現在景象。

其次要感謝心理出版社的許麗玉總經理和吳道愉總編輯，前者提出撰寫本書的構想和理念，而後者則提供了過程中相關必要的協調、聯絡和行政支援。本書的執行編輯陳怡芬小姐也在行政、協調、文書處理和校對上提供了無懈可擊的工作品質，她的努力大大的增加了本書的可看度。清香書院的解致璋很大方的提供開會的場地和精緻的茶點。我自己的研究助理吳采玲和林惠華也在過程中以無懈可擊的工作效率和品質幫助我解決許多困難。

本冊第九章是改寫自我在今年四月所發表的書《台灣男同志平權運動史》第一章〈長夜終盡的同志平權運動〉（王雅各，1999：9-40）。我要謝謝開心陽光出版社答應讓我改寫並出版在本書中。最後則要感謝我的妻，婚後七年不但在心態上，甚至在日常生活的行動上，我都還是保持著研究生的作息和生活方式。儘管她比我更忙，但在眾多個還沒打完招呼我們就睡著的夜裡，我還是覺得對她有所虧欠。我真的很高興她可以齊心協心的和我一起走人生的道路，這本書就當作是退休之後和她一起去度蜜月的「訂金」吧！

王雅各 于家庭暴力防治法施行首日
民國八十八年六月二十四日

作者簡介

按負責章次順序排列：

李貞德（第一章）

➤ 學歷：美國西雅圖華盛頓大學歷史學博士
➤ 現任：中央研究院歷史語言研究所研究員
　　　　授課於台灣大學及清華大學歷史研究所

盧蕙馨（第二章）

➤ 學歷：美國伊利諾大學人類學博士
➤ 現任：慈濟大學宗教與文化研究所副教授兼所長

畢恆達（第三章）

➤ 學歷：美國紐約市立大學環境心理學博士
➤ 經歷：台灣大學建築與城鄉研究所所長
➤ 現任：台灣大學建築與城鄉研究所副教授

孫秀蕙（第四章）

➤ 學歷：美國威斯康辛大學麥迪遜校區大眾傳播博士
➤ 現任：政治大學廣告學系專任教授

張錦華（第五章）

➤ 學歷：美國愛荷華大學大眾傳播系博士
➤ 經歷：加州大學洛杉磯分校（UCLA）訪問研究
　　　　台灣大學新聞研究所兼代所長

政治大學廣電系副教授

淡江大學大眾傳播系副教授

➤ 現任：台灣大學新聞研究所教授

黃玉珊（第六章）

➤ 學歷：美國紐約大學電影研究所碩士

➤ 經歷：任職於中央電影公司劇情片、紀錄片導演

任教於台灣藝術學院電影系、清華大學通識教育中心

黑巨傳播公司負責人、台灣女性影展創辦人

➤ 現任：台南藝術大學音像藝術管理研究所副教授

➤ 最近作品：「海燕」、「真情狂愛」

陳香君（第七章）

➤ 學歷：英國里茲大學藝術史博士候選人

現任： 藝術評論

國立台北藝術大學美術系兼任講師

女性藝術協會常務理事

游鑑明（第八章）

➤ 學歷：國立台灣師範大學歷史研究所博士

➤ 現任：中央研究院近代史研究所副研究員、「婦女與性別史研究群」召集人

清華大學歷史研究所「中國婦女史專題研究」課程兼任副教授

王雅各（策劃主編、第九章、第十三章）

➤ 學歷：美國羅耀拉大學社會學博士

➤ 現任：台北大學社會學系教授

紀惠容（第十章）

➤ 學歷：美國 Valparaiso 大學 Arts in Liberal Studies 碩士
➤ 經歷：中時報系記者、主編、專欄組記者
　　　　國小音樂教師
➤ 現任：勵馨基金會執行長
　　　　終止童妓協會理事
　　　　布農文教基金會董事、教育部人權委員會委員
　　　　內政部性侵害防治委員會委員
　　　　台北市政府性騷擾評議委員會委員
　　　　中華民國圖書評議委員會委員
　　　　行政院婦女權益促進委員會委員

吳麗雪（第十一章）

➤ 學歷：高雄縣師範大學成人教育研究所碩士班研究生
➤ 經歷：高雄縣政府社會科約聘專員
　　　　高雄縣少年輔導委員會委員
　　　　策劃執行第二屆全國婦女國是會議
　　　　高雄縣、市婦女保護委員會委員
　　　　高雄縣婦幼青少年館主任
➤ 現任：高雄縣政府社會局局長

孔昭懿（第十一章）

➤ 學歷：大仁藥專食品衛生科畢
➤ 經歷：高雄縣婦幼青少年館婦女志工督導
　　　　高雄縣婦幼青少年館婦女、青少年教育推廣承辦人
　　　　高雄縣婦幼青少年館工程設計規劃
➤ 現任：高雄縣婦幼青少年館主任

作者簡介

蕭淑媛（第十一章）

➤ 學歷：中興大學社會學系社會工作組畢
➤ 經歷：高雄縣婦幼青少年館活動推廣組組長
策劃執行第二屆全國婦女國是會議
高雄縣婦幼青少年館婦女、青少年、兒童教育推廣承
辦人、婦女活動組組長
➤ 現任：高雄縣政府社會局社會行政課社區發展組組長

吳幸蓉（第十一章）

➤ 學歷：中正大學成人及繼續教育研究所畢
➤ 經歷：高雄縣婦幼青少年館婦女志工督導
高雄縣婦女學苑承辦人
高雄縣婦幼青少年館青少年活動組組長

蘇芊玲（第十二章）

➤ 學歷：美國加州州立海華（Hayward）大學英文研究所碩士
➤ 經歷：婦女新知基金會第七屆董事長
女書店創辦人
➤ 現任：銘傳大學通識課程專任講師
婦女新知基金會常務監事
教育部兩性平等教育委員會委員
公共電視董事

第　一　章

傑出女性、性別與歷史研究
——從克莉斯汀狄琵珊的故事說起[1]

李貞德　著

　　在西元一四○五年出版的《女性之城》（*The Book of the City of the Ladies*）第一章中，法國女作家克莉斯汀狄琵珊（Christine de Pizan）敘述了她的寫作緣起[2]。

　　一天傍晚，克莉斯汀坐在她平常工作的書房中閱讀著當代的重要文學作品，覺得有點疲憊，便拿起了桌邊一本小書，想換換口味，休息一下。這本小書是朋友送的，據說討論關於女性的種種。克莉斯汀剛讀一會兒便到了晚餐時間，只好暫停，將小書擱在一旁。第二天一早，克莉斯汀和平日一樣，進入她的書房，重新拾起那本小書，繼續讀來，卻愈讀愈沮喪，因爲書中充滿了對女性的鄙夷和歧視。雖然這本書並非名家名著，卻令她不由得想起自己多年來所閱讀的大師作品，其中也不乏對女人的嘲諷和誤解，而結論則不外「女人乃禍水」、「最毒婦人心」或「謀及婦人，宜其死也」之類的論調。即使不是討論女性的著作，有時也難免在字裡行間流露出對女人的怒罵嘲諷或缺乏信任。克莉斯汀想著自己的女性親友，覺得許多批評女人的說法並不公平。然而，既然她素來所景仰的文哲名師異口同聲，她便覺得無從反駁。啞口之餘，再尋思自己身爲女人的事實，克莉斯汀不禁悲從中來，哀歎難當，呼求上帝，說：「神哪！除非我的信仰有誤，否則我如何能相信祢的無限智慧和美好竟會創造出女人這種劣質品呢！」

　　正當克莉斯汀熱淚盈眶、垂頭喪氣的癱在椅背上，怨恨自己身爲女人時，窗外射進一道光芒。她大夢初醒般的抬起頭，竟看見三位頭

---

[1] 本文同時刊載於台大婦女研究室《婦女與兩性研究通訊》50「女性主義與台灣社會」專號（1999 年 3 月），頁 19～26，以及《歷史月刊》135「傳統婦女的自我實現」專輯（1999 年 4 月），頁 65～71。原文僅列書目，未標註腳，今爲讀者查詢方便，茲將註腳補上。

[2] Christine de Pizan, Earl Jeffrey Richards trans., *The Book of the City of the Ladies* (New York: Persea Books, 1998), pp.3-5.

戴王冠的女神，容光煥發，頓時令她的書房光彩奪目。三位女神慰問克莉斯汀的沮喪，並且一一自我介紹。她們分別名爲「理智」（Reason）、「忠誠」（Rectitude）和「公義」（Justice），她們的任務是來幫助克莉斯汀以一磚一女人的故事，從地基、牆垣到屋頂建立起一座女性之城。

於是女神和克莉斯汀開始一問一答的對話，而《女性之城》一書便在對話和故事中進行。先由克莉斯汀引用各種作品中對女性的批評來發問，接著由女神提示加上克莉斯汀的反省，以歷史上的傑出女性爲例，駁斥以往歧視女性的言論。克莉斯汀問「理智」的問題，例如女人是否缺乏政治統治能力、無法發明創造、性格不夠嚴謹等等？理智女神則列舉古代政治、技藝、學問等多方面的傑出婦女證明女性的能力。克莉斯汀問「忠誠」的問題，例如女性是否不懂得保密、不宜受教育、習慣對丈夫不忠、喜歡被強暴，而且性情善變等等？忠誠女神則列舉守口如瓶以救丈夫於政爭禍端的羅馬女子、才德兼備代父教學的波隆那女學者，以及歷來反抗強暴抵死不從的貞節烈女加以反駁，並且舉出詭譎多變的羅馬皇帝尼洛證明女性並不比男性善變。

克莉斯汀聽完之後雖然心情平靜不少，卻難免困惑：既然過去對女性的誤解和歧視如此之深，爲何不見女性挺身批駁？忠誠女神爲她解惑：「善惡屆時終須報，女人分工亦不同，天將降大任於克莉斯汀，三位女神來相助！」克莉斯汀又遲疑：倘若有男性抗議，認爲「大部分女人都不夠優秀，不如等所有女人都更加完美之後再爲她們寫歷史吧，又該如何？」忠誠女神爲她釋疑：「先知約拿奉耶和華之命宣告尼尼微的滅亡，正因爲城中連一個好人也沒有；羅得離開所多瑪後天火降下焚燬全城，正因爲城中連一個義人也沒有；耶穌只有十二個（男性）門徒，其中就有一個背叛了他。如果男人要求所有女人完美，那麼就等他們自己都完美無瑕之後，女人自然會追隨他們的模範！」

最後，克莉斯汀在和公義女神的對話中，列舉歷代聖女的故事完

成了屋頂建築,而聖女們也在聖母馬利亞引領之下一一進駐女性之城,全書則在克莉斯汀向諸位傑出女性的問安聲中結束。

克莉斯汀狄琵珊於一三六五年生於義大利的威尼斯,三歲時她的父親受法國國王查理五世之邀擔任宮廷觀星家,於是舉家移居法國。雖然克莉斯汀的母親主張女兒不宜受文字教育,應以學習女紅爲主,但因父親的支持加上長養於宮廷之便,克莉斯汀仍得以接受良好教育。她在十五歲時和長她十歲的丈夫結婚,丈夫鼓勵她繼續向學,因此婚姻生活相當愉快。不幸的是,克莉斯汀二十歲時,父親過世,二十五歲那年丈夫則因感染黑死病身亡,留下子女三人而無遺產分文。在一度陷入困頓之後,克莉斯汀靠她的才學,賴寫作爲生。她的作品除了詩文之外,亦包括爲查理五世所寫的官方傳記、討論宮廷政爭和軍事倫理的專著。她十分在意自己作品的出版流程,常親自參與其中插畫的繪圖和印製,稱得上是一位專業作家[3]。一四〇五年時她已小有名氣,但面對流行文論中對女性的嘲諷和詆毀,卻深感困擾。從《女性之城》看來,歷史上傑出女性的故事提供了她踏出陰霾的力量,使她得以重新肯定自己,並形成提升女性地位之訴求。套句今天的話,克莉斯汀可說是以婦女史作爲她女性意識的基石!

長期以來,以傑出女性爲主的婦女史研究和女性主義之間存在著依違分合的弔詭關係。傑出女性,不論是女作家或女主,總比芸芸女眾留下更多的史料,因而經常成爲婦女史寫作者的初戀或最愛。歐洲中古史女將 Eileen Power 一九四〇年代的演講集《中古婦女》(*Medieval Women*)便從知名貴婦、商婦和修女的故事切入探討當時的婦女生活[4]。而歷來有關歐洲中古女性的著作,除了克莉斯汀狄琵珊之外,又以聖女貞德(Joan of Arc)、阿奎丹的女主艾蓮諾(Eleanor of Aqui-

---

[3] Christine de Pizan, *The Book of the City of the Ladies*, "Introduction" by Earl Jeffrey Richards.

[4] Eileen Power, M. M. Postan ed., *Medieval Women* (Cambridge: Cambridge University Press, 1975).

taine）和賓根的修女院長希德家（Hildegard of Bingen）等才女名媛最引人注目。然而，傑出女性的貢獻固然能激發女性主義者效法先賢的勇氣，卻也為其反對者提供辯論的素材：「傑出女性的存在證明社會並未壓抑婦女！」以中國史為例，叱吒風雲的女主如武則天和才學兼備的詞人如李清照便從來不乏學者青睞。然而，陳東原在一九二○年代出版的《中國婦女生活史》中卻說：「我這本書不是要稱誦什麼聖母賢母，也不想推尊什麼女皇帝女豪傑給女性出氣，因為這一班人與大多數的婦女生活並沒有什麼關係。我只想指示出來男尊女卑的觀念是怎樣的施演，女性之摧殘是怎樣的增甚，還壓在現在女性之脊背上的是怎樣的歷史遺蛻！」[5]放在一九二○年代新思潮風起雲湧的脈絡中來看，陳東原的論證方式可能和十四世紀末的克莉斯汀不同，但他以婦女史為基礎倡言女性意識，企圖提升婦女地位的態度卻並無二致。

雖然如此，婦女史在學院中的發展卻一直和女性主義或婦女運動保持若即若離的關係。中古史學者 Judith Bennet 在一九八九年發表的短文〈女性主義與歷史〉（Feminism and History）中分析美國婦女運動和婦女史研究從合作到疏離的過程。她認為運動者時常自學者所描繪的父權歷史中獲得運動的正當性，又因認識到女性在男尊女卑的歷史情境中仍努力實現自我而大得安慰；而婦女史學者能在學院中佔有一席之地，則未嘗不是受惠於運動者所製造的社會風潮和輿論壓力。遺憾的是現在的歷史學者對知名女性毫無興趣，為了回歸「歷史學界的主流」，更以「性別」（gender）代替「婦女」（women），將男尊女卑的問題和女性特有的經驗淡化或抽象化，以致於無法為提升婦女地位做出任何貢獻。Bennet的批評並非無的放矢，她挑明了是針對近代史學者 Joan Scott 倡言「性別」的論點表達意見[6]。

Joan Scott 曾在一九八六年發表〈性別：歷史分析的有用分類〉

---

[5] 陳東原，《中國婦女生活史》（上海：商務印書館，1926），頁 19。

[6] Judith Bennet, "Feminism and History," *Gender and History* 1:3 (1989), pp.251-272.

（Gender: A Useful Category of Historical Analysis）[7]，之後在許多場合，包括一九九六年爲牛津大學編著《女性主義與歷史》讀本並撰寫導論時，多次申論她的看法[8]。她主張以女性作爲研究主題和對象，固然使婦女史得以成爲一個歷史研究的領域，卻也使它在歷史學門和學界中邊緣化、配額化。研究傳統政治經濟史的人可以說：「哦，妳研究婦女史，就是關於家庭和婚姻等等！這個我不懂，和我的領域無關。」研究法國大革命的人可以說：「知道婦女亦參與其中並不影響我對法國大革命的認識。」研究古代史的人可以說：「沒有婦女的問題，因爲沒有相關史料！」然而，什麼是與婦女相關的史料呢？某一種材料中沒有婦女出現，是否就不能研究其中的「女性」呢？Scott認爲：如果以「性別」作爲一種分析工具而不僅僅是研究對象，則「女性」的議題無所不在。

例如，一八一六年反革命復辟者主張廢除法國大革命期間通過的離婚法，所提出的理由是：「正如政治民主允許社會中弱勢的人民挑戰既有權威，家務民主的離婚法也允許了弱勢的妻子挑戰婚姻的權威；爲了使國家脫離人民之控制，有必要使家庭脫離妻兒之控制！」辯論的雖是民主政治的議題，卻以夫妻關係作比喻來進行，並且最終目的在將人民和妻子推回原先弱勢的位置[9]。一個有趣的臺灣版對照出現在去年年底北京召開「兩岸關係座談會」時。報載，國民黨的邵玉銘和民進黨的姚嘉文兩位先生在不同場次以相似比喻提出建議。邵玉銘說：「中共不應急於向臺灣逼婚！」姚嘉文說：「臺灣現在不是中共太太的身分！」[10] 討論的雖是兩岸政治，逼婚、夫妻的比喻卻未

---

[7] Joan W. Scott, "Gender: A Useful Category of Historical Analysis," *American Historical Review* 91:5 (1986), pp.1053-1075.

[8] Joan W. Scott, "Introduction," in *Feminism and History* (Oxford & New York: Oxford University Press, 1996), pp.1-13.

[9] Joan W. Scott, "Gender: A Useful Category of Historical Analysis," p.1071.

[10] 〈中共不應向台灣逼婚；台灣不是中共的太太〉，《聯合報》1998 年 12 月 29 日。

嘗不能暗示現實社會中男女所分配到的強弱尊卑位置。其他更明顯的
例子則包括斷袖之癖的歷史研究、流放文人以棄婦自喻所表現的君臣
關係等等，雖然只有男性的史料，卻充滿了性別議題。

其實，即使某些課題缺乏女性史料，歷史學者也可以問：「為什
麼？」最明顯的便是女性在政治活動等公領域中的史料較少，但這並
不表示「女性與政治」的研究只能限定在令人驚嘆的幾位女主身上。
歷史學者無寧可以問：是什麼思想背景、制度設計、權力運作模式和
兩性互動規範限制了女性在公領域中嶄露頭角的機會？例如，克莉斯
汀當年問理智女神的第一個問題便是：「為什麼執政官員中沒有女
性？」有趣的是，理智女神給她的答案竟是：「上帝造男造女各有職
司，女性非不能也，乃不為也。」[11]「非不能也」的答案在以女性為
弱者的中世紀誠然已突破了既有的說詞，但「乃不為也」的結論卻暗
示克莉斯汀所處的宗教思想環境及其對兩性分工的態度都可能阻礙女
性的公領域活動，使她們鮮少見諸史籍。這麼一來，學者又可以問：
所謂「政治活動」、「權力關係」只限定在朝廷或政黨嗎？還是可能
在各種行業中？例如，中世紀末期基爾特的組織章程缺乏女性參與，
中古經濟史學者 Martha Howell 認為實由於女性雖然向來參加工商活
動，卻從未在其中擔任具有決策性的角色，故而在日後重建工作規範
時便在權力競爭的過程中落敗，逐漸被推回家庭等私領域中[12]。

另一個經常被認為女性鮮少參與，以致女性史料闕如的領域是科
學活動。但晚近中國醫學史的研究則顯示，過去以為傳統中國缺乏女
醫生的印象，其實是由於歷來多以閱讀醫書、下針用藥等男性醫者為

---

[11] Christine de Pizan, *The Book of the City of the Ladies*, pp.30-31.

[12] Martha Howell, *Women, Production, and Patriarchy in Late Medieval Cities*（Chicago:
University of Chicago Press, 1986）. 關於本書較詳盡的介紹，見李貞德，〈婦女在
家庭與社會中的角色——歐洲中古婦女史研究〉，《新史學》4:2（1993），頁
121~143。

樣本界定「醫生」，忽略了漢唐之間許多以巫祝符咒或物理治療爲人
診病的女性，以及宋元以後被畫歸爲「三姑六婆」中的藥婆、穩婆等
女性醫療者[13]。而美國的科學史家 Evelyn Fox Keller 在爲一九八三年
諾貝爾生理醫學獎得主麥克林托克（Barbara McClintock）立傳時則指
出，麥克林托克在康乃爾求學時因爲植物育種系不收女研究生，只好
到植物系的研究所註冊修課；一九二七年以二十五歲芳齡取得博士學
位之後，則因拒絕隨從當時女博士到女子學院教書的風氣，一直到七
年之後才得以經由好友協助在大學取得第一份正式的教職。當麥克林
托克在一九四八年以「感同身受」、「融會理解」等「非男性科學」
（non-masculine science）的方式研究整株植物——玉米，發現基因轉
位之後，卻因與當時遺傳學主流——分子生物學，在研究對象和方法
上不合，以致於不但個人受到非議與排擠，研究成果也無人對話切
磋。直到數十年後整個遺傳學界才趕上她、瞭解她、肯定她；當她獲
頒諾貝爾獎時已是八十一歲高齡了[14]。Keller 對麥克林托克一生的描
繪，不但說明了制度設計和社會風氣如何限制女性在學術界的發展，
同時也凸顯了所謂「客觀中立的科學」其實在研究對象和方法上也是
有「性別」差異的[15]。

　　總的來說，一方面，以「性別」而不要以「婦女」爲名進行研
究，似乎比較能減少歷史學者的疑慮。Scott 分析一九七〇年代到一九

---

[13] 李貞德，〈漢唐之間的女性醫療照顧者〉，《臺大歷史學報》23（1999），頁
123～156。Angela Kiche Leung（梁其姿），"Women Practicing Medicine in Pre-mod-
ern China", in H. Zurndorfer ed., *New Directions in the Study of Women in Mid-to-Late
Imperial China* (Leiden: Brill Academic Publishers, 1997).

[14] Evelyn Fox Keller, *A Feeling for the Organism: The Life and Work of Barbara McClintock*
(New York & San Francisco: W. H. Freeman and Company, 1983). 此書由唐嘉慧中譯，
《玉米田裡的先知》（台北：天下文化，1995）。

[15] 傅大爲，〈融會在玉米田裡的「非男性科學」——關於「女性科學」的哲學論爭與
新發展〉，《歐美研究》29:2（1999），頁1～40。

八〇年代中期美國歷史學界的狀況，發現許多學者在以「性別」一詞做標題時，研究的對象其實仍以婦女爲主：在用詞上不特別標榜某一性，比較不會引起傳統學者的反彈。而另一方面，將「性別」當作分析工具，用以凸顯兩性視角的差異以及在互動中的權力關係，不但能擴大研究的課題，也更能彰顯女性主義者企圖提升婦女地位的精神[16]。問題是，當「性別」成爲一種分析工具而非僅指婦女時，便必須面對和階級、族群等其他分類間的關係。對此，專研文藝復興時代的 Joan Kelly 曾經表示：雖然女性彼此之間仍可能因階級差異而有利益衝突，但在同一個階級之內，女性受壓迫的情況仍遠遠高過男性[17]。然而即使如此，婦女運動者依舊必須面對一個現實：不同族群、階級的女性所遭遇的問題不同、抗爭的對象互異，甚至之前的姊妹情誼也可能因彼此立場相左而面臨挑戰。當今臺灣婦女團體因公娼議題而分裂就是一個明顯的例子。Joan Scott 則指出，二十世紀初當法國婦女團體以多數決否決了女傭放假一天的提議時，其中的社會主義者便宣稱女性主義只是中產階級婦女利益的外衣；另外，在早期美國婦女運動的過程中，黑人女性也深覺被排除在外，而必須另起爐灶[18]。

　　然而，階級和性別的互動關係並非在每個時空中、每項議題上都是單向或負面發展。歷史學者所觀察到的經驗其實是更複雜的：有時，性別歧視貫穿階級差異，有時階級利益凸顯同性之間的分歧。性別刻板印象貫穿階級的情形，可以相術爲例。隋代《產經》以相術選擇乳母和妻子時，都主張應避免「黃髮黑齒、目大雄聲、皮厚骨強、身體恆冷」的女性，因爲她們或淫邪，或勝男（煞夫），或多病。雖然，男子娶妻，終將希望她生育子嗣成爲母親，但妻子總是來自類似

---

16 Joan W. Scott, "Gender: A Useful Category of Historical Analysis," pp.1056, 1066.

17 Joan Kelly, "The Social Relation of the Sexes--Methodological Implications of Women's History," *Signs: Journal of Women in Culture and Society* 1:4 (1976), pp.809-823.

18 Joan W. Scott, "Introduction," in *Feminism and History*, p.6.

階層,而乳母則爲雇買之婢僕,選擇之時條件竟如此相似,不免令人
驚嘆。古人認爲乳母血氣、情志影響乳汁,「淫邪」、「多病」固然
不宜,但是「勝男」之相,實難與乳母工作產生聯想,其內容既與
「煞夫」類同,則顯示並非妻子或乳母的特殊條件,而是在男尊女卑
的社會中凡女人皆不宜也[19]。

　　階級差別凸顯同性之間歧異的情形,則在討論女主對待女性屬民
時最易被提起。北魏宣武帝的姊妹公主們因外遇傳言而遭吃醋的丈夫
駙馬們毆打、殺害,宣武帝從未以皇權介入其中。然而,宣武駕崩、
靈太后主政之後,卻立即採取行動、懲罰暴力駙馬,爲她的大姑小姑
們出頭。然而,當蘭陵長公主氣不過駙馬劉輝通姦張、陳兩位民婦,
與之衝突,遭駙馬推墮床下而流產之後,靈太后除以叛亂罪通緝劉輝
之外,也欲致張、陳二婦於死地。靈太后對紅杏出牆的公主和「招引
駙馬」的民婦顯然有差別待遇[20]。晚近學者研究一代女皇武則天,指
出武則天透過邀集官夫人、後宮女眷一齊參與先蠶、封禪等國家祭
典,以及將內官名稱從性別意味(如「九嬪」、「美人」)變更爲功
能取向(如「宣儀」、「承旨」)等手段,表現了改善婦女處境和地
位的企圖,因此認爲武則天雖然不能視爲今天所謂的女性主義,卻不
無女性主義前身的味道[21]。然而,武則天在鏟除異己的過程中對其他

---

[19] 李貞德,〈漢魏六朝的乳母〉,《中央研究院歷史語言研究所集刊》70:2 (1999),
頁 439～481。

[20] Lee, Jen-der(李貞德), "The Death of a Princess: Codifying Classical Family Ethics in
Early Medieval China," in Sherry Mou ed., *Presence and Presentation: Women in the Chin-
ese Literati Tradition* (New York: St. Martin's Press, 1999).

[21] Ch'en, Jo-shui(陳弱水), "Empress Wu and Proto-feminist Sentiments in T'ang China," in
Frederick Brandauer and Chun-chieh Huang eds., *Imperial Rulership and Cultural Change
in Traditional China* (Seattle: University of Washington Press, 1995), pp.77-116. 關於本
文和其他女主議題的研究討論,見李貞德,〈超越父系家族的藩籬－台灣地區的
「中國婦女史研究」(1945-1995)〉,《新史學》7:2 (1996),頁 139～179。

女性同胞的嚴刑酷罰，卻也不免令人懷疑她的女性主義是否帶有階級利益的瑕疵？

雖然如此，漢魏六朝乳母的研究卻顯示：透過天生稟賦的乳汁和溫婉慈柔類似母親的角色，皇室乳母得以官婢而受爵封，貴族乳母及其子女則自婢僕而列登官家，在在展現出突破自身性別和階級的側近權力。她們的故事和女主的實例一樣，提醒著後人階級和性別的分類都不是一成不變或理所當然的，而是有發展和互動的過程。歷史學者的職責不正是重新描繪並解釋性別角色和階級差距是如何被建構乃至僵化，又如何被挑戰並突破的種種過程嗎？歷史學者若能將差異「歷史脈絡化」，則不但揭示了各種婦女團體之間對話的可能性，也提供了人們尋求歷史真相時更完整而正確的圖像。

在臺灣，婦女史研究的問題意識和運動取向一直都不明顯。陳東原的高言大義在本地的歷史學界並無影響力。學者們由於不喜歡意識型態對學術的騷擾，大多期望讓史料自己說話。李又寧教授在其所編《近代中華婦女自敘詩文選》的序言中，曾說明她收集婦女史料，「是爲歷史，而非爲婦女」[22]。和Joan Kelly 在一九七〇年代提倡婦女史時宣稱「把女人還給歷史，把歷史還給女人」的論點截然不同[23]。李教授又曾和近代史學者張玉法合編《近代中國女權運動史料》兩冊，促成日後多本學位論文的誕生，爲婦女史注入新力[24]。當筆者詢問張先生編輯動機時，張先生雖不否認當時也接觸到歐美女權運動與婦女史研究的相關訊息，但仍堅持收集史料是史學工作的基礎：既然

---

[22] 李又寧，〈序〉，《近代中華婦女自敘詩文選》第一輯（台北：聯經，1980）。

[23] Joan Kelly, "The Social Relation of the Sexes--Methodological Implications of Women's History," pp.809-810.

[24] 李又寧、張玉法，《近代中國女權運動史料》兩冊（台北：傳記文學社，1975）。關於此史料集對近代中國婦女史研究的幫助、討論，見李貞德，〈超越父系家族的藩籬－台灣地區的「中國婦女史研究」（1945-1995）〉。

有一筆女權運動的資料，自然應當整理出來。顯然，女性在歷史上活動的範圍夠大、音量夠響，終能引起學者的注意。然而，女性的活動和音量並不僅展現於女權運動的場合，何以其他議題未能及早有效的引起關注呢？這恐怕仍和學者的性別意識相關。

以婦女文學史為例，學者指出過去的研究既以傳統男性為主的文學史分期，因此也以唐詩、宋詞、明清小說為標準，判斷值得研究的女性文學家。於是大部分的論著多集中在唐代女詩人如薛濤、魚玄機，或宋代女詞人如李清照、朱淑貞等。近年來研究者受性別意識的啟發，將注目的焦點轉到女性本身，以女作家的作品多寡為判準，因此女性積極參與詩詞創作的明清時代，引起了廣泛的興趣，研究成果數量之多，幾有重繪中國文學史圖像之勢[25]。如此看來，缺乏性別意識，以為有關男性的史料、詮釋和分期架構便足以代表男女兩性的歷史，無寧將扭曲了歷史事實並且簡化了歷史研究，值得志在求真的史家們深思再三。有趣的是，關於這一點，早在東晉時期謝安的妻子劉夫人便已有所警覺了。

劉夫人不讓謝安取妾，謝安的兄子、門生便以《詩經》〈螽斯篇〉諷勸劉夫人說：「螽斯因有不忌之德，方能一直繁衍廣嗣。」劉夫人聽了便問：「此詩是誰寫的？」答曰：「周公！」劉夫人於是說：「周公是男子，當然會這樣寫。如果是周姥作的詩，一定沒這套！」[26]可惜，克莉斯汀狄琶珊無緣認識劉夫人，不然應當也會邀請她定居「女性之城」吧！

---

[25] 胡曉真，〈最近西方漢學界婦女文學史研究之評介〉，《近代中國婦女史研究》2 (1994)，頁271～290。

[26] （劉宋）虞通之，《妒婦記》，錄自歐陽詢（557-641），《藝文類聚》（台北：木鐸出版社影印標點本，1973），卷35，頁615。

參考書目

虞通之（劉宋）：妒婦記。錄自歐陽詢（557-641），藝文類聚。臺
　　北：木鐸出版社影印標點本，1973。

李又寧（1980）：近代中華婦女自敘詩文選，第一輯。台北：聯經。

李又寧、張玉法（1975）：近代中國女權運動史料，2冊。台北：傳
　　記文學社。

李貞德（1993）：婦女在家庭與社會中的角色——歐洲中古婦女史研
　　究。新史學，4，2，121～143頁。

李貞德（1996）：超越父系家族的藩籬——臺灣地區的「中國婦女史
　　研究」（1945-1995）。新史學，7，2，139～179頁。

李貞德（1999）：漢魏六朝的乳母。中央研究院歷史語言研究所集
　　刊，70，2，439～481頁。

李貞德（1999）：漢唐之間的女性醫療照顧者。臺大歷史學報，23，
　　123～156頁。

胡曉真（1994）：最近西方漢學界婦女文學史研究之評介。近代中國
　　婦女史研究，2，271～290頁。

唐嘉慧譯（1995）：凱勒原著，玉米田裡的先知。台北：天下文化。

陳東原（1926）：中國婦女生活史。上海：商務印書館。

傅大爲（1999）：融會在玉米田裡的「非男性科學」——關於「女性
　　科學」的哲學論爭與新發展。歐美研究，29，2，1～40頁。中央
　　研究院歐美研究所。

Christine de Pizan (1405). In E. J. Richards (Trans.), with introduction. *The
　　Book of the City of the Ladies.* New York: Persea Books, 1998 reprint.

Bennet, J. (1989). Feminism and history. *Gender and History, 1*(3), 251-272.

Ch'en, Jo-shui（陳弱水）(1995). Empress Wu and proto-feminist sentiments in T'ang China. In F. Brandauer & Chun-chieh Huang (Eds.), *Imperial Rulership and Cultural Change in Traditional China*, 77-116. University of Washington Press.

Howell, M. (1986). *Women, Production, and Patriarchy in Late Medieval Cities*. University of Chicago Press.

Keller, E. F. (1983). *A Feeling for the Organism: The Life and Work of Barbara McClintock*. New York & San Francisco: W. H. Freeman and Company.

Kelly, J. (1976). The social relation of the sexes--Methodological implications of women's history. *Signs: Journal of Women in Culture and Society, 1* (4), 809-823.

Lee, Jen-der（李貞德）(1999). The death of a princess: Codifying classical family ethics in early medieval China. In Sherry Mou (Ed.), *Presence and Presentation: Women in the Chinese Literati Tradition*. New York: St. Martin's Press.

Leung, Angela Kiche（梁其姿）(1997). In H. Zurndorfer (Ed.), Women practicing medicine in pre-modern China. *New Directions in the Study of Women in Mid-to-Late Imperial China*. Leiden: Brill Academic Publishers.

Power, E. (1975). In M. M. Postan (Ed.), *Medieval Women*. Cambridge: Cambridge University Press.

Scott, J. W. (1986). Gender: A useful category of historical analysis. *American Historical Review, 91*(5), 1053-1075.

Scott, J. W. (1996). *Feminism and History*. Oxford University Press.

第 二 章

婦女人類學

盧蕙馨　著

學習目標

學習者研讀本章後，能夠：
1. 說明人類學的婦女研究產生的背景和關懷的主題。
2. 說明兩性差異在文化上的意義。
3. 說明婦女人類學如何定義女性的地位和權力。
4. 說明一九九〇年代婦女研究的趨勢。
5. 舉例說明婦女人類學對中國女性角色和兩性關係變遷的研究。

摘　要

　　人類學的婦女研究是一九七〇年代因歐美婦女運動的刺激而興起的研究領域。它關注的主要課題是：爲何在許多人類社會中，男女關係呈現支配／附屬的階級關係，是哪些文化或社會因素造成的？一般分析性別不平等的模式有三：即以勞力分工來區分的「自然／文化」和「複製／生產」的二元論，及以角色和活動領域來區分的「家內／公共」二元論。但這些模式也引發許多學界的爭議，認爲此標準太機械化，未顧及文化的差異與社會演變。而且，許多學者認爲，影響女性地位的因素很多，包括年齡、親屬角色、族群、社經階級等，女性並不只有一種地位；而且，權力的定義也很廣，有精神的、物質的、正式的、非正式的，以及人際關係方面的權力或影響力。

　　一九九〇年代的婦女研究已經進一步看不同情況下兩性權力關係的變異，以及女性隨著社會變遷，自主性提高，對父系／男性權威有

何種挑戰。在資本主義社會裡，人際關係互動頻繁，社經資源的分配引發高度競爭，兩性互動關係也更加複雜，除了支配／附屬關係外也有其他互相抗爭或妥協的辯證關係必須加以考察。當今臺灣社會，女性的家庭地位權力比過去提昇不少，但也有不少婦女問題隨婦女的社會參與，組織團體或進行婦女運動而顯現出來，可以做為今後婦女研究極佳的研究素材。

第一節 從文化看兩性差異

　　人類學的婦女研究是一九七〇年代因歐美婦女運動的刺激而興起的研究領域。傳統人類學所研究的婦女，多出現在家庭親屬婚姻的探討中，只是制度的被動執行者，且由男性代言。一九六〇年代、一九七〇年代女性解放運動風起雲湧，為女性爭取和男性平等的權益，也引發人類學的兩性差異研究，探討性別不平等的種種現象，及其歷史社會文化的形成原因；另一方面，這些研究也開始注意到女性的獨特經驗，看女性的思想觀念行為和男性究竟有何不同。

　　可以說，人類學的婦女研究以女性為研究主體，這不只擴展了人類學研究領域，也帶動研究方法的革新。傳統的人類學研究偏向男性研究，人類學家在田野工作中訪問的報導人幾乎都是男性，而人類學家也以男性居多，即使有女性，也由男性人類學家所訓練，常常只研究在公共領域活動的男性，而忽視了私人領域的女性。阿迪那（Edwin Ardener）認為，這樣的研究結果充滿男性偏見，只呈現「男性模式」，而未發掘「女性模式」。他說，女性的觀點和生活經驗事實上和男性有很大不同，卻像啞巴一樣不被容許表達意見，或者必須透過男性表達而遭到扭曲。這是因為公共領域為男性所佔據，言論管道為男性所把持的緣故。

　　婦女研究在這樣的反思下產生，性別的支配／附屬關係便成爲婦女研究的中心課題。本節將先針對兩性差異形成原因的兩種看法——生物決定論和文化決定論，做一介紹，然後就婦女研究中探討最多的女性地位和權力問題，以及影響兩性關係的因素提出說明。

一、生物決定論與文化決定論

　　主張性別差異是男女生理構造不同所造成的一派學者認爲，男性體格較強壯，適合粗重的工作，且較富攻擊性與侵略性，所以負責諸如出外狩獵的任務；而女性力氣較小，性情也較溫柔，且由於具生育能力，便適合做料理家務、餵養小孩的工作，如此基於生物上的差異，而造成角色分工的現象。

　　儘管男女因生理構造不同而造成角色不同，但是，生物因素如何影響或決定性別角色行爲的不同還是爭議頗多。反對生物決定論的學者認爲，男女角色分工並不具有全世界的普同性，例如在許多社會，婦女也從事粗活，包括打獵捕魚等工作；南美居於高山地帶的印第安人，有些部落的婦女習慣每天挑上兩百磅重的東西翻山越嶺，其身手之矯捷強壯使男性相形遜色。而且，隨著社會變遷，分工模式也會改變，兩性角色和工作可以互換，分工也不再那麼明顯。例如目前的臺灣社會中，「男主外，女主內」的傳統分工原則已因夫妻一起出外工作或合作家事，而產生改變。

　　對生物決定論產生的質疑，著名的女人類學家米德（Margaret Mead）在半世紀前的經典著作《三個原始社會的性與氣質》提出有力的例證。米德在新幾內亞調查三個民族，發現三個民族雖相隔不遠，血源系統相近，但男女的角色性情卻相差甚遠。第一個民族Arapesh，男女都傾向女性化，個性溫和，人際關係和諧，男女一起做家事；第二個民族 Mundugumor 以獵人頭、吃人肉著稱，男女都傾向男性化，粗魯且富侵略性，人際關係緊張；第三個民族 Tchambuli 是女的男性

化，男的女性化，女人是實際的生產者和勞動者，而男人大部分在裝飾自己，學習舞蹈，吹笛示愛以取悅女性，在性生活中，女性採取主動。

米德的這項研究提供文化決定論者強有力的支持，誠如米德所說，人類的可塑性極大，兩性角色行為可以隨著不同的文化設計而有所不同。現在大多數的人類學者都認為，兩性差異是文化因素造成的。不過，到底是哪些文化因素造成，這些個別因素的影響程度如何，又形成怎樣的性別角色與意識型態，則又因民族誌的不同而有不同的解釋。

雖然如此，文化決定論下的婦女研究大抵有下列的共識：兩性關係、角色和行為是隨著人類社會的演變，歷史背景的轉換，而呈現種種風貌；「性別」是人類社會運作的一個重要因素，但此因素並非獨立存在，而和其他文化觀念及社會體系互有關聯。例如，中國傳統的五倫中，君臣關係和夫妻關係可以相互比擬，政治上的君尊臣卑的階級關係，和家庭中男尊女卑的觀念，都是父權體制的表徵。又如，男女關係常常受哲學的抽象觀念的影響，中國哲學中的陰陽觀念，便被拿來應用在兩性的角色關係──如「陰陽互補」，或男女的特性──如「男剛女柔」上。

這樣看來，要解釋文化如何塑造兩性關係和性別角色，是相當複雜的事。尤其在兩性權力關係，女性地位與權力的探討方面，從一九七〇年代到一九八〇年代，更引發不同的觀點和論戰。

二、兩性不平等的分析模式

一九七〇年代的婦女研究，大多認為兩性不平等是全世界普同的現象。三種模式最為學者所引用，即自然／文化（nature/culture），家內／公共（領域）（domestic/public）及複製／生產（reproduction/production）的二元論，它們被用來解釋兩性權力關係的不平衡，而女

性受到宰制和歧視。

　　歐特娜（Sherry Ortner）將兩性關係比擬為自然與文化的關係，她認為女性的生育事實屬於生物上的「自然」，而男性從事的器物生產、科技發明與典章制度的建立，屬於超越自然的「文化」創造，從文明進化的觀點來看，「文化」價值勝於「自然」，因此男性的價值也勝過女性，也比女性獲得更高的地位和權力。

　　和歐特娜的觀點相呼應的是羅莎多（Michelle Rosaldo）的家內／公共觀點，她認為女性因為必須生養小孩，活動領域便被限制在家庭內，不像男性可以活躍於公共領域，營求各種政經社會資源和權力的分配。而家庭則因附屬於社會，家庭內的女性只能順從男性的支配，無從介入男性的世界與其競爭。許多馬克斯學派的學者也持和歐特娜和羅莎多相同的觀點，認為男女兩性扮演不同的經濟角色，男人生產（produce）貨物，而女人只是複製（reproduce）人類，其工作價值比不上男性推動文明發展的價值。此一生產／複製的二元論同樣也認定兩性不平衡的對立關係。

　　基本上，歐特娜和羅莎多都認為女性的生育角色是造成女性地位低落的根源。她們在羅莎多和蘭菲爾（Louise Lamphere）合編的一書《女性、文化與社會》（*Woman, Culture and Society*, 1974）中，大力闡揚此一論點，影響所及，許多學者也將上述的三種二元論應用到他們的地區文化研究，強調全世界遍存男性與女性的支配／附屬關係。

　　但是，這些觀點到了一九八〇年代，遭受很大的攻擊。如麥克瑪（Carol MacCormack）和史翠珊（Marilyn Strathern）合編的書《自然、文化和性別》（*Nature, Culture and Gender*）就特別針對自然／文化的二元論提出反駁。該書多篇文章指陳「自然」與「文化」的概念在不同社會有不同的定義和解釋，將女性比擬為自然，男性比擬為文化，完全是西方的看法，因西方社會在工業革命後看重社會的經濟科技生產甚於生命的延續，相對也貶低女性的價值。而且，此種比喻有其歷史功能和意義，如十八世紀的法國思想家將女性代表的「自

然」，解釋爲道德上的純潔，將對男性代表的「文化」，因爭權奪利導致的道德淪喪，產生淨化作用。此外，也有研究發現，在許多非西方社會裡，沒有文化與自然的優劣之分，也未必指涉男女。如在新幾內亞的 Kaulong 人將「自然」比擬爲已婚者，「文化」代表未婚者。

另外，家內／公共的二元對立模式也引起諸多批評。許多從事非西方社會民族誌研究的學者指出，家內領域和公共領域的關係可能是相輔相成，而非上下對立，家對社會的影響力也不容低估。例如在中國的傳統農業社會裡，家庭扮演很重要的政治、經濟、倫理、宗教功能；中國人認爲「家齊然後國治」，社會關係是家庭人倫關係的延伸。

對於家內／公共二元模式的質疑，一般也認爲其出於西方社會的偏見。西方人截然畫分家庭與社會，且把家庭貶爲次等地位，接受社會上政治司法制度的管轄。事實上，不同社會對「家內」和「公共」兩個概念指涉何種內容，有不同的認定。「家內」活動不見得就不具社會價值，如底下會談到，女性的生育角色在很多社會都受到尊崇，也是女性權力的來源。

綜合以上所述，自然／文化與家內／公共的二元模式流於單一標準，未顧及文化的差異與演變過程。那麼，我們應該如何衡量兩性關係是平等或不平等，如何定義女性的地位和權力呢？以下提出婦女研究的各種看法。

三、女性地位和權力的探討

許多民族誌的資料顯示，「地位」應該是受多項因素影響的集合體，因此，女性不只有一種地位，而有多種地位。這些因素包括年齡、親屬角色、族群、社經階級等，而且這些因素可能各自產生影響力，其間未必有所關聯。懷特（M. Whyte）曾做過九十三個前工業社會（pre-industrial）的泛文化比較研究，找出五十二種可能影響女性地

位的因素。他發現其中只能列出幾組相關因素，且每組的因素不超過五個。他因此下結論道，沒有一套通用標準可以衡量女性的地位，也沒有所謂影響女性地位「最重要」的因素。每一個社會對女性地位的高低有自己的一套標準，而且，女性間也存在個別差異，並無相同的地位。

一般而言，學者討論女性地位是從物質（或經濟）和精神（或意識型態）兩方面來探討。前者如李寇克（Eleanor Leacock）和珊代（Peggy Sanday），以經濟上獲得自主為女性高地位的指標。李寇克指出，在前資本主義如狩獵和採集社會，所有的財產都是公有的，女性直接參與生計，享有和男性同等的權益。到了殖民主義時代，資本主義的生產模式傳入許多非資本主義社會，改變當地的經濟型態，商品或現金交易及以工資論酬的方式將財產私有化；另一方面，資本主義社會偏向於提供男性進入就業及勞力市場的機會，卻對女性多所限制，使其活動領域限在家庭內，導致女性必須在經濟上依賴男性，地位因而下降。

珊代也以女性是否參與公共領域的經濟生產，對產品是否有控制權為其地位的重要指標。此外，她還列舉了其他三項指標，即社會對女性製造的產品之需求或社會賦予的價值有多少，女性是否參與起碼的一些政治活動，婦女團體是否致力於謀求女性的政治和經濟利益。她的這些定義大抵反映許多學者的看法，認為如未參予公共領域的政經活動，爭取財產的所有權和政治權力，其地位是低於男性的。

另一方面，也有很多學者從精神層面來探討女性地位。他們發現，女性地位高，未必是因她們在公共領域獲得政經上的權勢，而可能是因她們從事的工作被賦予社會價值或聲望，如扮演宗教上的重要角色（如祭司和靈媒），或在親屬間居於協調的重要位置，或其生育能力深具文化的重要意義。以母親角色而言，在非洲、亞洲和南美許多社會都受到尊敬，在某些情況下享有極高的社會地位，其報酬不是經濟上的，而是精神上的。布朗和肯思（J. Brown & K. Kerns）的泛文

化比較研究發現，女性地位在停經後的中老年期普遍提高，這除了因
她們獲得子女的尊重和報答外，其人生閱歷使她們得以免除許多行為
限制，且進而指導別人。

由上所述，影響女性地位的因素很多，且地位並非絕對，如一個
女性在家中地位很高，但在政治場合則沒什麼地位。有時地位只能描
述，而無法與他人比較，如男女兩性各做不同的工作，其地位就不能
相提並論了。

在衡量兩性關係是否平等時，另一個常與地位交替使用的概念是
「權力」。我們由此可以了解到兩性的權力關係並非是固定的，而可
能常常出現互相妥協或抗爭的狀態，兩性的權力來源也未盡相同。

權力的定義很廣，羅吉斯（Susan Rogers）認為權力包括影響力，
對資訊的掌握與對資源的控制，這些資源包括政治、經濟、宗教，或
人際關係上的任何可供利用的資源。社會學家史密斯（Michael
Smith）對權力的定義「有效的對人事採取行動的能力」，也被羅莎多
等人採用。權力不只是正式的法定權力，也是非正式的個人權力。權
力不只存在於公共領域，在家內領域也會形成權力的競爭。

依照這些廣義的定義，民族誌描繪的女性權力就有好幾種。除了
以上提到的母親的權力外，還有女性利用語言來對抗以男性為中心的
權力。例如哈爾丁（Susan Harding）和沃爾夫（Margery Wolf），分別
在西班牙和臺灣的農村觀察發現，女人間的「閒言閒語」可以打擊一
個男性的社會地位和權勢，對男性主宰的社區公共事務的批評，也有
其影響力。此外，女性還可發揮「弱者的權力」，如以自殺的威脅保
障其權益；又如在許多社會的宗教儀式上，女性的經血是不潔的象
徵，女人常被排除在儀式外，相對的卻提高女性的影響力，女性可運
用此影響力，爭取其他利益。

這些權力的應用似乎偏向「負面」，或者是「策略」上的應用，
是女性在處於次等地位，資源不及男性的情況下的權宜措施。但是，
這也顯示一個事實：女性並非只是被動的接受文化安排，也是行動主

體，會主動營求權力，文化與個人（女性）之間是一個相互影響的辯證過程。女性的「自主」性在一九八〇年代後期的婦女研究受到矚目，且影響一九九〇年代婦女研究的發展趨勢。

第二節　婦女研究的新趨勢：兼談本土研究

　　一九八〇年代到一九九〇年代的婦女研究，已經跳脫男性支配／女性附屬的單一模式，關照不同情境下兩性權力關係的變異，也了解到文化理論與個人實踐的可能差異，即性別的社會規範未必對個人有絕對的約束力，甚至被漠視或加以修改，以符合個人的需要。在這方面，女性的自主性和日常生活經驗更凸顯出其研究價值。

　　近年來，已有越來越多的學者以「自主」這個概念來補充女性的「權力」概念。他們認為，即使在父權極端發展的社會，女性也有出自其意願的行動能力，對其生活有某種程度的掌握，對個人生活和家庭生活事務的決策能力，在很多方面不輸男性。在這個觀點下，不少人類學家已寫出以女性為主的民族誌，如弗瑞德（Erika Friedl）著書描述伊朗迪卡（Deh Koh）地區的婦女生活，書中反映女性即使在男性主宰的回教世界中，也擅於運用其情感的力量和現實資源，創造她們的文化、人際關係和生活哲學，進而影響他人。她們豐富的生活內涵是無法被男性文化蓋過或壓抑的。

　　像這類強調女性經驗的民族誌，不只承襲一九七〇年代早期阿迪那提出的「女性模式」的研究觀點，更進一步反映兩性關係的複雜多面，性別權力無法完全界定，因為兩性文化是動態的，而非靜態的。

　　另一方面，女性的自主也在婦女團體的組織與運動上顯現出來。許多研究已注意到婦女會聯合起來爭取政治經濟方面的資源，以改變婦女的生活和地位，這些正式的組織透過政治或社會參與，已影響男

性中心社會的權力重新分配。另外，也有一些非正式的組織存在於婦女的街坊鄰里或親戚的網絡中，目的在分擔婦女的工作，做爲彼此的精神後盾，抵抗男性的壓迫，更提供彼此生活經驗，增加婦女在爭取個人權益上的選擇參考。這些正式與非正式的組織都存在於西方和非西方社會中。

當然，女性個人或團體方面的自主和社會背景有關。如社會較開放多元化，國家對人民的控制較鬆，經濟生產發達提供大量就業機會，則女性的自主較有發展的空間。因爲在這些情況下，社會流動增加，舊有的人際規範約束力較低，影響所及，女性的角色和兩性關係也會產生變化。

但是，即使在高度工業化國家，兩性是否完全平等，也是很有爭議的問題。高度工業化可能帶來高度競爭，增加社會階級之間與族群之間的緊張與衝突，也連帶影響女性的地位與權益，如一個黑人女性可能因其膚色而受到歧視壓迫，不像白人女性在相同社經條件下已獲得與男性平等的地位，可見女性的地位會受到許多其他非性別因素的影響。另外，高度消費時代強調女性的妝扮，可能導致將女人商品化，視其爲男性的性玩偶，使女性再度淪爲第二等人而不自知。

所以，隨著現代化社會的變遷，一九九〇年代的婦女研究也產生很多新課題。除了從政治、社會、經濟、親屬的制度層面繼續探討女性的地位外，也從許多社會行爲和觀念上探討女性角色和形象的轉變。此外，女性的情緒和身體這些和女性個體密切相關，卻爲傳統研究所忽視的部分，也引起許多研究興趣、探究文化的影響。有趣的是，婦女研究做得愈精細，學者愈體認到相對的也應進行男性研究，深度挖掘男性經驗，不要爲刻板化印象所蒙蔽。婦女研究至此，應該正名爲兩性研究了。

在介紹過人類學的婦女研究後，讓我們來看看人類學的婦女研究在中國社會所關心的主題，以及臺灣婦女的角色變遷和婦女運動對婦女研究帶來的刺激。

　　中國社會的人類學研究中有關婦女的部分，主要集中在家庭和親屬制度方面。不管是中國的人類學者，如許烺光、李亦園、莊英章、謝繼昌、陳其南等人，或美國的人類學者，如傅利曼（Maurice Freedman）和柯翰（Myron Cohen）等人，都偏向描述父系氏族組織的形式、功能和演變，以及男性主導的祖先崇拜儀式。在父系權威下，女性扮演無私犧牲、順服和附屬的角色。這是因為傳統的中國女性必須受三從四德的束縛，從詩經以來的女性「宜其室家」的觀念情結，以及「男主外，女主內」的角色分工，使女性被限制在家庭內，為父系家族提供各項服務。

　　不過，也有一些學者發現，中國女性在扮演母親角色時，可能獲得一些非正式的權力，透過對小孩的控制表現出來，等她們做婆婆或到了晚年時，在家擁有的權威不亞於男性。沃爾芙（Margery Wolf）在其所著《臺灣農村的婦女與家庭》一書中，曾提出「子宮家庭」的概念，用以描述其組織成員──女性和其孩子──如何儼然和父系家庭對立。她指出，此子宮家庭是女性獲致家庭地位的基礎，是其勢力範圍，她們用情感的力量使孩子對其忠誠，將丈夫排除在此母子紐帶之外，對父系傳承的血緣關係，帶來一些威脅。但是沃爾芙也強調，「子宮家庭」純粹從情感出發，缺乏合法性，地位上仍然次等於父系家庭。

　　傳統女性受制於家庭責任和角色束縛，今日臺灣的女性教育程度普遍提高，也參與社會、政治、經濟等多方面活動，其地位是否獲得提昇呢？在這方面，西方的學者認為中國女性仍未自父權的桎梏中解放出來。研究中共社會的學者如史德西（Judith Stacey）和沃爾芙認為，社會主義的中國仍運用父權的意識型態，利用婦女推行階級鬥爭和政治運動，女性仍在家庭內受到壓迫。研究臺灣社會的學者如黛爾蒙（Norma Diamond）和孔恩（Lydia Kung）認為，工業化使臺灣婦女得以接受教育，具備經濟能力，但並未顯著提高婦女的家庭地位：中產階級的婦女許多仍然在家擔負育兒責任，無法出外發展自我；工廠

未婚女工的經濟所得多數都捐做家計使用，即仍須做柔順的女兒，並無獨立自主權。

西方學者偏向以中國女性是否已走出家庭，來衡量兩性是否達到平等的地位，這與西方社會認為家庭地位次等於社會的看法有關。而中國學者比較會針對家庭內兩性的權力關係轉變做種種考察，而不以女性是否在社會上和男性一較長短為女性地位提昇的唯一指標。

例如，胡台麗研究台中劉厝農村工業化所帶給婦女的影響發現，未婚女工會用自己賺的錢唸夜校，即使將其薪資繳交其父母，其父母也會在將來給她的嫁妝中加貼補償，由此可見女兒地位的提昇。還有，女子出嫁後只要有「私房錢」（婚前儲蓄的工資），又有賺錢的能力，在夫家地位就會提高；她們用「私房錢」協助先生創業，因此擁有家庭收支決策權；即使和公婆同住，媳婦也能保有部分或全部工資，做為己用，可見現代媳婦比過去享有較多的自主權。

就經濟能力的提高改善婦女地位此一現象，崔伊蘭也提供都市職業婦女的例子做說明。她訪問台電公司的女性職員發現，年輕女性對家計的貢獻很大，甚至有投資在兄弟的事業或房地產的情形，因為其教育程度的提高和對家庭的經濟貢獻，做女兒的對家庭事務的意見往往受到尊重和採納，對自己的婚姻也自己作主；至於婚後，這些職業女性對自己的收入也有主控權，她們和先生一起分擔家計，對小孩教養有一平等決策權；她們甚至會運用收入跟會來賺更多的錢，用於家庭置產；還有，對於娘家，她們已不再是「潑出去的水」，而會繼續拿錢回去，奉養年老的父母，且因娘家父母幫助其育兒，而與娘家維持緊密的關係。

除了經濟參與有助於提高女性家庭地位外，傳統的家庭父權體制在今日還遇到什麼挑戰呢？筆者從參與觀察台北三個婦女成長團體——主婦聯盟、婦女展業中心、晚晴協會，發現許多臺灣女性透過這些團體，一方面充實家庭角色的自主能力，另一方面也追求「自己的天空」，即拓展知識與生活領域，尋求經濟自立，擺脫依賴男性或自限

於家庭婚姻的心理。其中反映兩種顯著的角色變遷：一是母權的伸張，「子宮家庭」的勢力增加，不再附屬於傳統的父系家庭之下；許多婦女學習教養子女的方法，在子女教育上其影響力不亞於配偶，而母親對子女的關照兼具情感與知識層面，也使現代家庭中的母子紐帶關係增強；另一方面，許多以母親為首的單親家庭，因女性無意再婚，造成某些「子宮家庭」取代一般父系家庭的趨勢。另外一種角色變遷是，許多離婚或喪偶女性在經濟或情感漸趨獨立後，貶低婚姻的重要性，強調女性自主的自由與快樂，這使得女性定位於家庭，附屬於父權家庭體制的傳統觀念受到嚴重挑戰。

當然，上述有關臺灣婦女家庭角色或地位的變遷，只是反映現代化臺灣社會中女性角色演變的某些趨勢，無法涵蓋全貌，到目前為止，從人類學角度研究當前社會經濟體制對女性地位的影響，所做的研究仍然十分有限。也許此受制於人類學在方法上偏重小群體或社區研究，常常是深度有餘，廣度不足。例如，上述婦女團體反映女性在家庭的自主意識與能力的提高，但是婦女團體仍為社會的一環，在何種社會背景——如政治轉趨開放，社會運動興起——下產生？女性的自主和社會其他被壓迫的階級或人群的轉趨自主有何關聯？還有，成長團體目前只為謀求個人福祉，並未發展成如西方要求兩性平等之婦女運動團體，此是否反映成長團體只是社會的邊緣團體，缺乏政治的影響力？或是其影響力不能單從社會政治的層面認定？凡此種種問題，有待更進一步的研究。

從廣義上來講，民間婦女團體的組成對婦女地位權益的爭取應是有正面影響的。成長團體目前側重觀念的潛移默化，引導婦女自立自主。而較早成立的婦女新知基金會（前身為《婦女新知》雜誌，成立於民國七十一年）則除了在喚起女性意識上做觀念的推廣外，也聯合其他婦女團體促成優生保健法的立法通過，使墮胎合法化，以保障婦女的健康；另外，也努力促成民法的修改，明訂夫妻財產採聯合制，即夫妻有共同財產與分別財產，以保障婦女的經濟權益。三十多個婦

女團體和社會團體聯合舉辦的「抗議販賣人口──關懷雛妓」的華西街示威遊行行動，也使司法機關正視未成年少女被蹂躪剝削的社會問題，對人口販子進行制裁。

　　婦女團體或婦女運動對婦女權益的關注，仍然不斷的產生新課題。今日的婦女可以自由的參與這些社會團體，把從前不易為外界所知的婦女問題（多半與家庭有關）暴露出來。例如，婚姻暴力的問題存在於社會各個階層中，而社會福利或法律機構卻無法有效的保障受害婦女的安全和權益；又離婚婦女未得法律保障，無法對子女取得監護權、贍養費及子女的教育費，這些都是兩性不平等的現象，有待臺灣婦女進一步為爭取自身權益而努力。

　　而隨著婦女團體或婦運顯現的婦女問題或兩性問題，正可以提供婦女研究豐富的研究素材，研究的主題雖未必與婦女運動有直接關聯，但受其間接啓示是必然的。這是因為婦女研究與婦運有其歷史上的關聯，而研究必須與時勢相配合，婦運凸顯社會變遷下兩性權力的演變，將把婦女研究帶上更寬廣的研究領域。

參考書目

李亦園（1984）：近代中國家族的變遷：一個人類學的探討。中央研究院民族學研究所集刊，54，7～23頁。

胡台麗（1985）：台灣農村工業化對婦女地位的影響。婦女在國家發展過程中的角色研討會論文集，337～353頁。台灣大學人口研究中心。

盧蕙馨（1989）：台北婦女成長團體——女性意識的本土變奏。當今婦女角色與定位論文集，269～292頁。國際崇她社台北三社。

Ardener, E. (1972). Belief and the problem of women. In J. S. LaFontaine (Ed.), *The Interpretation of Ritual*, 135-158. London: Tavistock Publications.

Brown, J. K. & Kerns, V. (Eds.) (1985). *Her Prime*: *A New View of Middle Aged Women*. Mass: Bergin/Garvey.

Diamond, N. (1973). The middle class family model in Taiwan: Women's place is in the home. *Asian Survey*, *13*, 853-872.

Friedl, E. (1989). *The Women of Deh Koh: Lives in an Iranian Village*. Washington: Smithsonian Institution Press.

Harding, S. (1975). Women and words in a Spanish village. In Rayna R. Reiter (Ed.), *Toward an Anthropology of Women*, 283-308. NY: Monthly Review Press.

Kung, L. (1983). *Factory Women in Taiwan*. Ann Arbor: UMI Research Press.

Leacock, E. (1978). Women's status in egalitarian society: Implication for social evolvtion. *Current Anthropology*, *19*(2), 247-255.

MacCormack, C. P. & Strathern, M. (Eds.) (1980). *Nature, Culture and*

Gender. Cambridge: Cambridge University Press.

March, K. S. & Taqqu, R. L. (1986). *Women's Informal Association in Developing Countries*. Boulder: Westview Press.

Mead, M. (1935). *Sex and Temperament in Three Primitive Societies*. NY: William Morrow and Company, Inc.

Mukhopadhyay, C. C. & Higgins, P. J. (1988). Anthropological studies of women's status revisited: 1977-1987. *Annual Review of Anthropology*, *17*, 461-495.

Ortner, S. (1974). Is female to male as nature is to culture? In M. Z. Rosaldo & L. Lamphere (Eds.), *Woman, Culture and Society*, 67-87. Stanford: Stanford University Press.

Rogers, S. (1978). Women's place: A critical reveiw of anthropological theory. *Comparative Studies in Society and History*, *20*(1), 123-173.

Rosaldo, M. Z. (1974). Woman, culture, and society: A theoretical overview. In M. Z. Rosaldo & L. Lamphere (Eds.), *Women, Culture and Society*, 17-42. Stanford: Stanford University Press.

Sanday, P. R. (1973). Toward a theory of status of women. *American Anthropologist*, *75*, 1682-1700.

Tsui, E. Yi-lan (1987). *Are Married Daughters "Spilled Water"?—A Study of Working Women in Urban Taiwan*. Women's Research Program, Monograph No. 4. Population Studies Center, Taipei, Taiwan: National Taiwan University.

Wolf, M. (1972). *Women and the Family in Rural Taiwan*. Stanford: Stanford University Press.

Whyte, M. K. (1978). *The Status of Women in Preindustrial Societies*. Princeton: Princeton University Press.

第 三 章

性別與空間[1]

畢恒達　著

第一節 前言

我們經常認為空間只是物件的容器，它是沒有性別的，是中性的。其實空間和語言有著令人驚訝的相似之處。我們習以為常認為語言是價值中立的，然而女性主義者早已指出以男性為中心的語言所隱含的性別不平等（Weisman, 1992）。英文裡經常用 man-made environment 來指稱人造環境（human-made environment），而中文也使用「公」共空間這樣的名詞，究竟是誰的公共？男人與女人有使用公共空間的相同權利與經驗嗎？

空間在父權體制的編派下，經常分為男性／公共／政治的，與女性／私人／家庭的。這種性別對應到公私領域的二分，反映了社會對於女性活動的規範與限制（Pain, 1991）。工作與居住空間的隔離，加上交通運輸的性別差異，以及公共空間中對於性騷擾與性暴力的恐懼，將女性限制在住宅空間之中，阻礙了女性參與公共空間的機會。然而對於女性而言，家並不一定就是一個安全的場所。根據臺灣省社會處的問卷調查顯示，有百分之十七點八的已婚婦女表示曾有被丈夫毆打的經驗（中國時報，84.7.19，第 6 版）。而根據警政署臺灣刑案統計，民國八十五年所發生的一千三百六十一件強暴案件中，有七成發生在住宅區內，而又以受害者住處最多（中國時報，86.10.24，第 18 版）。如此看來，無論所謂的公或私領域空間，對女性都是極為不友善的。

空間就像語言，是社會的建構。空間的安排正如語言的句法一樣，反映並加強了社會中性別、種族與階級關係（Weisman, 1992）。

---

[1] 本文根據作者 1995、1996、1998a、1998b、1998c 等文再加以改寫而成。

然而傳統的空間專業以及空間設計是缺乏性別觀點的，等到女性主義的思潮和理論出現之後，人們才從「性別盲目」的空間研究中甦醒。女性主義讓我們更清楚瞭解為什麼營建的行為與空間的使用與控制是男性的特權，實質環境如何反映並創造現實，而我們又應該如何來挑戰並改寫空間的形式與價值，進而轉化社會中的性別歧視。本文接著就以住宅、公共空間、同性戀空間以及空間專業的性別意涵，以臺灣的經驗資料進行討論。

第二節　家的意義

住宅是絕大多數人日常生活中最重要的場所，然而住宅的意義為何？目前社會心理學的研究，主要有二種理論取向。一為心理分析，亦即將住宅視為自我的原型；另一種理論取向則著重在住宅所傳達的社會性象徵。然而這兩種取向，大都不是將人視為具有普遍性同質的人，就是將家視為一個整體，忽視家中不同成員的差異。晚近女性主義有關家的研究，則揭示了女性不同的家的體驗與意義。

Marc（1977）指出當人們建造一間房子時，她／他就是在創造一個和平、平靜和安全的領域，它是母親子宮的複製。從那裡我們離開世界去傾聽我們內在的韻律，並且創造一個屬於我們自己、免於危險的安全地方。當我們跨過房子的門檻，把門從我們後面關上時，我們就可以和自己成為一體。Cooper（1974）採用容格（Karl Jung）的理論架構以解釋住宅的象徵作用，即普遍的集體潛意識聯結人們及其原型，而原型——心理能量的節點——必須藉著象徵向外表現。Cooper指出住宅是自我的基本象徵。她引用社會科學文獻、文學、詩與夢的分析，以說明居室反映了人們如何正視自己為一個獨立個人以及其與外在世界的關係。Cooper視家為心理的延伸，經由和物質世界的親密

關係，使得人格能夠成熟的成長。

　　假設客廳反應了人們社會認同的表現，許多研究者（如 Amaturo, Costagliola, & Ragone, 1987; Bonnes, Giulian, Amoni, & Bernard, 1987; Duncan & Duncan, 1976; Laumann & House, 1970; Pratt, 1982; Weisner & Weibel, 1981）沿用 Veblen（1899）的「炫耀性消費」（conspicuous consumption）以及 Goffman（1959）的「前台」（front region）的概念，以研究客廳陳設與社會地位的關係。他們除了關心社經地位的指標，也探討居民的社會與政治態度（Laumann & House, 1970）；他們不只調查居民客廳陳設的清單，也探討其式樣（Laumann & House, 1970）、布置方式與維護（Amaturo, Costagliola, & Ragone, 1987）。但是由於他們沒有考慮權力結構的社會過程，因此無論其實證之統計關係如何的精密都無法給予我們一幅階層社會的圖像（Baudrillard, 1981）。Duncan 與 Duncan（1976）探討不同性質的社會地位以及表達社會地位的不同管道與方式，他們比較美國波士頓與印度二地區的傳統與新興社會菁英的家庭消費模式，並且利用社會網絡的可穿透性（impermeability）以解釋此二團體的差別。傳統菁英將錢花在社交活動以表達其社會身分，他們有一個極為緊密的社會網絡，因此可以依賴口語以維持其聲譽，但是新興菁英處於較鬆散的社會網絡，因此需要較持久可見的證據，例如住宅與裝潢，重複向不同的觀眾展示自己的地位，而不致耗盡其資源。

　　Despres（1992）曾歸納許多經驗研究中居民所提出的家的意義。她指出家的意義包括：⑴家提供安全感與控制；⑵家是個人理想與價值的反映；⑶家是形塑個人的居住環境；⑷家提供永恆與連續性；⑸家是與親友交流的場所；⑹家是活動的中心；⑺家是外在世界的避風港；⑻家是社會地位的象徵；⑼家是一個實質空間；⑽家是一種擁有權。

　　綜結以上有關家的意義的研究，可以發現絕大多數的研究都強調家的正面價值。將家視為一個溫暖、安全、親密、歸屬的場所。然而

這些帶有男性價值觀的研究者，卻經常忽略了婦女對家務勞動的投入，也遺忘了家庭暴力的存在，更模糊了婦女在家中的具體經驗。Schott（1991）質疑高達美（Gadamer）用「在家」（at home）做爲理解我們與語言傳統之間關係的隱喻。因爲重要的不只是在家，我們還要問這個家是在哪裡，而又有哪些歷史被消音以保護這個家。因此我們必須正視婦女在創造家與社區的地點感與歸屬感時，所付出的精神與勞力。家一方面是婦女認同的地方，另一方面也限制了婦女成長的機會。對於男人而言，家可能是白天辛苦工作之後，晚上回來休息的地方；然而家卻是婦女家務勞動的場所。同時有愈來愈多的女性研究者指出，對於女性而言，這些日常生活的空間經常充滿了痛苦的故事。家可能不是安全的地方，而是壓力的來源。有些婦女必須在情緒、認知與行爲方面，遠離那些與創傷連結的生活空間。而長期的受害者，可能持續的搬家或壓抑童年空間的記憶。有的則由於沒有能力離開家而覺得無助（Rubinstein, 1993）。

Hayward（1975）有關「家的意義」的研究發現女人較常將家視爲自我認同的表達。對婦女而言，家的意義在於重要的社會關係；家同時也是一個個人化（personalization）的場所。男人則較常將家視爲一個物理空間（physical space），並將家的意義與童年連結。亦即在離開以家爲中心的童年生活後，男人較難與家有感情的黏結（attachment）。尤其是在外工作，而不分擔家事的男人。

Csikszentmihalyi 與 Rochberg-Halton（1981）訪問芝加哥都會區八十二個家庭，以瞭解在家中哪些物品是特別有意義的。受訪者舉出他們家中的心愛之物，以及爲什麼這些物品是特別的。作者發現男性成年人較常提到有關「行動」（action）的物品，如電視、音響、運動器材與汽車；而婦女則比較偏愛「沈思」（contemplation）的物品，如照片、雕塑、植物、瓷器或織品。前者比較是休閒的工具，而後者則傳達了情感的聯繫。

家對於臺灣的婦女而言是一個怎樣的空間？婦女在居住空間的決

策過程、使用與維持中所扮演的角色為何？居住空間如何反映與形塑家中的社會關係，以及如何藉由空間的改造以轉化既有的性別關係？

根據作者（1996）的研究，男性受訪者通常認為：

　　家是最溫馨的地方，也是工作以外最安全舒適的地方，也是家裡成員共聚天倫之樂的地方。

但是家對於女性而言卻呈現更為複雜的意象：

　　家是唯一可以令人真正休息的地方，沒有任何束縛，尤其家人都不在時。

　　與家人在一起的感覺真好。尤其每天回家看到兩個兒子，就很安慰，又平安過了一天。

　　煩死了，因為孩子多。家是屬於共有的，非某人特有的。「家」要有意義，需要全家人共同經營，只要有其中的一份子不努力經營，家中就會有不溫暖、不和諧感或是遺憾。

　　家應該是溫暖的、充滿和氣的。而我總覺得受到限制、監視，沒有自我，甚至天天受氣，如啞巴吃黃蓮般。

　　希望能有一個真正屬於自己的家，而非在無奈的狀況下，不得已而住的家。在這個家舊有的一切我都無法改變，住得很痛苦。

這些回答傳達了女性在家庭中具體而深刻的感受，它超出了「甜蜜的家庭」、「家是避風港」等過於簡單而抽象的描述。其間傳達了女性受訪者對家的認同與責任的牽扯、無可奈何的感覺以及壓抑痛苦的情緒。

第三節 父權的住宅空間安排

　　父權家庭中的家長利用其空間的使用權力來鞏固刻板的性別角色與性別分工。父系的財產繼承是一個以男性為主軸的財產流通系統，媳婦則是丈夫家中的外來者，她必須藉由貢獻家務勞動和傳宗接代（生兒子）來鞏固自己在父系家庭中的地位，進而取得空間經營的權力；然而她經營空間，卻並不擁有空間。她必須等到她的兒子也娶了媳婦，她終於「媳婦熬成婆」，才能在家中取得較多的權力（顧愛如，1993）。

　　在這種父系的家庭制度之下，住宅空間的分配就成為服務此制度的機制。一位女性談到她家裡空間分配的經驗。剛結婚時，家中有三個房間：一間當作主臥室，年幼的小孩也與父母睡在一起；另一間安排成先生的書房；剩下的一間房，則做為先生的父母房。她並且提到她和先生一起念大學，學歷背景並沒有什麼差異；而且畢業以後，夫妻兩個人都是從事相同的文字工作。然而在空間的分配中，先生理所當然的就可以擁有一間書房，自己卻沒有書房。她自己只能在主臥室的一個小角落擺上一張書桌和書櫃，做為看書的地方。這種父權社會下以男性為中心的空間安排方式，竟然是以犧牲女主人的生活空間做為代價。

　　更值得質疑的是，父母房安排成為先生的父母房，而不是太太的父母房。在父系的家庭制度裡，女人結婚經常意味著要進入一個男人的家庭體系之中，成為她丈夫家中的外來者。即使他們組成一個核心家庭，脫離先生的原生家庭；然而空間的分配，仍舊難脫此制度的制約。因此就不難想像，父母房為了服務父權家庭的制度，而安排成為先生的父母房；「太太的父母房」直接迫切的挑戰了根深蒂固的父系

邏輯。

　　家對男人而言，往往是休息、再生產勞動力的地方；對女人而言，卻是工作、家務勞動生產的場所。絕大多數家庭家務分工的模式都是以婦女做為一個自主的家務勞動者。Abbott 與 Wallace（1990）指出，女人通常必須負責必要、重複、得經常做的家事，而男人卻可以做偶而才需要做一次的家事。正如 Comer 所描述的婦女的生活經驗：「每一天就像前一天一樣，沒有甚麼值得前瞻，也沒有甚麼值得回顧。當外面的世界不停的前進的時候，她卻站在原地。她只活半個生命。」（引自 Darke, 1994:17-8）許多女性覺得家事永遠做不完，更痛苦的是不論碰到甚麼情況，始終沒有別人可以接手。於是，做家事就成為一年三百六十五天全年無休的工作。

　　根據作者（1996）針對臺北都會區家中有小孩的婦女所做的調查統計顯示，男性每日平均花五十三點八分鐘做家事；而婦女則為三小時，是男性的三點三倍。而其中非婦女團體會員的婦女其家務工作時間為三小時七分鐘。婦女團體的女性會員則為二小時十五分鐘，其家務工作時數顯著低於一般的婦女，卻仍舊高於一般男性之家務工作時數甚多。

　　我們最想知道的是，婦女團體成員比非婦女團體成員所少做的五十二分鐘家事，究竟到哪裡去了？這些家事是否轉嫁到其配偶的身上？然而非婦女團體家庭中的男性每日的平均家務工作時數為五十三點九分鐘；而婦女團體成員之家庭中的男性為五十二點九分鐘，工作時數也少了一分鐘。也就是說，即使家庭中的女性具有性別意識，家務工作並未轉嫁到家庭中的男性身上。

　　然而實際婦女團體家庭中的家務時數確實減少了，推測婦女團體女性成員的家事態度已經有所改變，但是配偶卻不一定有所轉變；因此可能將家務轉嫁到雇傭身上；或是透過外食，或轉而依賴消費、外包，使得家務變得有酬化；或者全家將家事的標準降低。例如，地板可以不必每天擦；週六晚上全家到外面上館子；或本來衣服每天洗一

次,那現在就二天洗一次。從以上的資料來看,隨著女性意識的覺醒,家庭的家事標準可能可以降低,或者將家務勞動有酬化,以減輕家庭婦女的負擔;然而「家事是全家人的責任」價值觀的改變,要讓男人分擔家事,恐怕還有一段路要走。

「廚房是女人的天下」,家庭中象徵家務勞動最具體的空間就是廚房。因為傳統性別分工的機制,致使婦女與廚房有著密不可分的關係。此外,住宅空間中的休閒(例如客廳)和工作(例如廚房)分離的空間分化也是以一個男性的眼光在安排空間,所以我們可以看到門面氣派的大客廳和擠在邊陲地帶的狹小廚房,其實背後預設了男人在客廳休閒、會客;而女人在狹小的廚房中工作的意識型態(顧愛如,1993)。廚房空間設計的重新思考,企圖挑戰既有父權體制的價值觀。一個可以同時燒飯、聽音樂、看小說、寫信,或者可以讓家中其他人一起做飯的廚房,除了提昇做飯的環境品質外,更重要的是讓廚房成為家人一起工作、互動的場所,將婦女從廚房勞動負責人的角色中解放出來。

客廳對許多男性而言,除了是展示身分地位的場所之外,也是他們在外辛苦工作以後,回來休息的地方。「他回家就是看報紙、看電視。」然而婦女對於客廳的想像比較是一個小孩遊戲與全家人心靈溝通交流的場所。客廳是住宅裡唯一面積較大的公共空間,在擁擠的都市裡,起碼可以讓小孩舒展他們的筋骨。當前臺灣的客廳設計,經常以電視機為中心,全家人一起面向電視,偶有對話也是在批評電視節目的內容;它無法形成情感互動的氛圍。婦女希望客廳的設計能夠突破現在的格局。

> 「客廳就是陪他玩,跟他追呀跑啊的地方,不是看電視的地方。」
>
> 「我希望家裡能有一個很好的聊天場所。電視一開,你能聊到多少?我覺得我要規劃一個聊天喝茶的地方。」

住宅中的主臥室只是滿足睡覺的需求，人們大部分的時間其實是待在客廳。然而客廳通常為了展示社會地位以及男性休閒而設計，忽略小孩遊戲或全家人心靈溝通的機會。家事是每個家庭每天都必須做的事，但是住宅的家務空間卻從未受到設計者應有的重視。狹小而孤立的廚房、侷限的洗衣和曬衣空間、儲藏空間的缺乏，都帶給家務勞動者更大的壓力。藉由對住宅空間的重新命名與設計，一方面提高家務勞動的空間品質，一方面則希望藉由空間來挑戰既有的男性價值觀，讓家事不再成為女人單方面的責任，讓住宅空間能夠更以家人的生活品質為考量。

在我們的空間語彙裡，有主臥室、（先生的）父母房、書房，甚至娛樂間、客房、和室，但是卻沒有「女主人房」。臺灣都市的住宅密度過高，空間不足，固然是一個因素；但是當家中有較多的房間時，也通常就男性家長的考慮做為其他用途，例如當作男主人的書房，而不論他是否有需要讀書；或者是男主人的父母房，雖然他們可能一年只來住幾天。

家庭中的每一位成員其實都非常需要一個可以不受干擾的空間。其用意並非是與家人完全隔離，而是有可以退縮的空間後，才更可能積極的走出來與人溝通。許多人有這樣的經驗，她／他們小時候記憶最深刻的空間是家裡的廁所。因為當他們與家人發生衝突時，往往躲到自己的房間裡，但是父母親擁有房間的鑰匙，可以不經他們的同意開門進入。最後全家裡就只有廁所是唯一他可以理直氣壯待在裡面做自己的事而不受干擾的空間。家庭裡也極需要提供一個屬於女主人的私密空間，讓她能夠理所當然的在那裡做自己的事，以實現自我。

第四節 公共空間的性別藩籬

　　我們現在的公共空間是依照男性的需要和欲望而建造出來的，對於女人而言不但不方便且有敵意。它造成女人的焦慮和恐懼感，女人雖然獲得脫離家庭束縛的自由，但是也有失去保護的危險。因為在意識型態上，女人被認定歸屬於某個男性，而一個獨身的女子出現在公共空間並不是常態，甚至暗含了性愛的邀請，很可能成為男人獵取的對象（Green, Hebron, & Woodward, 1990）。

　　公共空間的性別區隔與禁忌，使得進入公共空間的女人覺得處處有禁令（例如男性居多的酒吧、建築工程的地基、施工中的隧道、某些宗教儀式的場合），因為女性經常被視為是不潔的、次等的，不可以侵入男性的地盤。例如特技演員柯受良在飛越黃河的表演前，除了有拜神及祈福儀式外，在準備給汽車起飛和落地的兩面木台完成後，他「下令不准女人踐踏」（中國時報，86.6.1，第5版）。上述的男性意識型態使得女人比男人更需倍加小心，時時提醒自己不要觸犯禁忌，或者有一種被排擠的感受。

　　女性在公共空間中的不自在與威脅感，經常是以細微而具體的方式顯現，亦即一種透過他人凝視與自我審視來監督女性是否具有「正當合宜」的行為舉止。從沈默、忽視、言語挑釁、性笑話、戲謔、嚼舌根、不利的傳聞、冷嘲熱諷，到性騷擾與性暴力的直接身體侵犯的控制方法，來規範女人的活動。凡是不符合刻板印象中的好女人行為，就會有遭受上述種種控制手段圍攻的危險。這種刻板印象不僅僅為男人所擁有。女人之間的網絡除了相互支持，也經常是女人監督女人的來源。而這種合宜行為舉止的性別規範的社會化和內化，在女人心中造就了一種自我審視和檢查的機制，和外界的監督一起約制自己

的言行（Green, Hebron, & Woodward, 1990）。小至服飾衣著都會引起焦慮，例如穿著短窄裙，被賦予較多的性意涵，也意味了成為男性和其他女人凝視的焦點；而自己因為擔心曝光，也時時戒慎身體的姿勢，因此在外移動成為一件有心理壓力、耗費心神的事。有些婦女表示當她在公車上遭到性騷擾的時候，她很直覺的先低下頭看看自己的穿著，是不是領口滑下了；而不是質疑、譴責騷擾者。

公共空間是男性的地盤、充滿了以性別為基礎的禁忌、女人的合宜行為舉止應該如何、不守規範的女人的下場如何，這一切訊息都在公共領域中散播，從日常的非正式交談到報紙電視等媒體的資訊，維持與傳達性別權力的支配性論述，散布開來成為難以遁逃的大網。例如關於女人受害事件的報導方式（女人的穿著、不當的出現時間與地點，以及缺乏抵抗等等，引含了女性自己應該為受到性侵害負責），會使得女人因為害怕而避免出門，或者更加依賴男人。

根據 Riger 等人的研究發現，都市犯罪影響她們的實際行為。女性受訪者夜晚不曾獨自行走的比率是男性受訪者的八倍，不曾夜晚獨自到酒吧或俱樂部是男性的十三倍，不曾夜晚獨自到市中心是男性的六倍。其他，46.3%的女性受訪者從來不曾在晚上單獨乘坐大眾運輸，而只有29.4%的男性受訪者回答如此。74.9%的女性從來不曾在晚上獨自去看電影，而男性只有 32.4%（引自 Karp、Stone 和 Yoels，1991）。

至於國內的調查則有現代婦女基金會（1992）發現 94%的婦女擔心自己的女兒外出的安全；台北市婦女救援基金會則發現 67%的婦女夜晚外出時缺乏安全感（現代婦女基金會，1992）。

第五節 安全感、犯罪與空間設計

Valentine（1990）在一九八八年至一九八九年間，對英國的兩個郊區——Whitley（市營住宅）和 Lower Earley（中產階級的社區）的婦女進行訪談，以研究婦女的危險感與公共空間設計之間的關係。婦女對於環境的認知乃是由第一手或第二手資料知道何時何地曾有不好的事發生，進而形成對該環境的心理意象，並影響其使用空間的選擇。良好設計是否必然改善犯罪情形雖有待商榷，不過它的確能提高女性在心理上的安全感。

Valentine 提出十項空間設計的建議，以提高婦女在公共空間裡的安全感：⑴停車場和入口的位置可以直接進入，不須經由另一通道。⑵門廊可以被看穿。⑶白色的照明優於黃色的照明。⑷將牆壁漆成白色，看起來較不封閉，也較容易辨識是否有旁人在場。⑸天橋優於地下道。⑹地下鐵通道應以短、寬為原則，出口的監視性要好。⑺造園景觀，如假山、樹叢等，不可遮蔽通道，也不應阻礙視線；圍牆要少。⑻一樓以店家為主，店家能使街道更為熱鬧。⑼將荒廢處用各種使用與活動填補起來。⑽角落及轉角的監視性要好，可加裝鏡子以改善。

然而實質環境的設計並非脫離社會文化的脈絡而存在。Valentine 進一步指出常遷移的住戶，社會互動較少；開車出門的開車族使用公共空間的機會較少，互動也較差。這些小族群對環境及當地的活動型態不熟，不僅本身缺乏對環境的控制感，同時也影響了當地的社會環境，使該環境變得不可控制和不安全。因此固定的住戶、頻繁的社會互動機會和固定的生活作息，有助於發現侵入者和異常行為，受侵害者也較容易知道如何求助。居住在這種社會環境中，居民的安全感提

高，犯罪情形也顯著的較少。

Atkins（1989）則歸納影響女人對於外出恐懼的感知程度的因素，將之區分為個人特性、環境因素，以及旅運頻率等三個方面。首先，在個人特性方面，年長和年輕的婦女的恐懼程度較高，因為年長者的受害經驗較多，而且比較無力反抗，而年輕婦女則對於性攻擊特別敏感。少數族裔的婦女由於會遭受種族歧視的攻擊和騷擾，恐懼程度較高；女同性戀者由於不符合傳統的規範印象，也有類似的狀況。

其次，就環境因素而論，有其他人出現活動、有公共監控（如警察巡邏）、有適當的照明設施、乾淨整潔沒有塗鴉的環境，都有助於降低女人的恐懼感。最後，旅運的頻率愈高（包括外出次數和不同的運輸模式的使用頻率），感覺恐懼的程度愈低，這一方面顯示了由於恐懼而不敢外出或使用某一種交通工具的情形，另一方面也暗示了若能提供安全的交通工具和鼓勵女人外出，對於出外移動的恐懼感便會降低。

空間的安全或危險，並非是靜態不變的。對於不同的人、不同的時間、不同的活動狀態、不同的熟悉程度與控制空間的能力，其危險感都會有極大的不同。除了增加照明、提高空間視線穿透性與非正式監視機會、找出並改善危險地點、增設求救系統之外，透過環境規劃過程的改變，將空間設計的權力下放到使用的居民身上，可能更可以達到安全空間的保證。使用者最知道自己的生活經驗，經由參與空間的設計與改善，一方面可以解決實際的空間問題，一方面也可以增加居民對空間的認同感，進而鼓勵活動的產生，並提高居民自身控制空間的能力。當然空間的設計並非改善治安、消除犯罪的萬靈丹。如果沒有致力透過教育與法律等來消除社會中性別歧視的結構與價值觀，則性侵害犯罪無法真正根除。如果沒有改善不同階層、族群之間的權力關係，則社區可能形成排外的部落主義社區，而弱者可能受到更多的監控。都市犯罪的問題必須要靠教育、消除貧窮、警察、社區等不同力量合力來解決，但是少了安全的空間設計也無法克竟全功。

第六節　防暴論述

　　為了防止無法預期的性侵害，社會發展出限制女性行動的論述，而有些女性也會自我設限。於是女生宿舍夜晚十一點門禁，父母明訂女兒不准在外過夜。女性也會避免單獨出門、遠離都市中的危險地區、在戲院和公車上更換座位以避開可疑男人。結果女性是以自己的自由來換取可能的安全。

　　性騷擾與性侵害既然就是性別歧視，是男性以性的形式加諸女性身體的暴力行為，女性因此會以去除女性特徵的方式來防暴。「晚上出門，我會騎機車，然後戴安全帽，把頭髮藏起來，這樣好像就認不出性別。」有的女性在遭受性騷擾之後，就立刻把一頭具有「女性特徵」的長髮剪掉。

　　坊間還有一種預防性侵害的方法論述，就是尋求男性的保護。這裡的男性，可以是具體的男人，也可能只是代表男人的象徵物。出門的時候，最好有男人結伴而行；接到性騷擾電話以後，讓身邊的男人接聽過濾電話，或者裝上男性聲音的答錄機。如果是一個女人獨居，最好在門口擺上男人的鞋子、在陽台上曬男人的衣服；單身女子在高速公路上開車，也可以買到假人，放在駕駛座旁邊的座位上，以防止陌生男性的攻擊。

　　目前流行的防暴論述，大都強調女性的自我保護，用限制女性的自由、去除女性特質、依賴男性等方法來換取人身安全，這些策略或多或少都能增進女性使用公共空間的安全感，但是卻難以跳脫傳統的性別價值觀，無法對既有的性別權力結構進行正面的挑戰。女性在公共空間中依舊缺乏自主性與獨立性。其實女性除了被動的接受外界保護以外，也可以有一些較積極的作為，發展女性自主的對抗性侵害策

略，並壯大女人連線的實力。

　　台大有一門女性主義的課程中，老師要修課的女學生，選擇一條平常不太敢走的路徑，勇敢走它一遍，並寫下心中的感想。多探索、熟悉自己的生活空間，鍛鍊掌握空間的能力，以便有效的應付危機情況。有些國家在中小學都設有防身術的課程，並要她們練習大聲的吼叫，從小就訓練情緒發洩的管道。其實，更重要的是增加女性從小運動的機會，鍛鍊其反應力和體力。

　　我們一方面要去除處女情結、解放女性的情慾與身體，以壯大女性個體的力量；一方面，也要致力於批判性別歧視、改變現有的性別結構。除了敘述女性的悲慘受害經驗之外，也要傳播快樂的女性對抗性侵害的成功經驗。除了單一女人的防身策略外，集合群體女人的力量，也可以發揮驚人的效果。一群女人曾經在三月八日包下台北東區的一家餐廳，在沒有男性目光凝視的情境下，盡情的狂歡。女人可以集體在夜間出遊、逛 pub、到公園裡看星星；集體走上街頭表達對於婦女人身安全問題受到忽視的不滿（如 1996.12.21「女權火照夜路」大遊行；清大 1996.12.19 夜間飛行大遊行）；集體抵制物化女性身體的商品廣告；抗議媒體對於性別迷思觀念的複製；在各級選舉時，鼓勵「女人選女人」，把關心女性權益的候選人送上掌有權力的位置。這些行動都能夠改善女性在公共空間中的處境。

　　許多男性經常以愛與保護之名，對女性的行動進行實質的監控。愛不是不好，而是必須對父權的愛加以重新的界定。真正的愛，是否應該要讓女性有更多鍛鍊獨立自主的行為能力，而不是加深女性對男人的依賴，或限制女性的活動空間。社會上不斷發生的壞男人性侵犯女性的事件，給予男性控制身邊女性合理的藉口。而如果男性又只是一味的用保護與控制的方法來限制身邊女性的行為，則沒有受到好男人保護的女人就會引來壞男人的攻擊。如果要提升女性的安全，應該要打破這個好男人與壞男人共舞的循環。

　　討論性侵害不是要恐嚇女人、讓女人無所逃於天地之間，而是要

解放女人個體,讓女人與女人連線、女人與社區連線、女人與「反性暴力男性團體」連線;走出男性保護的桎梏,開拓女性自主的天空。

第七節 同性戀空間

在我們揭露原來都市公共空間是一個男性空間的同時,受到歧視的女人是否也察覺到原來都市公共空間也是一個異性戀空間呢?我們本來以爲公共空間是一個去性或無性的空間,可是透過日常生活中的重複表演與行爲規範,卻發現公共空間其實是異性戀空間。異性戀伴侶在街道上的牽手與擁抱、電影看板上充斥的偉大異性戀愛情、超級市場與櫥窗不斷傳達的核心家庭觀念、商店與公園中流動的男女情歌對唱、茶館嗑牙所說的黃色笑話、見面寒暄「什麼時候請我們喝喜酒啊」的例行問話,每日持續對人轟炸,告訴我們公共空間中什麼是合宜的行爲舉止(Valentine, 1996)。當異性戀者可以在街道上表演他們的異性戀慾望,並且認爲理所當然的時候,同性戀者卻只有在某些都市的(空間與時間)邊緣中才能成爲自己(同性戀),甚至在最私密的家庭空間,還要將情書、同志書籍影帶躲躲藏藏以免被家人發現。

白人以爲自己的皮膚沒有顏色、基督徒稱其他人爲異教徒、男人看不到自己的性別,同樣的異性戀也不會問彼此:「請問你是異性戀嗎?」異性戀看不到所謂的愛情電影其實是異性戀愛情電影,所謂的情歌對唱其實是異性戀情歌對唱。佔有社會主流權力位置的人,始終不必爲自己命名,就像我們有女性電影展、女作家小說選、女科學家列傳,但是男人從來不必稱呼自己爲男人:因爲男人就是人,人就是男人。同樣的,將異性戀看成自然的存在,不必探討異性戀的成因,也使得異性戀無法從外往內看自己。無法看見自己所具有的差異性,導致我們的空間成爲異性戀空間。

　　透過一種監督「正當合宜」行為舉止的他人凝視與自我審視，以及各種從沈默、言語挑釁、性笑話、不利的傳聞、冷嘲熱諷，到性騷擾與性暴力的直接身體侵犯的控制方法，讓女人在公共空間之中感到極度的不自在與威脅感。這種他人凝視、言語挑釁與暴力的威脅也一再宣告公共空間是異性戀的空間，而使得同性戀無法享有使用公共空間的權利。

　　曾有一些好男人說：「女人如果真的喜歡穿的涼快一點，那在家裡涼快就好，為什麼要穿到外面呢？」意思是，這種女人如果遭致男性騷擾是活該倒楣。同樣的，一些自以為思想比較開放的人也經常說：「我其實對於同性戀並不排斥，他們在私密空間中做什麼那是他自己家裡的事，只要他們不要在公共空間中『亂搞』就好。」這種說法好像是說異性戀者在公共空間裡都不會表達他們的情慾似的（Duncan, 1996）。兩個男人如果敢在街上牽手，異性戀一定會說：「他們為什麼要那麼『張揚』呢？」可是一男一女在街上擁抱，難道就不是在「炫耀」他們是異性戀嗎？訂婚喜餅、盛大的結婚典禮、手上的結婚戒指、一男一女到旅館訂一間雙人床的房間、辦公室裡的全家福照片、情侶裝、夫妻共同申報所得稅、男女共用一根吸管喝果汁，不都是在向世人宣告他們是異性戀嗎？

　　解嚴後十年的臺灣，在街上牽手、擁抱，仍然是同性戀者遙不可及的夢想。什麼是同性戀空間呢？說穿了，也不過是一個同性戀者可以公然相互牽手、擁抱的空間，一個可以完全作自己的地方；所以同性戀空間也可以說是應該無所不在的。白人以為自己沒有膚色、男人以為自己沒有性別，社會中掌有資源權力的人永遠看不見自己，看不到自己享有的既得利益，看不到自己壓迫別人，看不到自己的屬性。談論同性戀空間，其實凸顯的是異性戀空間的議題，因為在同志經驗的關照下，照見的其實是原來我們每日所呼吸的空間竟然是「如此的異性戀」。

　　共進一個溫暖而充滿愛的晚餐，是多少心靈流離同志簡單的企

望，但似乎卻又是難以達成的空間夢想（阮慶岳，1998）。然而夢想能不能實現、距離我們現在的社會有多遠，還是決定於我們想不想讓夢想早日實現。無論現身與否、無論是不是同性戀，只要反對異性戀霸權的人就都是改革的同志。兩個男人或兩個女人在公共街道上互投親暱的眼神、搭肩、牽手；播放同志歌曲；以跨越性別的穿著出現在公共空間；配戴彩虹的首飾；將同性戀者視為一個有專業、有個人特質的人，而不僅是同性戀者；不附合取笑同性戀的談話，甚至起身反駁；參與集體現身的同性戀活動……（參考 Valentine，1996）。管你是同性戀也好、是異性戀也好，或者都不是或者都是也好，都可以在日常生活實踐中推動同性戀運動，改善同性戀的生活處境。

從擁有一個可以上鎖的抽屜開始，到一個可以發現你我的空間，再到同志社區，我們更期待有一天連「異性戀空間」也需要命名，然後大家再一起把同性戀空間、異性戀空間這些名字拿掉吧。

第八節　空間規劃設計專業

空間規劃設計專業也象徵了一個為男性所定義的世界（Boys,1984）。Martin（1989）發現建築系女性學生總是受到忽視或不受到鼓勵去追求專業生涯，女學生覺得她們既不屬於女生那一群，也不屬於男生那一群。女性專業者無法加入男性的社交網絡，也就缺乏交換資訊的機會，並且遠離決策的核心。男老闆交給女性建築師的業務，通常是小案子，難以從其中挑戰其能力或增進其專業經驗。建築師公會通常也掌握在男性手裡。〔根據台北市建築師公會（1999）的會員通訊錄，一千八百五十八位會員中，只有五十六位女性，約佔 3%；而二十五位理事中，只有二位女性。〕女性建築師又受限於家庭的牽絆而無法全力投注於工作，因而影響其專業成就。

　　建築界使用性別歧視的語言，例如 man-made environment、men and the environment 或中文的「公」共空間，也就是假設全部的人——建築師或是學生都是男性，這會加強對女性的視若無睹，因為女人從來不出現在這種語言中。即使是教科書，也大都收錄白人男性建築師而非女性與少數族裔的作品。此外，教授對女性建築師的表現沒有信心，或是根本不加期待；輕蔑與敵意，往往透過不信賴學生的能力而展現。而這種迂迴的手段往往比直接的批評更難以應付，因為妳無法與他討論，也無法正面回應（Anonymous, 1980）。

　　Denise Scott Brown（1998）以其個人的親身經驗說明女性學術工作者與專業者所受到的歧視。雖然《向拉斯維加斯學習》一書中的概念大都出自於她，但是出版社卻堅持將Venturi（Denise的先生）列為第一作者，而一般讀者也只認識Venturi。她希望她的著作權能夠受到正視，別人卻覺得她太小氣、為什麼不能以先生的成就為榮。她認為建築的明星文化在其中扮演重要的角色。由於建築很難用客觀的標準衡量，因此建築師要創造明星。建築大師讓人愛或恨，那種關係往往是很個人的。建築評論者也大都是男性，於是我們可以想見男性評論者怎麼會去讚賞女性建築師呢？也不太可能同時捧一群人做為大師。有錢的業主正像男性評論家不會給女性或一群人戴上桂冠。為了消除大師崇拜，我們應該拓展不同的專業價值；建築專業應該更負責任、更富有人性。

　　Vytlacil（1989）指出女性的意識或潛意識的心理機制影響建築系女學生的學習經驗以及能否在設計課程中有成功表現。建築教育具有其他學術領域所沒有的特質：亦即設計的創造本質，沒有客觀絕對正確的標準答案。由於設計在建築課程中佔著極為重要的位置，建築設計課程的表現是學生成功的必要條件。教師要求學生從事純粹美學設計，設計能力展現在對於抽象理論做為個人藝術創造力表現的理解；對於現實社會的專業實踐與營造知識則期待學生進入建築師事務所以後再學習。這種設計教育模式其實也就是為進入男性主導的專業而做

的男性模式的準備工作，女性則至今仍然對於設計課程與教學方法極少具有影響力。在這種教學氛圍中，女性不被期待設計真實建築物（住宅並不夠格稱為真的建築物）或進入建築專業界。女學生遲早會結婚生子，建築教育訓練的投資可能白費，因此女學生沒有與男生有相同的學習機會。如何讓女學生在建築設計課中有好的表現固然重要，更要認同和融合女性的特殊能力。一般來說，男性比較在意建築物的外觀、紀念性、持久性和堅固的結構；然而女性則注重建築的使用彈性、適用性與周圍環境的配合，甚至心理的需要。事實上，女性所注重的焦點本來應該就是設計課程的責任，可是此時女性的敏感度卻被批評為吹毛求疵，所以堅強的心理機制是女學生能夠固守建築領域的重要因素。女性教師如果能夠大幅的增加，會對女學生帶來許多正面的意義，一方面提供可以學習的典範，一方面女教師往往對女學生有較高的要求與期許，同時也給予較多的精神支持和鼓勵。一位女學生說與男性一起工作，她是為獲得認可而工作；與女性一起工作，則是增進自己的能力。所以增加建築專業領域中的女性比例，是改善女學生學習經驗很重要的因素。

第九節　邁向一個沒有性別歧視的生活空間

　　我們經常不假思索的將生活的空間視為理所當然的存在。只有在小說或作文裡我們才敢大膽的想像：如果教室像電影院、如果病房像一個家、如果巷道就是遊戲場。其實每一個日常生活的實踐，都倚賴一個支持活動的空間；而每一個空間都是社會價值觀積極的展現。空間絕非只是傳統心理學實驗裡的聲光刺激，或是建築專業所強調的形式表現與功能滿足。而當我們的政府官員、企業主管與空間專業界仍然為男人所主導的時候，空間很可能就在為男性既得利益者而服務。

　　都市的可貴之處在於它是一個容納各式各樣的市民、彼此相互激盪學習的場所。然而做爲都市公共空間概念源頭的希臘廣場中竟然是沒有女人存在的。女人不是市民？「公」共空間彷彿是屬於男人的。固然我們並沒有使用明文規定或暴力禁止女人使用公共空間，但是社會賦予女人家務勞動以及照顧、育兒的責任；女人仍是經濟體系裡的弱勢者，因而擁有較少交通工具等資源；都市裡缺乏良好的托兒、扶養中心、大眾運輸系統與廁所等服務設施；加上社會對於女性角色在意識型態上的控制，要求女人應有適當的行爲舉止；以及性騷擾與暴力事件的層出不窮，導致女性無法與男性有相同的機會使用都市公共空間。

　　「男主外，女主內」，然而女人的歸宿是家庭嗎？全年無休的家務勞動、頻傳的家庭暴力事件、陌生男人的性騷擾電話與傳真，打破了家是安全堡壘的神話。家庭主婦奔波於廚房、餐廳、客廳與陽台之間，但是卻找不到一個可以獨自沈思冥想的角落。

　　空間不只是活動的背景。我們需要更多的女性主義者來關心空間的問題，也需要更多的空間專業者吸取女性主義的觀點，把空間作爲挑戰既有性別體制的基地。從一個可以上鎖的抽屜開始，到一個可以獨處的角落、一個家人可以共同參與的廚房，到托兒、廁所、庇護中心、大眾運輸等設施的提供與改善，以及危險空間的去除，讓我們生存的空間變得更友善。當我們能夠形塑一個沒有性別歧視的生活環境時，也就許諾一個女人／男人、同性戀／異性戀者都可以充分發展自我的未來。

參考書目

中國時報，84.7.19，第 6 版。

中國時報，86.6.1，第 5 版。

中國時報，86.10.24，第 18 版。

台北市建築師公會（1999）：88 會員通訊錄。台北：作者。

阮慶岳（1998）：出櫃空間：虛擬同志城。台北：元尊文化。

現代婦女基金會（1992）：臺北市高中（職）女生對性騷擾態度之調
　　查研究。台北：作者。

畢恆達（1995.9.29）：建立沒有性別歧視的社會，女人該追尋自己的
　　空間。聯合報，第 11 版。

畢恆達（1996）：已婚婦女的住宅空間體驗。本土心理學研究，6，
　　300～352 頁。

畢恆達（1998a）：危險的外出！公共空間的婦女人身安全。張老師月
　　刊，247，44～49 頁。

畢恆達（1998b）：性侵犯，破解高招！張老師月刊，248，44～49
　　頁。

畢恆達（1998c）：開放彩虹的國度：同性戀空間在哪裡？ 張老師月
　　刊，249，47～55 頁。

顧愛如（1993）：住宅空間使用的性別差異：三個家庭空間的個案經
　　驗研究。私立淡江大學建築研究所碩士論文。

Abbott, P. & Wallace, C. (1990). *An Introduction to Sociology: Feminist Per-
　　spectives*. New York: Routledge.

Amaturo, E., Costagliola, S., & Ragone, G. (1987). Furnishing and status
　　attributes: A sociological study of the living room. *Environment and
　　Behavior, 19* (2), 228-249.

Anonymous (1980). No academic matter: Unconscious discrimination in environmental design education. In G. R. Wekerle, R. Peterson, & D. Morley (Eds.), *New Space for Women*, 235-253. Boulder, CO: Westview Press.

Atkins, S. (1989). Women, travel and personal security. In M. Grieco, L. Pickup, & R. Whipp (Eds.), *Gender, Transport and Employment: The Impact of Travel Constraints*. Aldershot: Avebury.

Baudrillard, J. (1981). *For a Critique of the Political Economy of the Sign*. St. Louis: Telos Press.

Bonnes, M., Giulian, M. V., Amoni, F., & Bernard, Y. (1987). Cross-cultural rules for the optimization of the living room. *Environment and Behavior, 19* (2), 204-227.

Boys, J. (1984). Is there a feminist analysis of architecture? *Built Environment, 10* (1), 25-34.

Brown, D. S. (1989). Room at the top? Sexism and the star system in architecture. In E. P. Berkeley (Ed.), *Architecture: A Place for Women*, 237-246. Washington: Smithsonian Institution Press.

Chapin, F. S. (1935). A measurement of social status. *Contemporary American Institution*. New York: Harper.

Cooper, C. (1974). The house as symbol of the self. In J. Lang, C. Burnette, W. Moleski, & D. Vachon (Eds.), *Designing for Human Behavior*, 130-146. Stroudburg, PA: Dowden, Hutchinson & Ross.

Csikszentmihalyi, M. & Rochberg-Halton, E. (1981). *The Meaning of Things: Domestic Symbols and the Self*. New York: Cambridge University Press.

Darke, J. (1994). Women and the meaning of home. In R. Gilroy & R. Woods (Eds.), *Housing Women*, 11-30. New York: Routledge.

Despres, C. (1992). The meaning and experience of home in shared housing. In M. V. Giulian (Ed.), *Home: Social, Temporal, and Spatial Aspects*, 53-66. San Giuliano Milanese, Italy: Progetto Finalizzato Edilizia.

Duncan, J. S. & Duncan, N. G. (1976). Housing as presentation of self and the structure of social networks. In G. T. Moore & R. G. Golledge (Eds.), *Environmental Knowing*, 247-253. Stroudsburg, PA: Dowden, Hutchinson & Ross.

Duncan, N. (1996). Renegotiating gender and sexuality in pubic and private spaces. In N. Duncan (Ed.), *BodySpace: Destabilizing Geographies of Gender and Sexuality*, 127-145. New York: Routledge.

Goffman, E. (1959). *The Presentation of Self in Everyday Life*. New York: Anchor Books.

Green, E., Hebron, S., & Woodward, D. (1990). *Women's Leisure, What Leisure?* London: Macmillan.

Hayward, D. G. (1975). Home as an environmental and psychological concept. *Landscape, 20* (1), 2-9.

Karp, D. A., Stone, G. P., & Yoels, W. C. (1991). *Being Urban: A Sociology of City Life* (2nd ed.). New York: Praeger.

Laumann, E. O. & House, J. S. (1970). Living room styles and social attributes: The patterning of material artifacts in a modern urban community. *Sociology and Social Research, 54*, 321-342.

Marc, D. (1977). In J. Wood (Trans.), *Psychology of the House*. London: Thames and Hudson.

Martin, R. (1989). Out of marginality: Toward a new kind of professional. In E. P. Berkeley (Ed.), *Architecture: A Place for Women*, 229-235. Washington: Smithsonian Institution Press.

Pain, R. (1991). Space, sexual violence and social control: Integrating geographical and feminist analyses of women's fear of crime. *Progress in*

Human Geography, 15, 415-432.

Pratt, G. (1982). The house as an expression of social worlds. In J. S. Duncan (Ed.), *Housing and Identity: Cross-Cultural Perspectives*, 135-180. New York: Holmes & Meier.

Rubinstein, N. J. (1993). There's No Place Like "Home": Home as "Trauma": The Lessons of the Unspoken. Paper presented at the 24th Annual Conference of the Environmental Design Research Association.

Schott, R. (1991). Whose home is it anyway? A feminist response to Gadamer's hermeneutics. In H. Silverman (Ed.), *Gadamer and Hermeneutics*, 202-209. New York: Routledge.

Valentine, G. (1990). Women's fear and the design of public space. *Built Environment, 16* (4), 288-303.

Valentine, G. (1996). (Re)negotiating the 'heterosexual street'. In N. Duncan (Ed.), *Bodyspace: Destabilizing Geographies of Gender and Sexuality*, 146-155. New York: Routledge.

Veblen, T. (1899). *The Theory of the Leisure Class*. New York: Macmillan.

Vytlacil, A. (1989). The studio experience: Difference for women. In E. P. Berkeley (Ed.), *Architecture: A Place for Women*, 261-269. Washington: Smithsonian Institution Press.

Weisman, L. K. (1992). *Discrimination by Design: A Feminist Critique of the Man-Made Environment*. Chicago: University of Illinois Press.

Weisner, T. S. & Weibel, J. C. (1981). Home environment and lifestyles in California. *Environment and Behavior, 13*, 417-460.

第　四　章

廣告與兩性

 孫秀蕙　著

　　站在關懷性別議題的立場，本文試圖深入了解，廣告如何透過其圖像與語言，主導媒介的論述形式，影響閱聽人的價值觀與認同感，最後影響了真實世界的兩性互動？這其中存在的問題，又應如何揭露、分析和被理解？

　　本文引述諸多重要文獻，綜合多篇論文的研究結果，發現無論就旁白、模特兒與故事情節等安排，廣告反映了一個男女有別，且由男性主導的世界。廣告中的男性被描繪成積極、富冒險精神、強而有力、在性方面採取主動，而且對於人際關係漠不關心的角色。關於性別刻板化的程度，廣告中的女性角色描繪方式是很鮮明的：她們通常都很年輕、纖瘦、美麗、被動、依賴別人，且常表現出沒有能力，需要被男性呵護的樣子。因為女性的主要角色在家庭，所以她們的能量也都投注在裝扮和照顧家庭上。

　　針對前述問題，站在性別關懷的角度，本文試圖破除與創新，重構兩性關係的新藍圖。

第一節　廣告無所不在

　　在我們生活的社會中，廣告無所不在：打開電視、翻開報紙、閱讀雜誌，廣告排山倒海而來。我們打開電腦與數據機，連上網頁，廣告像旗幟（banner）般在商業網頁上端出現。走在街頭，高樓有電視牆、霓虹燈與告示板，它們也是廣告。人們經常會聽到小孩模仿電視廣告上最時髦的歌曲與口訣，甚至唱片公司推出專輯時，也會強調主打歌曲出現在哪一支廣告中。廣告圖像和語言，像我們呼吸的空氣一樣，瀰漫在起居空間裡。

　　廣告之所以存在，事實上是匯集了三股動力。廣告代表了標榜自由經濟**資本主義社會**體系的命脈，它的興衰與經濟榮枯緊緊相隨。其

次，廣告投資費用支撐了**商業媒體**的生存，它的訊息藉著大眾媒介傳播影響社會。最後，廣告反映了現代社會的物質繁榮，並塑造了特有的**消費文化**。

廣告的影響範疇之大，已經使廣告代理業者成爲矚目焦點，廣告科系更成爲莘莘學子嚮往的志願。某些媒體甚至開闢版面、節目單元來介紹廣告與創意，而廣告人也儼然以社會名流姿態出現。一九八〇年後興盛的 MTV 頻道，更讓原以促銷唱片爲目的的音樂錄影帶轉變爲節目，進一步吸收其他類型的廣告，企圖吸引年輕人的市場。

對於任何一個屬於資本主義體系的國家而言，廣告活動可說是該國的經濟景氣指標。廣告所形塑／投射的文化意義，對於社會現象的詮釋方式，常常成爲話題或研究焦點。有趣的是，雖然許多人對於廣告在文化領域的影響抱持著殷切期望，認爲它可以在社會教育方面多扮演些正面功能；但是也有人對廣告充滿質疑，但又相信有廣告的商品比沒有廣告者更具有保障性。換句話說，社會大眾對廣告具有某種程度的愛恨矛盾情結，而對於廣告這一行充滿了憧憬與好奇心。

對於廣告代理商而言，製作廣告的目的在訊息告知和創造物質需求以刺激產品的銷售量，並藉此獲利。然而，不容否認的是，廣告活動對社會影響遠比當初的創始動機更爲複雜深遠。廣告代理業者不僅代理產品的銷售推廣，更塑造了不同階級的品味與生活風格。因此，站在關懷兩性議題的立場，我們很有必要深入了解，廣告如何透過其圖像與語言，主導媒介的論述形式，影響閱聽人的價值觀與認同感？換句話說，廣告如何建構兩性關係的世界？而這其中存在的問題，又應如何揭露、分析和被理解？最重要的是，當我們體認到**資本主義、父權體系、廣告**與**性別**之間緊密相連的關係時，作爲性別議題的關懷者，我們如何從消費者的觀點出發，規畫並進行其行動策略？

第二節　廣告中的兩性角色建構：主要文獻回顧

　　關於廣告中的性別角色描繪研究，美國社會學家 Erving Goffman 著有《性別廣告》（*Gender Advertisements*, 1979）研究廣告模特兒的肢體語言與互動方式如何呈現兩性關係，被西方研究引述甚爲頻繁。Goffman 並不直接處理刻板印象或是物化的問題，他選擇以細微的手勢、姿態、表情等來觀察兩性在廣告圖像中的地位，藉此理解兩性互動的儀式化行爲如何再現（represent）於廣告之中。

　　Goffman 從六個領域來分析廣告中的性別角色：圖像相對大小（relative size，例如身高）、柔性手勢（feminine touch）、性別優勢（function ranking）[1]、家庭關係、男尊女卑的儀式化行爲（ritualization of subordination）與退縮感（licensed withdrawal）[2]。Goffman 發現，兩性之間確實存在不平衡的權力關係。根據這六種分析類目，女性在廣告中與男性的關係，常被比擬成父母與子女之間的關係，男性以呵護、指導的姿態保護如孩童般的女性。

　　Goffman 的分析指出，廣告圖片中的女性特質與家庭關係連結，其地位、所負擔的責任皆不如男性，甚至在某些特定的情境下，被描繪成爲男人的性玩物或財產。他提出了「不夠嚴謹」（being saved from seriousness）的概念，指出被比擬成孩童般的女性模特兒，在廣告中往往飾演與現實脫離，沈醉於自我世界中，看起來相當無助的角

---

[1] 「性別優勢」指的是，當男女共同從事某項工作時，通常由男性指導女性，最後也由男性負責執行，完成工作。性別優勢普遍存在於廣告中的兩性關係。

[2] 「退縮感」意味著個人的精神狀態從現實中脫離，退縮至自我世界中。Goffman 指出廣告中女模特兒的姿態、眼神普遍呈現一種與社會真實隔離的夢幻感。

色（演什麼不像什麼）³。但男性模特兒的眼神則予人專注之感，表現出一種專業且嚴謹的作風（演什麼像什麼）。廣告中的女性，透過「超儀式化」（hyper-ritualization）⁴的過程，成爲父權社會體系下的從屬，其一舉一動皆在男性慾望的控制之下。

雖然分析的情境、策略有所不同，但是對於廣告中的兩性刻板化呈現，研究者的觀點是相當類似的。Courtney 和 Whipple 有系統的蒐集廣告與性別研究，在《廣告中的性別刻板印象》（*Sex Stereotyping in Advertising,* Courtney and Whipple, 1983）一書中呼應 Goffman 的研究發現，指出大部分的廣告不是將女性視爲性感尤物，就是將女性的角色侷限於家庭之中。廣告中的女性高度仰賴男性，無法獨立自主、容易情緒化、感到沮喪，因此也比較需要藥物治療。

Jib Fowles 在《廣告與流行文化》（*Advertising and Popular Culture*, 1996）一書中指出，廣告中的男性被描繪成積極、富冒險精神、強而有力、在性方面採取主動，而且對於人際關係漠不關心的角色。就文化觀點而言，性別刻板化的程度在廣告中的女性角色描繪方面也若合符節：她們通常都很年輕、纖瘦、美麗、被動、依賴別人，且常表現出沒有能力且愚拙的樣子。女性的主要角色在家庭，所以她們的能量也都投注在裝扮和照顧家庭上。

從消費者的觀點來看，產品廣告的訴求對象（特別是與性別特質

---

³ 表面上看來，廣告中的女性被描繪成夢幻形象，與現實社會脫節，看起來似乎可以幫助女性墜入一個安全的私密空間；但事實上，這種隔絕更容易讓女性被視爲缺乏理性的表徵，甚至讓現實生活中的女性更難以積極的參與公共事物（可參考 Elliott & Wootton, 1997）。

⁴ 「超儀式化」：「儀式化」是將人們日常生活的種種行爲，轉／簡化成有系統的符碼，加以公開呈現（display），藉以代表社會關係。而「超儀式化」則更進一步受限於時間、產品屬性與商業動機，將廣告中對於性別的種種僵化、刻板化描繪，視爲日常生活實踐的表徵。

相關者）與其效果是息息相關的。廣告是孩童社會化的重要工具，孩童可從中學習性別角色。不幸的是，大部分的廣告卻呈現了一個狹隘、不準確的兩性圖像（Smith, 1994）。對孩童而言，生物性別是建立認同的第一步，而電視媒體作為社會機制的一環則強化性別特質。有趣的是，女性消費者會使用以男性為廣告明星或主要訴求的產品（這類廣告簡稱為「男性廣告」male ads），但男性消費者卻斷然不會使用「女性化」（feminine）廣告訴求的產品。這也就是說，即使女性偏好向她們召喚的廣告訴求（強調女性或柔性一面的廣告），但她們一樣也能接受陽剛訴求的產品。但男性消費者就不一樣了，他們有非常清楚的「男女有別」意識，排斥柔性訴求的產品廣告（Alreck, Settle, & Belch, 1982）。

以上的西方研究對象以孩童為主，我們可從研究發現廣告在孩童社會化過程塑造並強化「男女有別」的印象。就成人的角度來看，以男性為主要訴求，但有女性（請注意「柔性」與「女性」之間的差別）演出的廣告，仍舊脫離不了將女性「物化」的老問題。電腦、烈酒、汽車廣告以性感美女為訴求吸引男性，是幾個鮮明的例子。

廣告商通常會選擇較為保險的策略：對於沒有明顯性別使用差異（又稱之為中性廣告 neutral ads）的產品，他們會採男女明星同台演出，或男明星演出的廣告策略，單獨採女明星演出廣告來推銷沒有明顯性別差異的產品是幾乎看不到的。尤有甚者，即使是女性商品，大多也由男性配旁白[5]。可以想見的是，這種安排演出的策略往往導致偏差的結果；觀眾對於男性在廣告中的攻擊性、反社會等行為容忍度變得較高（因為廣告有較高比例的男性演出），而女性則恆常的表現出文弱而靜態的形象（Alreck, Settle, & Belch, 1982）。

青少年是MTV頻道相當重要且龐大的一群觀眾，因此MTV播放

---

[5] 即使是跨國研究，其發現仍然相當一致。在一項針對墨西哥、美國與澳洲性別角色廣告的研究指出，廣告旁白由女性主導者，甚至還不到百分之十二（Gilly, 1988）。

的音樂錄影帶和廣告不但代表青少年文化，也相當程度影響了年輕觀眾對世界的認知。Signorielli、McLeod 和 Healy（1994）指出，MTV廣告對於兩性的描繪是這樣的：女性出現的次數較男性爲少（主要的搖滾偶像以男性爲多），並且被描繪成身材姣好的性感尤物，成爲男性角色窺視的對象。

事實上，不論是從旁白、職業、產品發言人或廣告產品的類型來看，研究均發現男女角色的刻板印象化少有變動（Browne, 1998）。單以 MTV 廣告爲例，男性角色與女性角色出現的比例是二比一，即使有廣告以女性消費者爲訴求，也都以個人用品——如何讓自己更美麗——爲主。簡而言之，青少年從 MTV 廣告中所學習的兩性認知仍然非常傳統。

除了影響產品品牌形象與購買決策外，廣告更影響青少年的價值觀、自我評價和自尊心。從廣告人物的臉部表情與肢體語言，我們可以發現女孩總是被描繪成害羞、無法控制情緒，甚至笨手笨腳的樣子，而男孩相較之下則是知識豐富、好動、咄咄逼人的一群（Browne, 1998）。

或許有人會批評，廣告中的兩性描繪只是反映社會真實而已，即使廣告呈現對於兩性的刻板描繪，那也是因爲真實情況就是如此。然而，隨著女性平均學歷升高，愈來愈多女性投入就業市場，甚至有愈來愈多的女性晉升至主管階級，主導社會脈動；過去二十年來，無論在東方或是西方，女性角色皆起了劇烈的變化，但廣告卻不一定反映現實，我們可以引述 Lewis 和 Neville（1995）所作的廣告女性形象歷史變遷之研究來反駁上述批評。

Lewis 與 Neville 研究二次大戰期間，媒體廣告女性工作形象與真實之間的差別。當時主流的廣告訊息是：上班女性有更強的消費能力，因上班需求而必須更注重儀表打扮，也因此對於服飾等需求大增。這也就是說，雖然有更多的廣告訊息以女性爲訴求，但這些廣告並未忠實反映當時社會的變遷。女性作爲一股新興的消費力量固然吸

引廣告商的注目，但其廣告訊息並未超越傳統價值，希望女性忍耐、
愛國、全力支持國家的軍事行動之聲仍不絕於耳。當大戰結束時，女
性仍然返回家庭，戰時勞動女性的形象在聯軍戰勝後，馬上恢復為戰
前的女性角色（Lewis & Neville, 1995）。

　　Bugsy 和 Leichty（1993）針對美國一九五〇年至一九八〇年的女
性雜誌廣告進行分析指出，廣告中的性別角色變動最大的時候是一九
五九年至一九六九年，而保守主義當道的一九八〇年代媒體廣告，卻
比一九七〇年代還更具性別歧視的意涵[6]。Bugsy 和 Leichty 的研究結
論似乎指陳廣告性別角色刻畫與政治氣氛之間的關聯，呈現一種波浪
起伏的狀態。

　　前述研究大都以質化方法分析廣告中的性別意涵，但早在一九
七〇年初，Pingree 等人（1973）就已經發展出廣告中性別歧視（sex-
ism）程度量表。其測量標準如下：

第一級：女性被描繪成全然無知的陪襯品。
第二級：女性的角色與位置符合刻板印象（家庭、秘書、助
　　　　理等）。
第三級：女性被描繪為專業角色，但最後仍回歸家庭。
第四級：致力於描繪兩性平等的藍圖，避免製造刻板印象。
第五級：超越兩性的二元對立觀念，揚棄男女特質定型化的
　　　　教條觀念（dogmatism）。

　　Pingree 和 Hawkins 發現，由於受限於篇幅與時間，廣告傳遞訊息
以簡短為主，與第五級需要較為複雜方式描述的需求相互矛盾；因此
第五級的描述方式，幾乎是不可見的。Pingree 和 Hawkins 的發現，其

---

[6] 也有研究者指出，所謂性別角色變遷的實情是，女性的形象的確是變了，但男人的
　形象依舊（Allen & Coltrane, 1996）。

實與 Goffman 的「超儀式化」概念不謀而合：由於廣告製作受限於種種因素，使得影像以一種更形簡化，甚至扭曲的方式呈現兩性關係。

　　廣告中的女性常被描繪爲陪襯的性感尤物，或是用來刺激需求，輔助商品銷售。隨著網際網路的發達，女性在網路廣告中，又扮演何種角色？隨著科技發達，兩性關係在新媒體中是否能夠呈現平等的樣貌，亦是承續刻板印象？網際網路於一九九五年之後迅速普及化，但 Knupfer（1998）的研究指出，女性作爲尤物或是低能的科技使用者的刻板印象在網路廣告中仍然可見。甚至許多網路廣告用女性的身體影像，製作富有性暗示的訊息來吸引網友。令人困擾的是，由於網路超連結的隨機特性，廣告類型、商品屬性與網頁性質，常常會出現南轅北轍，完全不相符的情形。

　　當我們將廣告與性別的研究添加種族變項之後，新的問題又來了。Plous 和 Neptune（1997）研究雜誌中性別與種族被描繪方式，主要發現包括：⑴除少數例外，黑人女性在主流雜誌出現比例極低；⑵女性裸露身體的次數比男性多出四倍，且近十年來白人女性裸露次數有增加的趨勢；⑶廣告中地位較低的白人女性出現次數是其他類型模特兒的兩倍；⑷許多廣告中的黑人模特兒身著野獸圖案服裝，暗示她們的「獵性」（predatory nature）。

　　一九九七年四月份的《時尚》雜誌曾經刊載一封忿怒的讀者投書，對於名模娜歐米（Naomi Campbell）身著動物圖案比基尼泳裝表示：「聰明且具有創意的人如貴刊編輯，可否不要再做出這種物化非白人女性的行爲？」（轉引自 Plous & Neptune, 1997）。事實上，從一九八〇年代到一九九〇年代，廣告中的性別與種族刻板印象不減反增。表面上，黑人模特兒在廣告中似乎漸佔一席之地，甚至晉升爲高薪之列，但是廣告對於少數族群的刻板化描繪，卻是非常的粗糙且嚴重。

　　檢視許多主題類似的跨國性研究，我們也得到近似的結果。Maynard（1995）從語言學的角度來檢視日本廣告中的性別認同，發現由

於日本女性講話的語尾詞表現出一種情緒性（而這個概念又與專業性相對應），因此日本女性針對議題所作的發言，無法令閱聽人心悅誠服。這個發現與 Goffman 所說的「不夠嚴謹」互相呼應。Maynard 也發現，在現代日本社會中，男女有別的形象仍然非常鮮明，與整體社會現況大致相符[7]。

Wiles、Wiles 和 Tjernlund（1995）承襲廣告性別角色的研究主軸，比較荷蘭、瑞典與美國三地的廣告，發現男性在廣告中以專業者或專家身分出現的次數，較女性爲高，這相當一致的反映了三個國家廣告中的性別偏見。在非工作角色（non-working roles）方面，兩性的描繪方式較爲相近，而瑞典廣告給兩性角色（特別是非工作角色）描繪較多元的空間。Griffin、Viswanath 和 Schwartz（1994）比較印度與美國廣告中的性別角色描繪，發現兩國情形極爲類似。女性常以不自然的姿態呈現自己的身體，而許多廣告中也都有強化刻板印象之嫌。

加入種族或是文化差異變項的性別與廣告研究，可說是進一步豐富且細緻化現有研究領域。綜合以上發現，我們或許可以察覺，資本主義早已滲透了文化區間的差異，即使在社會中不同階層的女性，其權力、資源各有不同，但廣告媒體塑造的單一性別形象，卻很少因爲地域、年齡、種族而有所變異。這正好說明了不同女性主義陣營者，都必須嚴肅面對父權體系挾其資本主義強大威力、滲透於媒體與流行文化的問題。因此，唯有回過頭來審視臺灣的論述與現況，了解資本主義與父權體系之於廣告表現等糾葛不清的問題，我們才能深層思索

---

[7] 在日本廣告中，偶像明星爲廣告產品代言人，甚至刻意讓明星在廣告中的裝扮強調性別越界，或許也可被視作開發年輕市場，爲老掉牙的廣告策略增添新元素的大膽舉動〔偶像做陰陽同體（androgyny）的打扮被轉化爲慾望與消費的符碼〕。究竟日本男演員木村拓哉的口紅廣告與女演員廣末涼子的中性演出是開拓陰陽同體意念的表現，贏取市場最大公約數之舉，抑是滿足性別錯置虛幻感的表現？仍有辯論空間（湯禎兆，1997）。

可行的消費者運動與策略。

第三節 **廣告與性別議題在臺灣**

　　廣告是文化之鏡，它可以幫助我們透析社會關係，掌握我們所欲理解的現象。相較於西方研究從一九七〇年代開始注意媒體廣告中的性別描繪，臺灣起步相當晚。一九八〇年代末期，才由婦運團體「婦女新知」結合民間團體舉辦座談會，抨擊廣告中不當的女性形象。婦運團體成員認為，在廣告中，婦女被視為商品的一部分，愛慕虛榮、沒有頭腦、沒有主見、只適合待在家中，是屈從、附屬於男人的第二性（魏書娥，1989）。當時傳播學者徐佳士教授特別提出：希望未來可以多看到尊重女性為「人」的廣告，而不要將女性視為商品的一部分，也不要強調女性刻板印象等特質。

　　在其碩士論文《解讀電視廣告中的女性意涵》中，顧玉珍（1991）指出廣告有執行意識型態的效能，藉由馴化閱聽人的過程，確立消費者的主體性（subjectivity）。然而，這種主體性卻是**虛妄**的，因為一個人在出生時所屬的生理性別，就已經被種種價值觀與期望包圍。性別決定姓名、教養的方式、個人成就的期望。換言之，雖然我們假設有一個自由的行動中心，但在現實社會中，主體仍受制於更高權威。有趣的是，經由意識型態的灌輸，個體被改造成具有欲求的主體，同時主體也以為這些欲求是自發性質的，這就是**主體性的虛妄**（illusion of subjectivity）。

　　顧玉珍認為，資本主義社會與父權體系密不可分。廣告所反映出的意識型態，就是以鞏固商品利潤為主，而商品利潤又與父權體系的宰制有密切關係。廣告作為意識型態大傘下表意體系的一環，它所建構的意象，乃是消費者所欲求的客體。從法國心理學家拉岡（Jacques

Lacan）鏡像理論的角度來看，消費者是透過廣告建構的客體來確定自身的主體性（即使它充滿了虛妄）。而廣告的重複播放則可視為表徵符號不斷的複製，客體形象不斷的強化，進而合理化既存現象，使得女性特質受到父權與資本主義化的雙重剝削。簡而言之，在顧玉珍的分析中，廣告複製了父權體系中的語言體系，以巧妙的包裝建構消費者虛妄的主體性。

以傅科的身體與規訓（discipline）為分析主軸的研究可以高玉芳的論文為代表。在一項分析瘦身的美體工程的研究中，高玉芳一方面援用傅科的「規訓」概念，將臺灣瘦身中心的運作機制視為對於女性身體控制行為之表現，舉從體重計、量尺、飲食體重記錄表等，皆用來監視消費者是否依照規則瘦身。在這樣的運作機制下，女性身體不再被視為有意志的主體，而被切割成片段，每一個部分都可以分而治之，改造、複製成一個「理想」的軀體（陳儒修和高玉芳，1994；高玉芳，1995）。

在另一方面，高玉芳也分析廣告媒體如何建構美體神話。她指出，我們可以從標榜「理想美」的廣告語彙中看出瘦身工業的消費特徵。不論是平凡人證言式（testimonial）或是名模、明星演出的廣告，所投射出的擬象（美麗的形象），對照消費者本身的匱乏（對於自己的身材感到不滿），引發消費者對於「理想美」的渴望，並刺激她們消費的驅力。因此，在符碼層次召喚追求「理想美」的消費者，在交易層次強調身體作為商品的價值與重要性，正是瘦身廣告的雙重功能。

從閱聽人的分析角度出發，孫秀蕙（1996）研究電視觀眾如何與其他收視成員互動，從而影響他們對於美容瘦身廣告的詮釋。研究發現，受訪者在解讀廣告時，會選擇是否「認同」廣告人物扮演角色，來判準是否接受該廣告的意識型態。影響認同的因素則包括性別、實際生活體驗與兩性關係的態度等。孫秀蕙也發現，雖然對減肥廣告訊息感到反感（與主流解讀方式相違背）者大都為受過高等教育之女

性，但是某些教育程度高的男性對於瘦身廣告中的曖昧矛盾訊息同樣
敏感。在兩性社會化的過程中，男性透過不同的管道，在女體符號性
消費的經驗上，通常都比女性窺視男體的經驗豐富，這似乎也可以解
釋部分男性在瘦身廣告解讀上的敏感性（或政治正確性）。

第四節 資本主義與父權體系：性別意識的商品化──危機或妥協？

　　許多左派女性主義者認為資本主義社會與父權體系密不可分。廣
告所反映的正是父權意識型態。父權意識型態的存在不但可以鞏固男
尊女卑的霸權地位，更可以帶進商品利潤。然而，眾多跡象似乎顯
示，這種霸權地位，隨著女性消費能力提高，似乎有漸形鬆動的可能
性？關懷女性觀點的廣告世紀已經到來了嗎？

　　很明顯的，如果女性是廠商銷售主力的目標對象，則在行銷與廣
告策略方面也必須吸引女性閱聽人的注意興趣（例如以高薪女性為訴
求的信用卡廣告標榜「認真的女人最美麗」）。從現況來看，針對女
性消費者「量身訂做」的媒體廣告越來越多。但很諷刺的是，從廣告
中的敘事結構來看，女性角色非但沒有挑戰、顛覆既有的兩性關係，
我們反而可以在某些廣告看到愛情神話的鞏固，甚至對於女性自主呼
聲的反撲（許傳陽，1989）。

　　從資本主義運作邏輯來看，即使有些廣告強調女性獨立自主，但
從市場角度而言，女性消費能力仍被視為遠遜於男性消費者，她們仍
然被視為第二、第三波的「新興市場」，在既有的消費群比例達到飽
和時，成為廠商新開發的對象（例如大哥大、信用卡）。如此，我們
似乎又回到了「主體性的虛妄」問題。我們可以用兩個例子來說明資
本主義力量對於父權運動的反撲與反挫。

　　例一：當一九七〇年代美國衛生署宣布吸菸有害人體健康時，菸商也於此時推出具女權意識的香煙廣告，強力推銷吸菸作為女性解放與反抗父權社會的表徵，藉此開發女性消費族群。著名的維吉尼亞苗條（Virginia Slim）香煙於一九七〇年代上市，一直到目前為止，它的廣告策略仍然持續挪用了女性主義的語彙，利用女性消費者對於性別角色與平等地位的期許，成功的將社會浮現的性別意識（與主要爭辯的性別議題）收納為動人的商品訴求。

　　該產品的平面廣告常將構圖分為兩部分：一部分是維多利亞時代女性的照片，通常代表的是封閉保守，女性備受宰制欺凌的老照片；另一部分則是穿著時髦的現代女性，神情透露出爽朗自信的笑容。文案寫道：「寶貝，你可走了一段好長的路啦。」（You have come a long way, baby.）

　　維吉尼亞苗條香煙的動人訴求並不是沒有前例。事實上，一直到二十世紀初期，西方社會仍視吸菸為男性的專利，女性的禁忌。美國鐵路局就曾明文禁止女性乘客在車上吸菸，包括紐約在內的許多城市也曾經禁止女性在公共場所吞雲吐霧。早年紐約市的警察曾經逮捕過在車上吸菸的女性，且立下警語：「第五大道禁止女性吸菸」。

　　在香煙公司轉向開拓女性市場之前，吸菸一直被看作是陽剛的男性象徵。女性不是被約定俗成的性別角色所限制，要不然就是被強制性的社會規範所阻擋，無法像男性一般自由自在的從事許多社會活動與消費行為。一九二七年，美國香煙公司（American Tobacco Company）亟思開拓女性消費者市場。該公司雇用了知名的公關專員Edward Bernays研擬可行的促銷策略。為了進一步了解香煙對於女性消費者的社會意涵，Bernays轉向精神分析專家徵詢「吸菸」對於女性的意義與影響。

　　香煙公司原始的構思是以保持身材作為訴求，鼓勵女性以香煙代替甜食，作為一種抑制食慾但是又可以達成口慾滿足的消費品（瘦身訴求）。但是精神分析師的研究建議顯然比原始策略有趣得多；大部

分的女性在潛意識裡視香煙爲自由象徵，燃上一根香煙好比點燃自由火炬（ torches of freedom），可以抗議男性對於女性的支配與性別差異，並且增強對於性別解放的信心。

考察精神分析學派對於女性主體性的論述，我們可以再次援用拉岡的鏡像理論來解釋吸菸對於女性的象徵性意義。根據鏡像理論，消費者只有成爲異己慾望的對象，自我才能成爲自身慾望的主體。女性消費者渴望透過吸菸「儀式」來完成她理想中具有自主性的進步女性。但是在真實的情境中，進入（成爲）鏡像中的理想的我可能是不存在的，女性消費者只是透過消費行爲掌握了她們自以爲是卻充滿虛妄的主體性。

精神分析專家的一席話啓示了宣傳專家 Bernays。他決定在紐約時裝工業的重鎭第五大道策畫一個大規模的復活節大遊行，並邀請十個初入社交圈名媛參與盛會。遊行當天，這些穿著入時的淑女，在攝影記者前燃起香煙，悠閒自在的吞雲吐霧，此舉不但吸引媒體大篇幅報導復活節的遊行活動，更間接破除女性在公共場所吸菸的禁忌。

是故，進步意識並非與資本主義二元對立，敵視抗衡，它也可能被吸納到廣告辭彙中，成爲流行文化的一部分。問題在於，將女性的需求如自主、受尊重、被賦予價值等轉換爲透過消費行爲可得的「資產」，是否允當？當消費行爲界定了女性追求生活的方式，而所有女性的匱乏感（與種種問題）都可藉由消費來彌補，這其中可能隱含著社會改革力量被削弱的危機（Scanlon, 1995）。

資本主義體系與性別意識之間，似乎難以維持妥協關係？即使表現上出現了妥協，也只是一種進步意識被挪用與商品化的現象而已？其間對於女性真正造成的傷害或背叛，究竟又有多大呢？

例二：在美國創辦二十餘年的《女仕》（*Ms.*）雜誌主編，同時也是知名的婦運團體領袖 Gloria Steinem 指出：從一開始《女仕》雜誌自認可以改變廣告商對於性別刻板印象化的描繪（一九七○年代），中期一度因爲廣告量降低（一九八○年代）而不得不向化妝品、香水

廠商兜售廣告版面，一直到一九八九年停刊，而隔年重新出刊後，她
已經放棄與資本主義斡旋，宣布該雜誌改成非營利性質，由訂戶捐贈
支持的媒體（Steinem, 1990）。

　　《女仕》雜誌曾刊登維吉妮雅苗條牌香煙的廣告來測試讀者的反
應，許多讀者寫信來諷刺道：「媒體總不會以黑奴採棉花，閒暇時抽
煙的方式來象徵民權解放吧？那又為何要以吸菸來比擬女權解放
呢？」讀者投書刊登之後，香煙公司對該雜誌讀者的反應大表反感，
將廣告全面撤出《女仕》雜誌，使該雜誌的廣告收益每年大約減少二
十五萬美元。

　　另一個更顯著的例子是保養品牌雅詩蘭黛（Estee Lauder）的總
裁 Leonard Lauder 對於該雜誌的態度。這位知名保養品牌創辦人的兒
子告訴《女仕》雜誌的主編說，他公司產品的消費者與該雜誌的調性
不合，因為他的產品是要賣給有「願為女人」心態者（a kept-woman
personality），而在他認知中，《女仕》雜誌讀者並不符合這個樣貌
（Steinem, 1990）。

　　在理解商業體系與女權意識之間扞格不入的現實後，我們應如何
嚴肅面對進步意識被挪用、吸收，甚至轉化成商品銷售的流行用語？
我們若無法反省文化現象中性別意識之形成與商品邏輯之間的複雜關
係，則辛苦累積的運動成就，是否很快就幻化成一團泡沫？值得我們
好好反省。

第五節　鬆動、顛覆與創造？一個後現代主義的觀點

　　關於前述對於資本主義社會、父權體系與性別差異的共謀說法，
後現代女性主義者有截然不同的看法與批評。舉例而言，當女權主義

者批評「打扮」作爲一種社會儀式，打扮後的自身嵌入社會場域，從兩性關係的角度來看，它傳遞了性別化的求偶意願，成爲人類性慾的一種表態儀式。它不但是社會地位的表徵（如名牌投射了階級地位），也體現了兩性的差異性（李金梅，1992）。這或許可以解釋，歷經數十年，廣告中的女性作爲裝飾、陪襯性角色未減反增？這是因爲在整體的以女性訴求爲主的廣告中，女性保養品、化妝品的廣告比例仍然偏高。

　　類似上述打扮與主體性之間的論證說法，常被後現代女性主義者譏爲「清教徒式的對抗」，而這種道德式的對抗又被解釋成父權幫兇，抹煞女性自發、自我服務的能量（李金梅，1992）。Annamma 和 Venkatesh（1994）在一項重新審視消費者行爲研究的論文中，主張重新檢討並挑戰傳統社會中二元對立的觀點，主張「不但要看見那些醒目的（visible），也要討論那些隱而未現的（invisible）」。

　　他們指出，過去的性別刻板印象研究將焦點集中在廣告中身體、美貌的塑造，卻忽略了支配消費的內在驅力與慾望分析。從消費者的觀點而言，廣告訊息的解釋並非單一，它的父權意涵也有可能被挪用、誤讀、歪讀，形成另一套詮釋體系，藉以服務消費者自身的需要。Annamma 和 Venkatesh 特別指出，拒絕將自己僵固在一成不變的位置便是抗拒的表現。女性真正要抗拒的並不是女性氣質或是性化的女體，而是挑戰傳統社會將男／女（與男／女性特質）作爲性別畫分的二元說法。後現代主義者拒絕本質論的說法，主張借用現有的資源與符碼來游移、鬆動僵固的社會型態，進而創造無限的想像空間。

　　呼應 Annamma 和 Venkatesh 的說法，Elliott 等人（1995）分析閱聽人對於明顯性意涵廣告的反應。Elliott 等人主張，廣告中的裸露鏡頭並不必然意味著男尊女卑，若是廣告中的性意涵與產品屬性相符（例如保險套），則性本身可加以做所屬功能之運用（functional application），而非被視爲性別歧視的幫兇。從後現代主義的觀點來看，廣告符碼彼此互爲矛盾，充滿不確定性，其語言詮釋是開放的。同理可

證，廣告中的性彰顯了權力、慾望、象徵意義之間的衝突。Elliott 等人大膽假設，廣告中的性提供女性消費者自我解放的選擇，在消費性的愉悅這段過程中得到附加價值（也就是象徵性的價值）。

Elliott 等人主張將「性」除罪化的動機是非常明顯的。不過，女性主義者討論的，也許並不是「性」本身是否有罪，而是性如何在廣告中被呈現，以及它造成什麼樣的詮釋，對於不同的閱聽人產生什麼效果？作者強調兩情相悅的性描繪對於男女所造成的愉悅之感是相等的。這也就是說，某些對性的描繪不至於造成女體被物化或被矮化的負面效果。

然而，在藝術評論家John Berger的《藝術觀賞之道》（中文版，1993）一書中卻認為，西方基督教文明正是將「性」罪化的元凶，一方面視女體為可供男性窺看的客體，另一方面卻又在聖經中視女體為羞恥的象徵。Berger認為真正體現兩性相悅的藝術作品，反而只有在非基督教文明，如印度等東方國家才能看到。我們究竟應從跨文化脈絡、社會環境與世代差異中重新審視性與廣告的糾結？還是呼應後現代主義者「慾望再造」（re-education of desire），將改善兩性差異的問題寄望於閱聽人的自我解放與重新詮釋？

誠如前面所述，資本主義父權體系的強大滲透力，**無法**從個人逃逸與解放層次加以抵擋。這並非個人意志的問題，而是整個社會體系對於女性歧視與壓迫。就整個商業體系而言，因為經濟力遜於男性的關係，女性總是被視為次要消費者。即使廣告召喚的對象以女性為主，也都以強化既有的性別角色居多。廣告中性別刻板印象的強化，將女性物化，製造女性對於身材、臉孔的焦慮，都是商品邏輯下的副作用。即使難得出現了進步意識，也不過是廣告修辭的一部分而已。

第六節 行動策略：廣告與兩性的破與立

在閱讀過資本主義社會、父權體系與廣告中的性別呈現三者之間的論證之後，我們或許已經對於廣告與兩性相關的議題有更深刻的認識。接下來的問題，是如何幫助更多的社會大眾打破媒體中的性別迷障，並設計合適的行動策略？

我們在這裡舉一個透過網路集結動員，抗議廣告商性別歧視的例子。

一九九七年三月，某份由臺灣廣告代理商出資的雜誌，在版權頁的未署名作者的社論中，以不堪的語言諷刺成功嶺女兵。這篇文章題爲〈女人・請給臺灣留點溫柔〉，文中不但對女性極盡歧視之能事，甚至在文末指出：女人與其當兵爲國獻身，「不如教她們一些『性愛技巧』，一旦海峽風雲起，戰時可以當『慰安婦』，讓我們男人可以勇氣百倍殺敵去！死而無憾。」

這篇文章在讀者群之間引起很大的負面迴響。該雜誌編輯在四月號雖然登出四篇讀者的抗議來函，但是署名「無常」的回應者，卻辯稱「慰安婦」是反諷教育部長的想法，是「針對那些『上成功嶺的女生』」，並非一般婦女同胞。然而，仔細思考作者無常的回應，即使是上成功嶺受訓的女兵，就應該譏爲「不如當慰安婦」嗎？作者的回應，不過是強化了他自身的沙文主義意識，因爲他竟然在最後一段指出：「女人要像女人，才得疼，我愛女人。」這種狀似體貼溫柔，實則要求女人依照男人的理想型態塑造自己的權威意識，著實令人不寒而慄。

當時許多活躍於網路上的女性主義者，經過數次討論後，認爲這一波行動策略的思考方向，應鎖定該雜誌所屬的廣告代理公司之客

戶，透過對廣告客戶施壓的方式，來抵制廣告公司，讓他們因可能會直接蒙受利益損失而有所警惕。這一波的行動，主要以傳真制式的抗議信函到廣告客戶（特別是以女性消費者為主要訴求的產品客戶）為手段，信函中明確要求該公司重新評估與廣告代理商之間的合作關係，並在合約期滿後終止與具性別歧視色彩的廣告公司續約。

這封制式的抗議信，連同其他相關資料，彙整成簡單的網頁，並提供免費的傳真服務，網友可將抗議信抓下來，直接透過網路或是用家裡的傳真機傳真。網頁的地址才公布不久，廣告客戶就接到許多熱心網友的抗議電話與傳真信，該公司的公共事務部門經理因此聯絡了廣告代理商，要求予以說明。整件事情在該雜誌公開道歉後落幕。

該項抗議行動百分之百透過網路動員，完全沒有走任何傳統媒體的策略，全由熱心朋友打聽資訊、提供網路技術與資源，使行動圓滿結束。策略設計者或許可從中得到一個啟示：透過網路動員，社會團體（包括企業在內）仍有可能受到輿論制約，而直接扣緊抗議對象的利益，促使其反省對於性別描繪的不當舉措，可當成未來關懷媒體議題的女性主義者努力的目標。

從購買者的觀點來研究杯葛產品的可能性，在國外也有LaTour等人所作的研究為代表。LaTour等人（1998）從採買（purchasing）的角度出發，研究身居企業中的決策階層是否會杯葛有性別歧視意涵廣告的產品？LaTour等人發現，女性管理者對於有冒犯意涵的廣告，較男性管理者更能堅持其抵制的立場。許多受訪的經理人也同意，大部分的產業廣告設計者對於廣告中的兩性角色描繪仍流於刻板印象化，甚至有時無法捕捉閱聽人真實的感受，進而損及其企業形象，影響消費者的購買行為。然而，「有意」杯葛與「實際」杯葛之間仍有距離，因為購買是一件牽涉到太多複雜因素的行為，單以「性別歧視」為由杯葛產品，其實際效果如何，LaTour等人並未提供確切的答案。

雖然女性主義者認為某些廣告中的性別歧視現象非常明顯，但顯然大部分的人對此現象習焉不察，少有能馬上加以辨識者（Lull, Hanson, & Marx, 1977）。目前的當務之急，仍在於喚起女性自覺，挑戰二元對立／性別刻板印象，強調兩性差異性社會結構。並藉由分析父權結構對於文化與語言秩序的支配形式（特別挑戰其看似開明實則不然的廣告符碼），顛覆父權社會不平衡的兩性關係。

　　在瘦身議題方面，女性主義者應透過對於瘦身工業的政治經濟分析，與種種瘦身廣告的符號分析與呈現，幫助女性消費者破除瘦身的迷思，了解廣告對於女體符碼化、商品化的操弄，學習自我增權（self-empowerment），重新反省心與身之間的連屬，讓身體忠於自己的情感與思考，而非藉助外力（廣告、瘦身中心）來形塑自己。建立自主性、訓練消費者對性別問題的敏銳、培養批判性思考與全面反省的能力，都是我們行動的能量來源。廣告中性別角色的破與立，挑戰與創新，我們才剛剛開始。

延伸討論議題

一、在本章第一節中，我們曾經提到廣告是資本主義體系的命脈，廣告業的興衰與經濟榮枯息息相關。試著蒐集實證資料，例如最近一年的經濟成長率、廣告代理商承攬總額等來驗證這兩者之間的關係。

二、在本章第二節中，我們介紹了 Erving Goffman 分析廣告中性別問題的方法。試著設計自己的分析類目與分析方法，來驗證廣告中的性別差異或性別刻板印象化。

三、在本章第三節中，我們曾經提到黑人女性模特兒在時尚雜誌廣告中被描繪成具有獸性的女性形象。在臺灣的廣告中，試著尋找本土的廣告如何描繪原住民的形象，是真實反映，還是扭曲誇大？

四、在本章第四節中，我們討論了臺灣的瘦身廣告研究。試著記錄自己對自己身體的觀感，與同學討論對於胖瘦的看法。並試著描述瘦身廣告吸引或不吸引人的理由。

五、在本章第五節中，我們提出了進步意識被商業體系挪用的問題。除了香煙廣告的例子外，還有沒有其他的廣告也有類似的策略？請蒐集資料並討論。

中外名詞對照表 ────────

網路廣告旗幟	banner
性別廣告	Gender Advertisements
圖像相對大小	relative size
柔性手勢	feminine touch
性別優勢	function ranking
男尊女卑的儀式化行為	ritualization of subordination
退縮感	licensed withdrawal
不夠嚴謹	being saved from seriousness
超儀式化	hyper-ritualization
男性廣告	male ads
中性廣告	neutral ads
性別歧視	sexism
獵性	predatory nature
拉岡	Lacan
規訓	discipline
主體性	subjectivity
主體性的虛妄	illusion of subjectivity
證言式廣告	testimonial ads
維吉尼亞苗條香煙	Virginia Slim
自由之炬	torches of freedom
女仕雜誌	Ms.
願為女人心態	a kept-women personality
慾望再造	re-education of desire
採買	purchasing
自我增權	self-empowerment

建議書目

吳家翔（1997）：解讀美體瘦身廣告的身體型塑意涵。臺北：世界新聞傳播學院傳播研究所。

孫秀蕙、馮建三（1995）：廣告文化。臺北：揚智文化。

黃宗慧（1993）：贅肉爲君減？談減肥廣告中的性別意識型態。廣告雜誌，1993 年 10 月，26～28 頁。

顧玉珍（1995）：性別知識的生產—以國內傳播學院的性別論述之生產爲例。新聞學研究，第 51 集，1～31 頁。

參考書目

李金梅（1992）：女性主義敗在衣服上嗎？——從服飾的再現形式論女性化的建構。中國論壇，32 卷，6 期，94～97 頁。

高玉芳（1995）：新衣裳？——論美體工程・女性身體與女性主義。聯合文學，11 卷，4 期，99～104 頁。

孫秀蕙（1996）：解讀美容瘦身廣告——以閱聽人分析爲主的個案探討。臺灣社會研究季刊，23 期，219～253 頁。

陳儒修、高玉芳（1994）：我美故我在：論美體工程、女性身體、與女性主義。傳播文化，12 期，193～208 頁。

許傳陽（1992）：機車廣告中的愛情觀與女性。中國論壇，32 卷，6 期，101～104 頁。

湯禎兆（1997）：日本廣告的思考：從品物心情到性別人身。影響雜誌，12 期，88～91 頁。

魏書娥（1989）：廣告畫面中的女性形象。中國論壇，27 卷，11 期，17～22 頁。

顧玉珍（1991）：解讀電視廣告中的女性意涵。臺北：國立政治大學新聞研究所。

顧玉珍（1991）：解讀電視廣告中的女性意涵。當代，63 期，48～68 頁。

柏格（Berger, John）（1993）：藝術觀賞之道。臺北：臺灣商務。

Allen, K. & Coltrane, S. (1996). Gender displaying television commercials: A comparative study of television commercials in the 1950's and 1980's. *Sex Roles, 35*, 3/4.

Alreck, P. L., Settle, R. B., & Belch, M. A. (1982). Who responds to "gendered" ads, and how? *Journal of Advertising Research, 22*, 2, 25-32.

Annamma, J. & Venkatesh, A. (1994). Postmodernism, feminism, and the body: The visible and the invisible in consumer research. *International Journal of Research in Marketing, 11*, 4, 333-357.

Browne, B. A. (1998). Gender stereotypes in advertising on children's television in the 1990's: A cross-national analysis. *Journal of Advertising, 27*, 1, 83-96.

Bugsy, L. J. & Leichty, G. (1993). Feminism and advertising in traditional and nontraditional women's magazines 1950-1980's. *Journalism Quarterly, 70*, 2, 247-264.

Courtney, A. E. & Whipple, T. W. (1983). *Sex Stereotyping in Advertising*. Lexington, MA: Lexington Books.

Elliott, J. & Wootton, A. J. (1997). Some ritual idioms of gender in British television advertising. *The Sociological Review, 45*, 3, 437-452.

Elliott, R., Jones, A., Benfield, A., & Barlow, M. (1995). Overt sexuality in advertising: A discourse analysis of gender responses. *Journal of Consumer Policy, 18*, 187-217.

Fowles, J. (1996). *Advertising and Popular Culture*. Thousand Oaks, CA: Sage Publications.

Gilly, M. (1988). Sex roles in advertising: A comparison of television advertisements in Australia, Mexico and the United States. *Journal of Marketing, 52*, 4, 75-85.

Goffman, E. (1979). *Gender Advertisements*. New York: Harper and Row.

Griffin, M., Viswanath, K., & Schwartz, D. (1994). Gender advertising in the US and India: Exporting cultural stereotypes. *Media, Culture and Society, 16*, 3, 487-507.

Knupfer, N. N.(1998). Gender divisions across technology—Advertisements and the WWW: Implications for educational equity. *Theory into Practice, 37*, 1, 54-63.

LaTour, M. S., Henthorne, T. L., & Williams, A. J. (1998). Is industrial advertising still sexist-It's in the eye of the beholder. *Industrial Marketing Management, 27*, 3, 247-255.

Lewis, C. & Neville, J. (1995). Images of rosie: A content analysis of women workers in American magazine advertising, 1940-1946. *Journalism and Mass Communication Quarterly, 72*, 1, 216-227.

Lull, J. T., Hanson, C. A., & Marx, M. J. (1977). Recognition of female sterᴖotypes in TV commercials. *Journalism Quarterly, 54*, 1, 153-157.

Maynard, M. L. (1995). Interpretation and identification of gendered selves: Analyzing gender-specific addressivity in Japanese advertising text. *Language and Communication, 15*, 2, 149-163.

Pingree, S., Hawkins, R. P., Butler, M., & Paisley, W. (1973). A scale of sexism. *Journal of Communication, 26*, 193-200.

Plous, S. & Neptune, D. (1997). Racial and gender biases in magazine advertising: A content-analytic study. *Psychology of Women Quarterly, 21*, 627-644.

Scanlon, J. (1995). *Inarticulate Longings: The Ladies' Home Journal, Gender and the Promises of Consumer Culture*. New York: Routledge.

Signorielli, N., McLeod, D., & Healy, E. (1994). Gender stereotypes in MTV commercials: The beat goes on. *Journal of Broadcasting and Electronic Media, 38*, 1, 91-101.

Smith, L. J. (1994). A content analysis of gender differences in children's advertising. *Journal of Broadcasting and Electronic Media, 38*, 3, 323-337.

Steinem, G. (1990). Sex lies and advertising. *Ms.* July / August, 18-28.

Whipple, T. W. & Courtney, A. E. (1985). Female role portrayals in advertising and communication effectiveness: A review. *Journal of Advertising, 14*, 3, 4-8, 17.

Wiles, J. A., Wiles, C. R., & Tjernlund, A. (1995). A comparison of gender role portrayals in magazine advertising: The Netherlands, Sweden and the USA. *European Journal of Marketing, 29*, 11, 35-49.

第 五 章

女性主義與傳播研究[1]

張錦華　著

第一節　前言

　　從女性主義的觀點來看性別議題，其重要性不僅在於女性佔社會人口過半數的事實，同時性別角色也構成了體制上截然二分的公／私領域，並且深入了社會結構中所有的階層與團體、工作與職業、政治與經濟、醫療與犯罪、家庭結構與兒童教養、媒體再現與知識生產等各種層面（Abbott & Wallace, 1995:13）。因此，對於了解社會與人群之間的關係，性別議題顯然是不可忽略的因素。不過，性別觀點除了在解釋社會構成的重要性之外，更關鍵的焦點在於這是關乎一半以上人口在社會上受到壓迫與歧視的事實，而這些壓迫與歧視不但深植於社會制度中，更表現在無所不在的媒體再現之中，因此，女性主義觀點的傳播研究之主要問題意識便在於傳播對女性造成何種扭曲、歧視與壓迫（van Zoonen, 1995:3; Abbott & Wallace, 1995:20-1）。

　　英國女性主義社會學家 Abbott 和 Wallace 連袂在一九九〇年出版了一本以女性主義觀點所撰寫的《社會學概論—女性主義的觀點》（*Introduction to Sociology - Feminist Perspectives*），該書開宗明義的指出：社會學這門學科，它的理論、模型、研究與教學多把持在「男流」（male stream）的觀點中，女人的議題顯然被放到一邊（Abbott & Wallace, 1995:7）。女性主義對於男流社會學的挑戰在於：社會學必須徹底反省整個學科的問題意識、研究內容與方法論，「社會學必須認知，除了男人的觀點之外，也必須從女人的觀點去看社會。」

　　其實以上的批判與建議，不僅適用於性別議題，也適用於族群等

---

[1] 本章初稿曾發表於中華傳播學會一九九八年年會，特別感謝論文評論人陳儒修教授以及林靜伶教授等的指正意見，並已參酌修正。

其他弱勢團體;不但適用於社會學,也適用於傳播學等其他人文社會
學科。女性主義觀點的傳播研究雖然長期處於邊緣,但是也有將近二
十年的歷史,如果女性主義研究所提供的是不同於主流社會學研究的
觀點,那麼,女性主義的傳播研究對所謂的主流傳播研究有什麼樣的
挑戰,以及提供了何種不同的觀點呢?本章因此將分析女性主義的傳
播研究到底爲原有的傳播研究增加了什麼樣的理論啓發、問題意識與
研究觀點。

　　首先要說明的是,所謂女性主義的觀點,其實絕對不是單一的觀
點。女性主義派別眾多,較常使用的分類是:自由主義、馬克斯主
義、基進主義、社會主義等(如 Leslie Steeves, 1987;Abbott & Wal-
lace, 1990;俞智敏等譯,1995:20;顧燕翎,1996等),各派女性主義
對於女性**如何受到壓迫,為何受到壓迫,以及如何解除壓迫**,各有不
同的解釋。不過,所有女性主義均強調「女性受壓迫」的經驗、研究
此一經驗的重要性,以及尋求解放的可能性與策略這三個基本面向。
更深一層來解釋,這三個面向的研究其實應該基於一套**社會問題意
識、研究方法觀點**,以及**理論研究的意義論述**。

　　因此本章的重點即是一方面說明女性主義傳播研究的主要議題是
什麼,並進一步解釋其問題意識和方法論的基本立場如何不同於以往
的研究。以下將先介紹幾本較主要的女性主義傳播研究的著作,然後
將簡要說明女性主義傳播研究的主要研究議題:刻板形象、意識型態
和多義解讀的閱聽人研究。最後,則將從女性主義傳播研究的問題意
識和方法論的觀點,說明其如何建構對於性別壓迫的解釋,以及如何
尋求解放的策略;同時,也將說明其與主流傳播研究有何不同。本章
強調女性主義的貢獻在於女性主義觀點的傳播研究結合了批判典範與
詮釋典範,深入的解釋女性受壓迫的經驗,並強調理論的解放價值取
向與改革實踐意義。唯有研究者面對社會中真正弱勢者的處境,才能
深切反省傳播對人類的價值與影響,研究者才能將知識的研究與對人
性的關懷結合,面對他人與自我的主體建構與價值認同。

第二節 女性主義與傳播研究：簡要文獻回顧

女性主義的傳播領域較正式的研究大約開始於一九七〇年代，但之前的女性主義先驅者如法國的伊蒙波娃（Simone de Beauvoir, 1952）以及美國的傅瑞丹（Betty Friedan, 1963）等人的著作中，都已經提到大眾媒體中散布與再製性別刻板形象的嚴重性。但是一直要到一九八〇年代後期相關著作才顯著大量增加（Rakow, 1992:vii），由於近年來著作甚多，本章擇要介紹英美與我國出版與傳播研究較直接相關的主要著作。

第一本從女性觀點來討論傳播現象的書，應該首推《壁爐與家庭》（*Hearth and Home: Images of Women in the Mass Media*），本書由 Gaye Tuchman、Arlene Daplan Daniels 和 James Benet 三人合編，在一九七八年出版，其中收錄了 Tuchman 非常重要的文章：The Symbolic Annihilation of Women by the Mass Media，此文強烈的指責大眾媒體對女性的扭曲與歧視；在該文發表後二十年的今天來看，其所指出的大眾媒體的問題，基本上仍無改變。不過，這篇文章以及其他書中各論文的主題都是各種媒體，包括報紙、電視、雜誌等的性別刻板形象，並未討論傳播研究的基本問題。其實，本書亦未使用任何「女性主義」的字眼。方法上，本書各章多採取量化研究方式，呈現貶抑女性形象的媒體內容分析數據。並沒有任何一篇質的研究，或是討論父權結構的論文。事實上，一九七〇年代的性別研究仍籠罩在「男流」的科學研究模式之下，雖然已經開始注意到性別的差異和歧視，也就是開始討論女性受到何種傳播上的壓迫，但是在**方法和理論上都尚未發展出女性主義的觀點**（Rakow, 1992:4）。

有關女性與傳播的著作，要到了一九八〇年代中期之後才漸漸豐

富，一九八九年所出版的《傳播中的女性─挑戰性別價值觀》(*Women in Mass Communication - Challenging Gender Values*) 是由 Pamela J. Creedon 所編著，在一九九三年再版一次。本書是以女性主義的觀點，檢討性別研究如何挑戰大眾傳播研究的價值與內涵。本書包含的面向頗廣，不但討論媒介內容的扭曲，也討論媒介企業層面的雇用、薪資等性別歧視問題，並觸及媒介法規與媒介歷史的重建，同時還兼顧國際間其他的相關研究。作者們還特別將本書版稅（約美金五千元），捐給了美國大眾傳播教育學會的女性地位委員會。本書作者也有多人是該委員會的主持人，像 Lana F. Rakow、H. Leslie Steeves、Jane Rhodes、Sue A. Lafky，以及編者 Pamela Creedon 本人（Creedon, 1993: ix）[2]，顯示在傳播領域中，女性觀點的研究面向逐漸擴大，並且已結合成組織來推動。

一九九三年第二版的內容除了原有內容的增刪之外，特別值得一提的是，增加了對大眾傳播教育的檢討。一方面分析大眾傳播教育的師資性別、教學以及研究等工作內容，和生涯選擇等性別差異問題；一方面則全盤檢討各時期新聞教科書中的女性歧視，並建議改變之道在於徹底質疑現有的價值中位、公／私二分、客觀／主觀二分、男／女截然二分的新聞實踐與價值；並應以女性主義觀點重新檢討科層與剝削的新聞室及新聞採訪等關係，才有可能帶來真正的轉變（Steiner, 1993:315）。本書基本上也是對現有的女性歧視現象的批判，但並未有系統的呈現出傳播研究領域中的方法論和基本社會解釋的挑戰。不

---

[2] 美國大眾傳播教育學會的女性地位委員會（The Committee of the Status of Women of AEJMC）成立於一九八六年，在該年中，國際傳播協會（ICA）也成立了 The Feminist Scholarship Interest Group，美國的 Speech Communication Association 也成立了 The Women's Caucus。同年之間，美國三個與傳播相關的主要學會都成立了正式的女性傳播研究組織，代表了女性主義理論與研究的重要性在這個領域已受到肯定（Rakow, 1992:6）。

過本書除了檢討媒體之外，也包括了對傳播教育的反省，範圍比以往又擴深了許多。

《十字路口的傳播：性別差異的連結》（*Communication at the Crossroads: The Gender Gap Connection*）也是於一九八九年出版，編者 Romona R. Rush 和 Donna Allen 希望提供新的觀點來研究女性議題和傳播過程。傳播研究的十字路口指的是由於女性議題的出現，讓傳播研究增加了新的選擇與可能性。本書並指出未來的希望在於⑴使用與製作大眾媒介的女性數量大為增加，女性的議題可以得到更多的重視、討論和支持。⑵在女性的引導和努力下，傳播科技、另類傳播等影響力大增（p.xxxi）。各章討論女性在傳媒內容和媒體雇用等方面所受到的歧視，所關注的同樣也是女性受到歧視的問題意識。

除了討論各傳播領域中的性別歧視外，一九八九年也從方法論層次出版了第一本探討女性觀點的傳播研究方法論的著作：《研究女性傳播：理論與方法的觀點》（*Doing Research on Women's Communication: Perspectives on Theory and Method*），為 Kathryn Carter 和 Carole Spitzack 所編。本書檢討「男流」傳播理論與研究的基本假設，引用心理分析、現象學和質的研究觀點，指出既有研究視野的侷限和缺失，並重新界定傳播研究的理論與方法。強調探討（女性）個人主觀經驗的理論意義與重要性，反對主流研究偏重個人行為變化與獨尊量化資料；同時方法論文也提出研究過程應重視研究者與被研究者之間的互動，從詮釋的角度認識個人經驗，批評主流研究所主張的研究者應中立與客觀是一種忽略個體動機意識的做法。

一九九二年出版的《女性製造意義：傳播中新的女性主義方向》（*Women Making Meaning: New Directions in Communication*），開始呈現一九九〇年代的新議題。本選輯討論的新議題包括身體政治、後現代主義、後殖民主義、另類媒體等，也就是說女性主義的傳播研究已明顯走出主流社會科學的研究範疇，大量吸納當代文化研究的新思潮，來解釋多文化認同、新傳播科技大量普及，以及全球化現象所帶

來的各種問題。Gail Dines 和 Jean M. Humez 在一九九五年所出版的
《媒體中的性別、種族和階級》（*Gender, Race, and Class in Media*），
也採取文化研究的取向，廣泛的收錄了有關性別、族群、階級等相關
議題的文章，顯示女性主義的研究關懷在一九九〇年代已擴及其他多
文化主義（multiculturalism）的社會議題（Kellner, 1995）。

　　以上各書都是論文集，對於傳播研究的探討已提出了根本的社會
理論和方法論的檢討，但是一直到了一九九四年才出版了從女性主義
觀點撰寫並較有系統的教科書：《女性主義媒介研究》（*Feminist Media
Studies*，中譯本為張錦華和劉容玫譯，即將由遠流出版），作者是Li-
esbet van Zoonen。本書主要採用文化研究的架構，分別從媒介產製過
程、文本、心理分析，以及閱聽人接收等層面綜合分析現有的研究成
果。同時，本書也探討如何從女性主義的研究方法和理論開創新的傳
播研究主題和模式。雖然本書並未包含性別傳播研究的所有議題——
例如同性戀與情慾研究是近年來十分熱烈的議題，但並未納入本書—
—但本書的基本架構已有系統的顯現性別傳播研究的範疇、主要議題
與發展的方向。此書出版至今，尚無其他類似的女性主義傳播研究專
書問世，最近出版的相關書籍則仍以編著或是媒體的案例研究為主。

　　至於我國的女性傳播研究，專著仍很有限，主要是碩、博士論
文。顧玉珍（1995）〈性別知識的生產—以國內傳播學院的性別論述
之生產為例〉一文對相關的學術論文作了相當有系統的介紹。該文指
出，具有解構女性主義意識，也就是以批判或解構女性受到壓迫的傳
播現象的碩、博士論文，自一九九〇年之後才開始出現。之前所有的
傳播相關科系碩、博士論文中（將近五百篇），與女性角色相關的僅
有十二篇。**一九八〇年代之前的論文，幾乎均是採取政府決策或廣告
商等立場觀點**，例如任玉（1972）和張子樟（1977）的論文都強調女
性的家庭角色，從政府觀點主張女性應發揮安定社會、維持傳統美德
等功能。而鄭自隆（1974）則是研究女性消費者行為，從廣告商角度
來研究如何增加廣告商說服女性購買行為等。

一九八○年代開始才有兩性平權意識的論文，不過，主題多爲分析不平等的現象，但並非探討造成不平等現象所植基的深層父權壓迫結構。因此可以說是在自由主義的觀點下，分析女性權利與角色異於男性的現象。例如牛慶福（1981）和鄒中慧（1987）的研究分別指出電視單元劇與連續劇中對婦女角色有許多不公平的塑型。此外，在一九八○年代，也有數篇探討女性閱聽人或女性媒體工作者的研究，但都是管理心理學觀點的量化研究分析，並未深入解構外在環境的父權結構現象（顧玉珍，1995:13）。

直到**一九九○年代，國內才有女性主義觀點的傳播研究出現，也就是以批判父權壓迫結構，或者探討女性主體性的研究**。同時，除了碩、博士論文之外，也開始有學者的著作問世。大多數的主題是解構與批判平面或電視廣告中的性別迷思和意識型態，主題包括有新聞、流行歌曲、連續劇、漫畫、羅曼史小說等，張錦華、柯永輝等人所著的《媒體的女人》和《女人的媒體》（1996）兩本書便是收錄相關的碩士論文而成；此外，也有少數較長期且鉅觀的歷史研究，例如林芳玫（1994）研究瓊瑤小說在臺灣數十年發展的現象，不但分析文本，也兼及文化工業和文學生態變遷的分析。翁秀琪（1994）分析政府遷台後至今的婦女運動報導，闡述媒體事實建構的策略。楊翠（1993）研究日據時期《臺灣民報》的婦女解放報導等，則引進後殖民主義解析國族之間在政經與文化層面複雜的壓迫現象。

在閱聽人研究方面則有林芳玫（1997）、周倩漪（1997）、郭晏詮（1997）、吳在瑛（1995）等人，強調閱聽人主動多義解讀及接收媒體的經驗分析。應用的理論則廣泛的觸及相關的精神分析、符號學、意識型態、接收理論、後結構主義、後現代主義、後殖民主義等等。大眾傳播現象的研究者固然以各校新聞傳播科系的論文居多，但是也有社會系或文學科系的研究者。相關的研究約有十數篇之多，雖不能說是非常豐富，但也頗有可觀之處（見表5-1及表5-2）。

表 5-1　我國女性主義與傳播研究論文摘要表

問題意識	作者／年／學校	主題		理論	方法
		閱聽人	媒體文本		
	劉平君／1996／政大		漫畫（城市獵人）	心理分析／意識型態／符號學理論	敘事文本分析
	周怡君／1994／清華	使用化妝品者	廣告及文獻	知識／權力、神話學	文獻分析、民族誌
	周倩漪／1997／東吳	女性樂迷	流行音樂	性別政治、主體性	歌詞文本分析、深入訪談
	王藍瑩／1997／世新		報紙婦女信箱	知識／權力、情慾論述	論域分析
	郭晏詮／1997／政大	連續劇閱聽人	「阿信」連續劇	意識型態、多義解讀	文本分析、深度訪談
	吳在瑛／1995／中正	電視閱聽人	無特定文本	閱聽人使用媒體情境	參與觀察與訪談
	翁秀琪／1994／政大（國科會論文）		報紙報導	社會真實建構	量化與文本分析

表 5-2 我國女性主義與傳播研究專書摘要表

問題意識	作者／年代／書名	主題		理論	方法
		閱聽人	媒體內容		
	林芳玫／1994／解讀瓊瑤愛情王國	讀者	瓊瑤小說文本分析 ***本書亦包括文化工業之產製歷史與現況分析	文學社會學、文化工業、閱聽人多義解讀	文化工業、感知結構、閱聽人訪談分析等多觀點的分析
	張錦華、柯永輝、顧玉珍、周月英／1996／媒體的女人‧女人的媒體		流行音樂、廣告、報紙等	心理分析、意識型態、權力／知識等	符號學分析
	林芳玫／1997／女性與媒體再現	電視劇閱聽人	電視劇	知識／權力、閱聽人多義解讀	文本分析與深度訪談
	楊翠／1993／日據時期臺灣婦女解放運動—以《臺灣民報》為分析場域（1920-1932）		報紙文本	後殖民主義	文本分析

第三節 女性主義的傳播研究議題

本節將綜合前述的各相關著作，簡要的說明女性主義觀點為大眾傳播的研究開拓了那些新的議題領域。至於方法論和規範層面的觀點則將在下一節討論。一般而言相關學者多認為女性主義的傳播研究可粗分為下列三個議題：**刻板形象研究、意識型態與符號學分析、多義解讀與閱聽人接收分析**（Kitch, 1997:477; van Zoonen, 1994:16-27）。當然女性主義的傳播研究絕不僅於此，尤其是色情、性偏好、情慾、身體政治等後現代主義議題，也顯著的成為女性主義關切的焦點，也是一九九○年代的重要課題；但本章以前三者的討論為主。

一、性別刻板形象研究

性別刻板形象研究主要是開始於一九六○年代至一九七○年代中期，Betty Friedan 早在一九六三年出版的《女性神話》（*The Feminine Mystique*）一書就已經強調大眾媒體中的女性刻板形象的嚴重性。傳播領域中最早出現的主要著作則是在本章文獻回顧一節中提到的由 Gaye Tuchman 在一九七八年發表的象徵消除（symbolic annihilation）一文集其大成，該文指出刻板形象的研究假設是「反映」事實理論，認為媒體中的刻板形象其實是反映現實社會中女性的處境和價值。而現有媒體中充斥貶抑女性的符號或根本忽略女性，會造成女性缺乏正面積極的的角色模仿，妨礙社會進步發展，研究的目的則在於改變這樣的刻板形象。

有關於性別刻板形象的研究很多，在文學、攝影、電影、雜誌、廣告、電視、報紙等各方面都有豐富的文獻。一九七七年 Kathryn

Weibel 所出版的 *Mirror Mirror: Images of Women Reflected in Popular Cul-ture*，將女性在小說、電視、電影、女性雜誌和雜誌廣告等媒體中的刻板形象是家庭主婦的、被動的、身心健康的、美麗的。前節中提到的由 Gaye Tuchman、Arlene Daplan Daniels 和 James Benet 三人合編在一九七八年出版的 *Hearth and Home: Images of Women in the Mass Me-dia*，也收錄多篇各媒體領域中的女性刻板形象。

　　刻板形象的研究在各國的發現都很類似。Gallagher（1980; 1985）綜合相關的研究發現，無論是西方工業化國家、東方共產主義國家、南方發展中國家，女性都在傳播內容上和媒介產製過程中，受到歧視或囿限於傳統角色與價值。刻板形象的研究至今仍陸續有相關的研究，如 Terry Hynes (1981)、Patrcia Seales 和 Janet Mickish (1984)、Susan Ferguson (1991)等（quoted from Kitch, 1997:480）。此外，也有學者對族群、階層，或不同於傳統形象的非主流的女性角色研究，如 Franzwa（1974）對女工的研究發現勞工階層極少出現在雜誌中；Ma-ureen Honey（1983）研究大眾文化中的低階女工。Bogle（1973）、Cummings（1988）和 Collins（1990）研究美國黑人女性的刻板形象，指出黑人女性往往被誇張成孔武有力，或甚至性慾過人；Preethi Ma-nuel（1985）分析英國的黑人形象，發現黑人女性與家庭根本就很少出現，如果出現也是負面的居多。Rayna Green（1975）、Maryann Oshana（1981）和 David Smith（1982）研究媒體中印地安女性的刻板形象；Elizabeth Ewen（1980）研究移民女性等。

　　由以上文獻可見，刻板形象的研究甚為豐富，我國自一九九○年代起，也有數篇類似的研究，如王宜燕與陶福媛在一九九一年分別針對電視廣告和雜誌廣告所作的研究。（王宜燕，1991；陶福媛，1991）不過相對於國外的類似研究而言，本體研究的數量與涵蓋的廣度都很有限，幾乎除了廣告之外，並無其他媒體或者族群和階層的研究。較長期的分析僅有翁秀琪針對婦女運動的報紙報導，分析近三十年的長期趨勢變化。除了主題分析之外，並檢視刻板形象的建構，研

究發現長期以來婦女運動的相關報導甚少，並且多數傾向於傳統婦女
角色的建構，官方的報紙尤其保守。不過，由於我國女性主義的研究
較晚，且當時學界也不再以刻板形象的研究爲滿足，而紛紛開始意識
型態的研究（意識型態的研究在下一小節再繼續做進一步的分析）。

刻板形象的研究遍及各種類型，雖然在早期也發揮警醒社會偏見
的功能，但其後在理論及實證上則受到許多質疑。例如，Elaine Sho-
walter 就認爲這個研究走向已經不再具有「讓人驚訝、不安和重整思
考的能力」（Showalter, 1975:452）。van Zoonen 也認爲刻板形象研究
無法深入媒介的內容與觀衆的經驗（1994:18）。因爲根本的問題在於
刻板形象研究主要是依據量化的研究模式，受限於觀察表面的性別差
異，缺乏鉅觀的社會權力結構的洞察力（張錦華，1992:7）。因此，
較先進的學者們從一九八〇年代之後就開始深入詮釋意識型態的深層
結構問題。

二、意識型態與符號學研究

女性主義的傳播研究對於意識型態的分析，一方面是源自馬克斯
主義的理論傳統，尤其是 Antonio Gramsci（1971）和 Louis Althusser
（1971）的結構主義馬克斯主義，批判社會的權力結構——包括資本
主義、統治霸權、意識型態運作等；同時也結合了心理分析對父權結
構的分析，尤其是 Jacques Lacan（1977）從象徵秩序的觀點解釋父權
社會權力如何建構主體認同。Laura Mulvey（1975）應用心理分析理
論說明電影如何達成父權慾望掌控的窺視女體機制，以及唯物論的心
理分析學者 Nancy Chodorow 的母職經驗與再製等觀點，均提供女性主
義學者解析社會性別再現的深層結構之主要理論依據（van Zoonen,
1994:21-7; Kitch, 1997:481-3）。

Kitch 針對歷史層面的研究，指出 Mary P. Ryan（1975）研究自十
七世紀以來 大衆文化中女性的理想形象是與社會的發展吻合的。Mar-

tha Banta（1987）研究一八七六年至一九一九年的各類文化影像中，美國女性形象與「美國」的意涵也是互相吻合的，並且除了國家意識外，也與種族、性和消費主義的意識相合。一九九○年有兩篇文章都討論流行文化中的女性形象，均代表社會中的保守意識型態（Timothy Scheurer, 1990; Westbrook, 1990）。

討論女性形象的商業化問題，則有 Samuel Thomas（1982）、Robin Lakoff 和 Raquel Sherr（1984）等文章檢討消費文化中女性形象的建構；從批判父權的角度來分析女性角色的文章則有 Kay Sloan（1981）、Susan Dalton（1977）、Andre Walsh（1984）等從電影內容分析中發現女性的角色均限制在家庭、婚姻之中；唯一的例外是在二次世界大戰中，媒介歷史學者發現雜誌廣告中女性有較正面的工作形象，但是其實這是爲了配合當時美國政府的經濟政策（Yang, 1995; Charles & John Neville, 1995）所從事的研究。

其實，意識型態的研究除了以上少數歷史性的分析外，多半是以符號學個別文本詮釋的方式進行（van Zoonen, 1994:24）。在廣告研究方面，Williamson (1978) 的 *Decoding Advertisements: Ideology and Meaning in Advertising* 是開創期的奠基之作。其他針對各種電視節目、流行歌曲、電影、廣告等文本分析甚多，限於篇幅不再一一列舉，僅說明一個典型的例子，是英國的文化學者 Angela McRobbie 針對英國女性少年雜誌*Jackie* 所作的分析（1982; 1991），她從該雜誌的視覺與文字符號中逐步分析這個雜誌如何構連一套少女文化：包括如何追求時尚、美貌、羅曼史、流行明星、物質化的家居生活等，McRobbie 認爲這套意識型態價值觀很強有力的影響了青少年的生活文化。不過，雖然 McRobbie 在理論上承認文本的影響並非單面而絕對的，但是她的主要研究內容並未呈現讀者如何做不同的解讀（van Zoonen, 1994: 24-6）。

我國的研究自一九九○年代以後，已有較多採用符號學、結構馬克斯主義、心理分析的框架，針對大眾媒體如廣告、流行歌曲、電視

節目、報紙論述、電影、漫畫等等（張錦華，1996；顧玉珍，1991；
周月英，1991；蔣慧仙，1993；賴治怡，1993；柯永輝，1994；黃麗
英，1994；劉平君，1995；周倩漪，1996；王藍瑩，1997）。但是相
較於國外的相關研究，顯得極為缺乏歷史層面，以及有關經濟、政
治、族群等的鉅觀研究。其中僅有林芳玫對瓊瑤小說的研究，是較鉅
觀的長期研究，同時兼顧文化工業，以及文本和文學生態等多面向的
角度分析羅曼史小說的產銷生態變化。此外，東海歷史所的楊翠，則
從民族、階級以及後殖民主義的觀點，指出臺灣媒體對日據時期的婦
女婚姻、教育、工作、參政議題等雖有所討論，但媒體基本上仍屬於
「資本家－殖民者－父權」三合一的宰制剝削機制之一（楊翠，1993:
594-603）。這一篇研究日據時代報紙的婦女解放運動報導，是一份難
得而珍貴的歷史研究，對我國的傳播研究增加歷史面向應有所啓迪。

　　整體而言，意識型態與符號學的分析都屬於媒介**文本**的研究，似
乎假定研究者對文本所分析的意涵就是文本「唯一」的意涵，讀者必
將照章全收，於是媒介成為社會主流權力控制意識型態的工具。這樣
的解釋顯然太過單面而機械，一方面忽略了語言的意義其實是可以依
閱聽人的詮釋及使用而有所不同，閱聽人雖閱聽文本，但其接收方式
仍有相當的詮釋空間，也就是說，文本分析較缺乏多義性和閱聽人解
讀的關照，因此一九九〇年代以來，有關閱聽人解讀的研究開始受到
較多的重視，在下一小節繼續說明。

三、多義解讀與閱聽人接收分析

　　在符號學與意識型態分析中，意義往往被視為固定且內在於文本
之中，而閱聽人的角色也視為被動和被決定的。因此文化研究學者也
自一九八〇年代中期以後開始耕耘閱聽人研究的新領域，而女性主義
的性別研究在這個新領域中佔有極為重要的位置。一九八四年 Janice
Radway 出版了 *Reading the Romance*，首先結合文本和閱聽人的分析，

引用文化研究學者 John Fiske 的文本多義性（polysemy）與流行文化中的反抗與愉悅（pleasure）等概念，配合心理分析理論來研究女性閱讀羅曼史小說的認同與樂趣，希望兼顧羅曼史流行現象中，女性在父權社會中的從屬位置與閱讀樂趣。Radway的研究發現女性閱讀浪漫愛情故事的動機，固然可解釋爲對現實生活的逃避，因而再製了傳統的女性角色與態度，同時也可以解釋爲女性藉由愛情小說的增權（em-powerment），在幻想不同生活方式的同時，也可能醞釀反抗男性宰制的現實。

荷蘭文化學者 Ing Ang 在一九八五年則出版了《觀看「朱門恩怨」》（*Watching "Dallas"*）一書，探討荷蘭女性爲什麼愛看肥皂劇「朱門恩怨」，她也援引 Fiske 的觀點，分析流行節目收視女性的多重認同與愉悅，她指出閱聽人同時具有多種解讀立場：一方面喜歡觀看，另一方面也具有某種批判性，因此大眾文化仍具有開創新的主體認同的空間。不過 Ang 並未納入心理分析對性別認同的解釋，也忽略了閱聽人社會情境的影響。（Stevenson, 1995:106）

同樣是研究肥皂劇「朱門恩怨」的閱聽人接收，Katz 和 Liebes（1990）就採取泛文化的研究，發現閱聽人具有冷眼旁觀的評論態度，對劇情的發展與演員的表現，都有自己的主張；而不同文化族群確有不同的解讀，例如住在以色列的蘇聯婦女會批判美國資本主義的運作，而其他的以色列婦女則會反思自身處境。Dorothy Hobson（1989; 1990）則特別針對勞工階層的英國婦女，也發現她們會採取評論的角度看肥皂劇，不但評論故事進行的合理性，並且依據其他雜誌或媒體內容來互相印證和討論；同時閱聽人也會藉由劇情引發對個人經驗的互相交換討論；Ellen Seiter 等人（1989）研究美國勞工階級的家庭主婦，也同樣發現她們經常批評她們所喜歡的連續劇，對劇本的格式、發展規則等展現複雜的知識，並且也會以自身情境加以比較。Seiter 等人認爲肥皂劇其實並不是充斥傳統的家庭迷思，相反的，許多「壞女人」和「外遇」的情節其實是挑戰完美的家庭結構神話

（1989:204）；甚至，Christine Geraghty 在大量研究美國和英國的肥
皂劇本後，在《婦女和肥皂劇》（*Women and Soap Opera*）一書中認
為，肥皂劇是具有顛覆意涵的，劇情往往顯示，女性具有某種權力；
尤其是當父權力量希望家庭重整，但是女性常會破壞他的努力，使男
性權力無法順遂，至少不斷的受到壓力；這另女性閱聽人感到愉悅。
（Geraghty, 1990, quoted from van Zoonen, 1994:121）

　　John Fiske 研究 Madonna 的少女歌迷，指出青少女將 Madonna 視
為獨立和時尚反抗的象徵，並且因此強化她們「表達自己」的能量；
青少年打電動玩具和沈迷在 MTV 的世界中，也是對規訓社會的反抗
（1989a; 1989b）。Fiske 把閱聽人主動詮釋和增權的效果擴張至最
大，也引起許多的爭議，Kellner就指出這樣的研究有下列四項缺點：
(1)忽略階級的影響與差異，(2)忽略種族的影響與差異，(3)忽略了媒介
的縱效果，過於理想化個人的主動反抗，(4)無法分辨不同的反抗形
式，或愉悅的種類，或甚至暴力的類別。如果將看羅曼史所具有的反
抗意涵與批判父權結構的反抗意涵等同，或是將暴力視為父權行為，
但卻難以解釋反抗父權的暴力，將會造成難以區別進步的vs.反動的、
解放的vs.破壞的等不同形式的權力與抗爭，女性主義本身難免模糊了
焦點（Kellner, 1995:12-3）

　　在研究閱聽人方面，David Morley 另有一項重要的研究，雖然不
屬於閱聽人與文本之間的關係，但也十分值得一提，書名是 *Family
Television*（1986），研究的主題是從性別角色解釋家庭中收看電視的
權力互動情境，發現男性是以休閒的態度，掌握搖控器，以不希望被
打擾的方式收看；而女性則是在從事家務活動的空檔收看，並且有罪
惡感，只有當丈夫不在時才具有掌控權，並會與朋友討論分享，不同
性別收視的內容也有所不同。類似的收視情境的研究尚有 Ann Gary
（1992）引用分析女性與錄影機的使用，同樣發現女性會覺得有罪惡
感，也喜歡將節目內容與人分享，父權社會的角色結構和位置使得婦
女的收視價值規範和使用情境居於隱密不利的角度（Stevenson, 1995:

82-3）。Morley 的研究模式也被我國的吳在瑛（1995）援用，分析我國婦女收視電視的情境，基本上與 Morley 的發現很類似。

　　閱聽人研究往往強調收視者主動詮釋的一面，然而在部分的研究中卻似乎忽略了社會結構再製的一面；我國對於閱聽人的研究不多，但林芳玫針對瓊瑤的羅曼史連續劇和日劇「阿信」等的觀眾所作的訪談研究，以及所指導的碩士論文，則爲我國閱聽人研究打下相當基礎，並頗有推陳出新的創見。她爲了兼顧閱聽人的詮釋和社會結構的影響，將閱聽人的解讀分爲三種類型：符合規範型、個別情境解讀型和結構批判型；結果很明顯的發現，觀眾有六成的人是屬於規範解讀，也就是引用既有的社會規範解讀，具有結構批判型的觀眾則僅有一成，其他則介於個別情境和規範型之間（林芳玫，1996）。這也就是說，閱聽人的「主體詮釋」其實是受到社會規範或價值觀的強烈影響，「主體性」並不表示閱聽人能夠獨立於社會結構影響力之外，因此結合了主體研究與社會結構的觀點。

　　閱聽人主體性的研究，固然相當程度配合文本的研究，構成較完整的意義分析脈絡，但是女性主義的研究除了解構壓迫的來源以及批判壓迫的內涵之外，如何進一步的積極行動、爭取解放也十分重要，但是傳播領域的相關政策研究則似乎仍亟待耕耘。

第四節　女性主義傳播研究的貢獻

　　以上兩節已經分別介紹過女性主義與傳播研究的重要文獻，並指出從一九七〇年代迄今近二十餘年的主要的研究議題爲媒介文本中的性別刻板形象、構成性別再現的深層意識型態結構，以及閱聽人的多義解讀現象與其自主性的詮釋空間等。這些研究所根據的相關理論，除了女性主義的性別觀點之外，是多方擷取自各種人文社會理論，例

如刻板形象的研究主要是基於社會化和量化研究方法的成果；意識型態研究則主要是基於馬克斯主義、批判理論、符號學、心理分析、結構主義、後結構主義等等；多義觀點的閱聽人解讀則主要是基於後結構主義和後現代主義等。這些觀點都不是女性主義所創，但是，女性主義從性別的角度結合了這些理論特有的問題意識，不但形成了女性主義傳播研究特有的範疇，也豐富了這些理論的經驗解釋，並將理論與社會現象的解釋更細緻化，以下我們分為三點來談：

一、女性主義傳播研究的問題意識是解釋壓迫、追求解放

本章一開始即曾指出，女性主義傳播研究雖然各派別不同，但是其共同的重點都在於強調女性受到各種霸權結構壓迫的現象，包括父權、殖民霸權、資本主義霸權、國族霸權等等，因此，在傳播研究領域中，女性主義的傳播研究是以批判與解放為目的的知識，這與純粹以工具型知識為目的的科學研究不同，也與純粹以解釋與了解為目的的詮釋型知識不同。

傳統主流的傳播研究是如 Todd Gitlin（1978）所謂的行政導向（administrative orientation）型的研究，研究者往往被委託做廣告公關說服策略或政策宣導型的說服效果研究，因此基本上是協助商人或行政者掌控閱聽人，以發展有效的說服策略為目標。此外，傳統傳播研究中也包括部分以社會科學研究為主的研究，例如將傳播視為社會及人類互動運作的一環，並以描述詮釋傳播活動為目標，這是屬於解釋型的研究；但是，女性主義傳播觀點則以預設社會的權力結構是優勢權力與弱勢權力結構的關係，其出發點不是為優勢的政商權力擁有者找尋說服工具，而是替弱勢者分析受壓迫的結構，找出抗爭與轉變權力結構的可能策略。因此，刻板形象的研究，是注意到女性受歧視表現在浮面的文本再現層次；意識型態研究就直指權力結構的核心，

而多義解讀的閱聽人研究就將重點再歸向主體性的層面。其實，除了這三類主題之外，相關的女性主義研究也都從各個不同層面解構女性受壓迫的現象，例如媒體工業及經濟霸權的影響，或後殖民主義所探討的國族及種族壓迫等。

㈠傳播研究如何解釋女性所受到的歧視與壓迫？

問題意識架構確定了研究本身的內容與方向，因此，女性主義傳播研究的內容當然就是具體的解析各種對女性不利的傳播情境。這些歧視現象，包括了傳播組織在雇用、薪資、決策等層面的差別待遇，以及表面的傳播訊息內容，如刻板形象的內容分析發現女性在職業、外表、性格、角色等，都囿於傳統的妻職、母職、男性的性對象或物化的性尤物等功能，缺乏自主、獨立、專業以及主動的特點。而意識型態研究的相關發現則更深度的解構了父權優勢結構、資本主義以及物化現象的無所不在等，質疑符號底層的迷思與意識型態的運作，也就是解析傳播中性別內容如何受到社會優勢權力結構的影響。

因此，女性主義的傳播研究轉化了傳播內容的研究層次。以往的傳播研究中，說服性研究根本是為優勢權力服務；解釋性研究雖然也可能處理到社會結構的現象，例如符號互動論即強調傳播是社會制度建構的關鍵過程，但是卻並未處理優勢與弱勢權力之間的壓迫關係。雖然原有的符號學、意識型態理論、馬克斯主義、物化研究、政治霸權研究，以及後殖民主義等次文化的解構與批判等等，都有助於傳播研究注意到社會結構權力不平衡的現象，但是，毫無疑問的，許多女性主義學者的投入，使得這一派的經驗研究數量與內涵豐富許多，也讓這歐陸的艱深理論得到大量的經驗啟示和佐證，共同匯集為傳播研究中一支不可輕忽的研究趨勢。

不過，多義解讀的閱聽人研究似乎與以上研究趨勢並不相同，它並不以女性如何受到傳播文本的壓迫為主題，相反的，它卻是設法尋找女性如何在傳播文本中獲得樂趣為詮釋的目標，難道這一派的研究

不認爲媒介文本是歧視女性嗎？關於這一點，在下面小節中再進一步說明。

(二)傳播研究如何尋求女性的解放？

無論是刻板形象的研究或是意識型態的研究都是以批判傳播內容中的歧視爲主，擅長於分析壓迫現象；然而對女性的傳播經驗的解釋均淪爲負面的、受壓迫的、無法自主的，似乎在現有傳播權力結構中的女性，都是被動的接受她們所無法控制的歧視資訊而無法自拔。這樣的解釋既無法肯定女性的主體性，也無法提出轉變權力結構的正面策略。當然批評本身具有反省與建構的功能，也是一種自主性的表現，但是部分女性主義學者仍企圖尋求正面肯定女性的生活經驗，希望開啓女性的傳播經驗的具體解釋。因爲傳統的傳播研究中，既不會以傳播所造成的歧視現象做爲關注的主題，也未曾注意到性別差異的傳播經驗的解釋；而刻板形象與意識型態的研究中，又僅以文本爲主，仍忽略了傳播中的主體，也就是女性閱聽人本身的經驗。使得女性成爲沒有自己聲音的一群，呈現在媒體上的則往往是屈從於男性觀看權力的扭曲形象，呈現在研究中的則是屈從於男流傳播研究的解釋工具。因此，如何正視女性的生活經驗，並從女性權力的角度呈現，成爲女性主義傳播研究尋求女性解放的一大挑戰。

由於女性長期以來被限制在家庭的「私」領域中，而私領域又被視爲是「日常生活」而不足爲道；因此，以往的研究中，幾乎是完全不觸及日常生活的私領域研究的。女性主義傳播研究因此特別開發日常生活的研究，分析女性看電視、看錄影帶、看肥皂劇、看愛情小說等的生活經驗，或是人際關係之間的互動；並且從深入訪談中展現女性的主動詮釋與認同建構，拒絕將女性閱聽人視作被動的文化白痴，強調女性私領域的生活經驗也同樣應該納入嚴肅的學術研究範疇之中，因爲私人生活領域同樣是社會權力運作的場域。

不過，多義解讀的閱聽人研究固然強調女性主動選擇文本以及從

文本獲得愉悅的事實，正面肯定了女性日常生活經驗中的主體性，不再視女性被動的接收文本、註定屈從於父權結構之下，因此而擴大了學術研究的意涵與範圍；不過，在閱讀層面上個別女性尋求愉悅的事實，是否也造成女性借用這些流行文化中替代性的愉悅、彌補式的經驗、美麗動人的幻想，能夠更寬容的忍受現有的生活與父權體制的不平等（van Zoonen, 1994:150）？因此，我們必須進一步質疑：女性的閱讀是否能與女性主義社會運動結合，以轉變整體社會結構與文化建構中女性的弱勢位置呢？例如 Radway 就主張觀眾愉悅是合理的，但是她也期待：「羅曼史的作者和讀者，以及女性主義知識份子，是否能夠一起重寫羅曼史，將小說中的幻想與政治作更密切的關聯。」（1984:17）

　　這也就是說，女性閱讀的愉悅雖然具有肯定女性具有自主解放的能力，但並不全然等於女性權力的解放。van Zoonen 對於這個問題提出了一個很有深意的看法：她認為觀看肥皂劇的愉悅經驗與女性主義的政治沒有一定的關聯型式，兩者之間可能毫無關聯，一個是屬於幻想的領域，另一個則是社會結構的領域；關鍵在於閱聽人使用何種角度來詮釋，她舉了一個德國另類女性主義書局的例子，這個書局發行了一套女性主義偵探小說，書店編輯還特地舉行一系列的演講、工作坊等活動，並且邀請書迷們共同來發表意見，甚至發行讀者對這一系列小說的意見雜誌，鼓勵讀者主動發言與詮釋，培養更多樣化的自我反省與認同，做為建構另類女性意義詮釋權力的基礎（van Zoonen, 1994:153-4）。

　　多義解讀的閱聽人研究固然肯定了女性（讀者）自主與多樣詮釋的潛力與事實，但是要進一步從社會結構層面解放女性的弱勢位置，只停留在流行文化的研究顯然是不足的，仍有許多其他的研究項目有待開發或強化，例如 van Zoonen 就認為如何強化新聞媒體動員女性參與社會改革的研究十分的重要（1994:151）。Corner 也認為媒體如何建構「公共知識」與「公民角色」，以發揮現代媒體的民主化功能，

應該也要受到女性主義傳播研究者的重視（1991）。

二、女性主義的方法論強調理論是社會改革的實踐

女性主義所關切的問題既殊異於傳統傳播研究的工具性科學研究或解釋性的社會詮釋，其所採用的研究方法與方法論也自然有所不同，傳統的科學研究強調用所謂「中立、客觀」的態度，而女性主義的問題意識就是充滿價值判斷的：女性是受到權力結構不平等的位置，女性主義學術研究的使命就是要改變社會權力結構，追求解放。Reinhartz（1992）在所著的 *Feminist Methods in Social Research* 一書中，就指出女性主義研究企圖改變現狀，「意識提升」和「政策改變」是學術研究的重要責任（引自胡幼慧，1996:22）。因此，對於女性主義傳播研究而言，研究的目的就在於揭露性別權力結構的不平等，繼而進一步探索解放之道。這可以從研究題目的選擇與研究者和受訪者之間的互動兩個層面來看。

(一)研究題目選擇具有價值判斷

具體而言，刻板形象的研究雖然仍多數採用科學的量化研究方式，但是其選擇題目的角度就是要揭露女性受到歧視的現況，實已具有高度價值觀的選擇。意識型態的研究亦同，只是意識型態的研究更深入的解構性別不平等的結構，從表面的文本直切入深層的社會權力型態。兩者都具有批判的意涵，雖然並不是直接的社會改革運動，但是學術與觀念本身的反省也具有鬆動既有權力結構的效果，同時更可能提供直接的社會運動的理念依據，自然也是一種廣義的女性主義企圖改革社會文化的實踐。

其次，多義解讀的閱聽人研究為了彰顯女性讀者的自主與愉悅，當然也是具有強烈價值觀的研究選擇。同時，閱聽人的訪談研究與文本研究不同的是，它會進一步的觸及到一個更深層次的研究價值的問

題，那就是研究者如何面對受訪者？如何與其互動？這個互動過程是不是也是一種改革實踐？

(二)研究者與受訪者的互動過程也是解放實踐

相對於行為主義的研究強調研究者應中立客觀的研究「既有」的事實，儘量避免影響（引導或誤導）研究對象，女性主義的研究則視人為有意識的行動主體，意義來自人與生活與社會情境的互動。由於人具有意識並且是能夠與情境互動的行動主體，因此，研究者與受訪者之間的關係，就明顯的與量化研究希望保持的中立客觀有所不同。Keller（1985:97-8）和 Hawkins（1989:43-4）引用心理分析的觀點指出：所謂的科學研究其實具有男性認同的特徵，男性從小與母親差異的認同導致疏離的人際關係，因此發展出「靜態」的客觀（static objectivity）概念，認為研究者與被研究者之間可以維持一種嚴格中立而互不影響的關係。Keller 則認為由於女性與母親的親密認同，使得女性之間具有強烈的共同感，而這份共同感不但不應視為研究的缺點，相反的，如從「動態客觀」（dynamic objectivity）的角度來看的話，相互之間的主觀溝通之間，也會產生動態的共識，也就是「相互主觀」（Intersubjectivity）。研究者與被研究者之間的交流與分享，其實具有增進瞭解的功能，主觀的經驗溝通也應視為有意義、有洞見的知識。（Keller, 1985:117; Hawkins, 1989:50）因此，在女性主義學者訪談研究中，較能重視研究者與受訪者之間的互動，並且認為這樣的互動其實具有互相增權（empowerment）的能量，對女性的意識提升具有正面的效果（林芳玫，1996）。

第五節　結論：貢獻與展望

女性主義的觀點帶給傳播研究的衝擊，從以上的討論來看，很明顯的爲傳播研究具體注入了新的問題意識與方法論。發掘並深化了傳播領域中的性別與權力不平等現象的分析層次，從表面訊息、刻板形象、到符號迷思與意識型態，也落實了重視女性主體的研究，將質的研究法應用在解釋女性的日常生活經驗，與閱聽媒體文本的認同建構。不過，女性主義研究所引用的理論與方法基本上也是借用其他的理論思潮，例如符號學、心理分析、後結構主義、後馬克斯主義、象徵互動論、文化人類學研究、後現代主義、後殖民主義等等；但是，女性主義觀點就如同火車頭，帶動了這些理論思潮，駛入了長期爲行政取向的傳播效果量化研究所盤據的大眾傳播研究領域。

因此，女性主義觀點對媒體與傳播現象的研究是結合了批判與詮釋取向的思潮，深入的解釋女性受壓迫的經驗，並強調理論的解放價值取向與改革實踐意義。這樣的觀點其實並不僅限於女性，它其實也同樣適用於男性反省其權力位置，也適用於其他弱勢團體的研究，並構成多文化主義（multiculturalism）的一環，肯認（recognize）其他弱勢族群文化的價值，解構其所受的壓迫，並尋求解放實踐的策略。不過，既然是解析壓迫與追求解放，個人認爲在下述四個領域中實仍有繼續努力的必要：

一、對於女性在大眾媒體中所受到的扭曲與壓迫現象，在文化工業的產製行銷層面的研究較爲不足，大部分的研究仍是文本的分析，Kellner就曾以Madonna現象的研究爲例，其流行與認同愉悅的研究，必須要從文化工業的包裝與市場行銷面了解媒介如何具有巨大的塑造收視率的能力，若僅強調閱聽人的消費與認同將是過於天真的

（Kellner, 1995:14）。

　　二、在文本分析方面，目前的研究較強調流行文化中的再現與性別歧視，但是似乎較忽略新聞與公共領域的分析，後者是女性爭取公共領域發聲權的重要場域，也是動員女性參與政治權力改革的重要空間，（van Zoonen, 1994:151）因此，文本分析的對象應重視媒介如何扮演公共知識的代言人角色。

　　三、在女性主體的研究方面，固然目前的閱聽人詮釋研究似是以聲張女性的主體詮釋爲目標，例如 Ang 研究女性閱聽人偏好羅曼史小說，發現女性藉此彰顯其「獨立自主」追求自我的興趣，同時也發現女性讀者確實也具有對文本的批判性；不過在肯定女性主體的發聲權力的同時，若忽略了社會權力的運作，則難免受到質疑（Carragee, 1990；Sholle, 1991；張錦華，1994:191-3）。因此，如何結合主體與社會權力之間的關係，應是主體研究的重點。事實上，當前全球化跨媒體的快速發展，造成媒體的物化與色情暴力內容愈來愈深入社會之際，如何顯現媒體對主體的深層影響，而不僅是強調女性接觸媒體的樂趣與自主性而已，這也是女性主義必須正視的問題。而女性社會解放的實踐繫於女性主體的自主實踐，這兩者之間的轉變如何達成，顯然也是主體研究的重大挑戰。

　　四、最後，女性主義所追求的解放策略，也應該落實在更多的政策研究上。否則，女性主義僅批評現有傳播的缺失，卻不能提出合於自由民主理想發展的性別政策，並具體規範媒體的再現，豈不是縱容資本主義媒體繼續以扭曲的性別符號或其他任何的暴力色情訊息，作爲爭取收視率的工具？事實上，女性主義傳播研究已經累積近二十年的分析與批判，媒體的改善仍然有限，這樣的現象，是值得以實踐改革爲己任的女性主義傳播研究繼續推進的。

　　而女性主義對於女性受壓迫經驗的關懷，展現在研究方法的面向是離開行爲主義傳統，重新定義理論的角色，承認理論本身的價值取向；並批判所謂「中立客觀」的盲點。同時，強調肯認女性經驗，也

啓動了方法論上對於「男性」科學認識論的批判，並結合相關的解釋
取向的理論傳統，主張人是有意識的行動主體，提出「動態客觀」的
觀點，強調研究者與受訪者之間的關係應該是互動而具有增權的作
用，大爲豐富了社會與人文研究的關懷面與研究內涵。我國的女性主
義傳播研究[3]，數量上自然遠不如國外豐富。在刻板形象的研究上，
雖已涵蓋廣告、流行歌曲、電視節目、報紙論述、漫畫等等，也有歷
史層面的長期研究，但是仍較缺乏族群和階層的研究。在意識型態的
研究上，也有將近十篇從符號學、結構馬克斯主義、霸權理論、心理
分析、後結構主義、知識／權力、後殖民主義等觀點的論文，但亦較
缺乏有關經濟、政治、族群等的鉅觀研究。在閱聽人研究方面，則也
有少數幾篇研究，但是如何從本土的觀點解釋女性主體建構與結構影
響的互動關係，仍有待更多研究的投入，這也是關乎女性解放實踐的
基礎議題。

　　總之，女性主義的傳播研究，是以解放爲價值觀的研究取向，其
質疑的焦點是：什麼樣的傳播結構、傳播內容與方式，對社會文化的
進展、民主政治的深化、人類的自由與解放具有積極的價值？更具體
落實的來談，則應該質疑：什麼樣的傳播結構、傳播內容與方式，對
社會的弱勢社群，包括族群、性別、次文化等，造成壓迫、歧視與扭
曲？唯有研究者面對社會中真正弱勢者的處境，才能深切反省傳播對
人類的價值與影響，研究者才能將知識的研究與對人性的關懷結合，
面對他人與自我的主體建構與價值認同。

---

[3] 顧玉珍（1995）曾對我國新聞傳播科系有關女性的碩士論文，從女性主義的角度分
　　類評析。本章則僅涵蓋具有女性主義觀點的研究。

建議書目

林芳玫（1996）：女性與媒體再現。台北：巨流。

張錦華、柯永輝（1995）：媒體的女人。台北：碩人。

顧玉珍、周月英（1995）：女人的媒體。台北：碩人。

Berger, J. *Ways of Seeing*. （中譯本：看的方法。陳志梧譯。明文。）

Faludi, S. (1991). *Blacklash*. （中譯本：反挫。顧淑馨譯。自立晚報，
　　1993。年）

Zoonen, van L. (1995). *Feminist Media Studies*. London: Sage. （中譯本即
　　將由遠流出版，由張錦華、劉容玫譯。）

參考書目

俞智敏、陳光達、陳素梅、張君玫譯（1995）：女性主義觀點的社會
　　學。台北：巨流。〔Abbott, P. & Wallace, C. (1990). *An Introduction
　　to Sociology: Feminist Perspective.* Routledge.〕。

王宜燕（1991）：電視廣告中的性別角色分析。政治大學新聞研究所
　　碩士論文。

王藍瑩（1997）：解析性別權力下的身體情慾論述－以報紙婦女信箱
　　為例。世新大學傳播研究所碩士論文。

林芳玫（1996）：女性與媒體再現。台北：巨流。

柯永輝（1994）：解讀臺灣流行音樂中的女性意涵－*1992～1993*。政
　　治大學新聞研究所碩士論文。

吳在瑛（1995）：已婚婦女在家庭情境之電視使用行為。一九九五學
　　生傳播論文研討會，政治大學新聞所研究生主辦。

周月英（1991）：解讀媒介中的女性意識－以報紙對許曉丹的報導為
　　例。政治大學新聞研究所碩士論文。

周雅容（1996）：象徵互動論與語言的社會意涵。胡幼慧主編，質性
　　研究──理論、方法及本土女性研究實例，第4章，75～98頁。
　　台北：巨流。

周倩漪（1996）：九○年代臺灣流行音樂的支配與反抗之聲──性別
　　政治、主體性、與庶民文化。東吳大學社會研究所碩士論文。

胡幼慧主編（1996）：質性研究──理論、方法及本土女性研究實
　　例。台北：巨流。

陶福媛（1991）：我國雜誌廣告中的性別角色分析。政治大學新聞研
　　究所碩士論文。

翁秀琪（1994）：我國婦女運動的媒介真實和社會真實。新聞學研

究，第 48 集。

張錦華（1994）：傳播批判理論。台北：黎明。

張錦華、柯永輝（1995）：媒體的女人‧女人的媒體（上）。台北：
　　碩人。（其中張錦華所著部分爲 1～68 頁）。

黃麗英（1994）：解讀三台綜藝節目短劇的性別論述。文化大學新聞
　　研究所碩士論文。

賴治怡（1993）：女性主義語意分析：閱讀「新臺灣文庫」。輔仁大
　　學大傳所碩士論文。

劉平君（1996）：解讀漫畫《城市獵人》中的女性意涵。政治大學新
　　聞研究所碩士論文。

蔣慧仙（1993）：臺灣電影、國族敘事與性別政治－談《牯嶺街少年
　　殺人事件》。輔仁大學大傳所碩士論文。

黎曼妮（1990）：報紙廣告中女性角色的研究以一九六○年至一九八
　　九年聯合報廣告爲例。輔仁大學大傳所碩士論文。

顧玉珍（1991）：由符號學觀點解讀電視廣告中的女性意涵。政治大
　　學新聞研究所碩士論文。

顧玉珍（1995）：性別知識的生產——以國內傳播學院的性別論述之
　　生產爲例。新聞學研究，第 51 集，1～31 頁。

Abbott, P. & Wallace, C. (1990). *An Introduction to Sociology: Feminist Per-
　　spectives*. Routledge.〔俞智敏、陳光達、陳素梅、張君玫 譯
　　（1995）：女性主義觀點的社會學。台北：巨流。〕

Ang, I. (1982). In Della Couling (Trans.), *Watching Dallas: Soap Opera and
　　the Melodramatic Imagination*. New York: Methuen.

Althusser, L. (1971). Ideology and ideological state apparatueses. *Lenin
　　and Philosophy and other Essays, 167, 172*. London: New Left Books.

Althusser, L. (1976). In G. Lock (Trans.), *Essays in Criticism*. London:
　　New Left Books.

Banta, M. (1987). *Imaging American Women: Idea and Ideals in Cultural*

History. NY: Columbia University Press.

Bogle, D. (1973). *Toms, Coons, Mulattoes, Mammies, and Bucks: An Inter- pretive History of Blacks in American Films*. NY: Viking.

Carragee, K. M. (1990). Interpretive media study and interpretive social science. *Critical Studies in Mass Communication, 7*, 81-96.

Carter, K. & Spitzack, C. (Eds.) (1989). *Doing Research on Women's Com- munication: Perspectives on Theory and Method*. NJ: Ablex Publishing Corporation.

Carter, K. & Spitzack, C. (Eds.) (1989). Research on women's communi- cation: The politics of theory and method. *Doing Research on Women's Communication: Perspectives on Theory and Method*, 11-39. NJ: Ablex Publishing Corporation.

Collins, P. H. (1990). *Black Feminist Thought: Knowledge, Consciousness, and the Politics of Empowerment*. Boston: Unwin Hyman.

Corner, J. (1991). Meaning, genre and context: The problematics of "Public Knowledge" in the new audience studies. In Curran & M. Gurevitch (Eds.), *Mass Media and Society*, 267-306. London: Edward Arnold.

Creedon, P. J. (Eds.) (1989). *Women in Mass Communication-Challenging Gender Values*. CA, Newbury Park: Sage.

Creedon, P. J. (Eds.) (1993). The challenge of re-visioning gender values in mass communication. *Women in Mass Communication*, 3-23. CA, Newbury Park: Sage.

Cummings, M. (1988). The changing image of the black family on televi- sion. *Journal of Popular Culture, 22* (2), 75-87.

Dalton S. E. (1977). Women at work: Warners in the 1930s. In Kay and Pe- ary (Eds.), *Women and the Cinema*. 267-282.

De Simone, B. (1952). *The Second Sex*. NY: Vintage.

Dines, G. & Humez, J. M. (Eds.) (1995). *Gender, Race and Class in Media*.

CA: Sage.

Ewen, E. (1980). City lights: Immigrant women and the rise of the movies. *Signs 5* (supplement), S45-S65.

Ferguson, S. J. (1991). The old maid stereotype in American film, 1938 to 1965. *Film and History, 21,* December, 131-144.

Fiske, J. (1986). Television: Polysemy and popularity. *Critical Studies in Mass Communication,* 3:4, 391-408.

Fiske, J. (1989a). *Reading the Popular.* Boston: Unwin Hyman.

Fiske, J. (1989b). *Understanding Popular Culture.* Boston: Unwin Hyman.

Franzwa, H. H. (1974). Working women in fact and fiction. *Journalism of Communication, 24,* spring, 118.

Friedan, B. (1963). *The Feminine Mystique.* London: Penguin Books.

Gallagher, M. (1980). *Unequal Opportunities: The Case of Women and the Media.* Paris: Unesco.

Gallagher, M. (1985). *Unequal Opportunities: Update.* Paris: Unesco.

Gary, A. (1992). *Video Playtime: The Gendering of a Leisure Technology.* London: Routledge.

Geraghty, C. (1990). *Women and Soap Opera.* Cambridge: Polity Press.

Gitlin, T. (1978). Media sociology: The dominant paradigm. *Theory and Society, 6,* 205-253.

Gramsci, A. (1971). In Q. Hoare & G. N. Smith (Eds. & Trans.), *Selections from the Prison Notebooks,* 325-355. New York: International Publishers.

Green, R. (1975). The Pocahontas perplex: The image of Indian women in American culture. *Massachusetts Review, 16,* autumn, 698-714.

Habermas, J. (1971). In J. Shapiro (Trans.), *Knowledge and Human Interests.* London: Heinemann.

Habermas, J. (1986). *The Theory of Communicative Action, Vol. 2 , A cri-*

tique of Functionalist Reason. Boston : Beacon .

Hawkins, K. (1989). Exposing masculine science: An alternative feminist approach to the study of women's communication. In K. Carter & C. Spitzack (Eds.), *Doing Research on Women's Communication: Perspectives on Theory and Method*, 40-64. NJ: Ablex Publishing Corporation.

Hobson, D. (1989). Soap operas at work. In E. Seiter, H. Borchers, G. Kreutzner, & E. Warth (Eds.), *Remote Control: Television, Audiences and Cultural Power*, 150-167. London: Routledge.

Hobson, D. (1990). Women, audiences and the workplace. In M. E. Brown (Ed.), *Television and Women's Cultural: The Politics of the Popular*, 61-74. London: Sage.

Honey, M. (1983). The working-class women and recruitment propaganda during World War II: Class differences in the portrayal of war work. *Signs 8*, summer, 672-687.

Hynes, T. (1975). Magazine portrayal of women, 1911-1930. *Journalism Monographs, 72*. Columbia, SC: AEJMC.

Katz, E. & Liebes, T. (1990). *The Export of Meaning: Cross-Cultural Readings of Dallas*. Oxford: Oxford University Press.

Keller, E. F. (1985). *Reflections on Gender and Science*. New Haven, CT: Yale University Press.

Kellner, D. (1995). Cultural studies, multiculturalism and media culture. In G. Dines & J. M. Humez (Eds.), *Gender, Race and Class in Media*, 5-17. CA: Sage.

Lacan, J. (1977). *Ecrits: A Selection*. London: Tavistock.

Lakoff R. T. & Sherr R. L. (1984). *Face Value: The Politics of Beauty*. Boston: Routledge & Kegan Paul.

Lewis, C. & Neville, J. (1995). Images of rosie: A content analysis of women workers in American magazine advertising, 1940-1946. *Journalism and Mass Communication Quarterly*, *72*, spring, 216-217.

Manuel, P. (1985). Blacks in British television drama: The underlying tensions. *Media Development*, *4*, 41-43.

McRobbie, A. (1991). *Feminism and Youth Culture: From Jackie to Just Seventeen*. Basingstoke: Macmillan.

Morley, D. (1986). *Family Television: Cultural Power and Domestic Leisure*. London: Comedia.

Mulvey, L. (1975). *Visual Pleasure and Narrative Cinema Screen*. University of Indiana Press.

Oshana, M. (1981). Native American women in westerns: Reality and myth. *Frontiers*, *6*, fall, 48.

Radway, J. A. (1984). *Reading the Romance: Women, Patriarchy, and Popular Literature*. Chapel Hill, NC: University of North Carolina Press.

Rakow, L. F. (1992). *Women Making Meaning — New Feminist Directions in Communication.* London: Routledge.

Reinhartz, S. (1985). Feminist distrust: Problems of context and content in sociological work. In D. N. Berg & K. K. Smith (Eds.), *Exploring Clinical Methods for Social Research*, 153-172. Beverly Hills, CA: Sage.

Reinhartz, S. (1992). *Feminist Methods in Social Research.* New York: Oxford University Press.

Rush, R. R. & Allen, D. (Eds.) (1989). *Communications at the Crossroads: The Gender Gap Connection*. NJ: Ablex Publishing Corporation.

Ryan, M. P. (1975). *Womanhood in America: From Colonial Times to the Present.* NY: New Viewpoints.

Scheurer, T. E. (1990). Goddesses and golddiggers: Images of women in popular music of the 1930s. *Journal of Popular Culture*, *24*, summer, 23-28.

Searles, P. & Mickish J. (1984). A thoroughbred girl: Images of female gender roles in turn-of the-century mass media. *Women's Studies, 10,* 3, 261-281.

Seiter, E., Borchers, E., Kreutzner, G., & Warth. E. (Eds.) (1989). Don't treat us like we're so stupid and native: Towards an ethnography of soap opera viewers. *Remote Control: Television, Audiences and Cultural Power,* 223-247. London: Routledge.

Sholle, D. (1991). Reading the audience, reading resistance: Prospects and problems. *Journal of Film and Video, 43,* 1-2, Spring-Summer, 80-89.

Showalter, E. (1975). Review essay: Literary criticism. *Signs 1,* winter.

Sloan, K. (1981). Sexual warfare in silent cinema: Comedies and melodramas of women suffragism. *American Quarterly, 33,* Fall, 436.

Smits, D. D. (1982). The squaw drudge: A prime index of savagism. *Ethnohistory, 29,* fall, 281-306.

Steeves, L. (1987). Feminist theories and media studies. *Critical Studies in Mass Communication, 4* (2), 95-135.

Steiner, L. (1993). Body language: Gender in journalism textbooks. In P. J. Creedon (Ed.), *Women in Mass Communication,* 301-316. CA, Newbury Park: Sage.

Stevenson, N. (1995). *Understanding Media Cultures—Social Theory and Mass Communication.* London: Sage.

Thomas, S. J. (1982). Nostrum advertising and the image of women as invalid in late Victorian America. *Journal of American Culture, 5,* fall, 104-112.

Tuchman, G., Daniels, A. K., & James, B. (Eds) (1978). *Hearth and Home: Images of Women in the Mass Media.* New York: Oxford University Press.

Walsh, A. (1984). *Women's Film and Female Experience,* 1940-1950. NY: Praeger.

Weibel, K. (1977). *Mirror Mirror: Images of Women Reflected in Popular Culture*. NY: Anchor Books.

Westbrook, R. B. (1990). I want a girl just like the girl that married Harry James: American women and the problem of political obligation in World War II. *American Quarterly*, *42*, December, 587-614.

Williamson, J. (1978). *Decoding Advertisements—Ideology and Meaning in Advertising*. London: Marion Boyars.

Yang, Mei-ling. (1995). Selling patriotism: The presentation of women in magazine advertising in World War II. *American Journalism*, *12*, summer.

Zoonen, L. van (1994). *Feminist Media Studies*. London: Sage.

 第 六 章

女性與電影

黃玉珊　著

第一節　臺灣電影中的女性身影

　　回顧臺灣近半世紀以來的電影，其中女性身影的姿態，常常伴隨著當時政治、社會的不同局勢而有所變化，這種情形似乎也隱隱的指涉了臺灣人民與統治者之間互動與依存的關係。一九六〇年代早期的台語片中，女性常被設定為農家女、漁家女、家庭教師等帶有善良、寬容、執著、堅韌性格的角色，而這些女性在整個家庭、社會中的屈從、隱忍，隱約對應著當時政權的相對姿態。一九六〇年代後期，由中影主導，以「健康寫實主義」為標竿的國語片裡，則充滿了為了歌頌政府各項改革所帶來的民生富庶，而塑造出的樂觀、開朗、地母般的女性形象，如《蚵女》、《養鴨人家》；在那個高喊反共抗俄的年代，抗戰影片中的女性也常戴著堅毅、聖潔的光環，出現在觀眾面前，如《藍與黑》；女性角色一律謹守三從四德，壓抑情慾、犧牲小我、成全男性的大局，如有不從，則必須遭受懲罰，如《貞節牌坊》、《秋決》等片。到了一九七〇年代，由於臺灣在國際政壇失利，整個社會瀰漫著保守氛圍與逃避主義，傷春悲秋、不食人間煙火的瓊瑤系列風行一時，其中女性角色通常懷抱著純潔真摯的愛情，願意為了對方付出一切。

　　直到一九八〇年代，臺灣新電影風起雲湧，其中有大量的電影改編自文學作品，如七等生、王禎和、王拓等人的鄉土文學小說，以及一九八〇年代成名的女性作家，如李昂的《殺夫》、《暗夜》，廖輝英的《不歸路》、《油蔴菜籽》，蕭颯的《我這樣過一生》等等。除了這些本土題材的小說以外，還有張愛玲的小說，探討女性情慾與情感。在這波以刻劃社會各階層女性心聲為主的電影中，女性開始被賦予不同的面貌：可以殺夫、可以離婚、可以有情慾的需求、可以反抗

男性的威權宰制。雖然在電影中的女性角色已逐漸鬆脫傳統的刻板印象，但是在創作層面上，女性工作者仍佔少數，發言權仍掌控在男性身上，這是由於臺灣影像工業的生態結構，使得女性常常只能做邊緣性的工作，如場記、化妝、服裝等，而無法進入創作核心。

直到一九八〇年代後期，開始有女性導演的作品出現，試圖以女性觀點來檢視女性的形象與處境。如《黃色故事》，是由三位女導演合力拍攝、製作；《海灘的一天》討論女性情誼，並呈現自一九六〇年代到一九八〇年代之間，社會與價值觀的變遷；筆者在一九八七年導的《落山風》，則改編自汪笨湖的同名小說，在這部片子裡諷刺了男性的自大心理，以及傳宗接代、女大男小、婚外情等社會禁忌。整體來說，這個時期電影裡的女性，主要都在於探討情慾以及傳統的女性角色。這些女性聲音的出現，同時也對照著當時婦女參政比率的升高，許多女性開始以其自身的實力、問政能力受到肯定。電影中的女性形象與處境，其實是和臺灣這塊土地的意象緊密結合著的。她們同樣是處在被殖民的位置上，必須不斷接受外來文化，不斷調整自己去適應、包容，並且從中尋求、建立自己的主體性。

從一九七〇年代起，歐美的女性電影開始與女性思潮結合，被用來作爲婦女運動的工具。當時在臺灣，呂秀蓮提倡了新女性主義，卻在美麗島事件中被捕，因此整個婦運轉而柔化，改爲以知識的形式傳播，但這段時期的婦運比較侷限在都會的知識份子圈中。女性電影與女性思潮開始搭上線，一方面是社會民主化的必然趨勢，一方面是有心人士從本土電影環境中撞擊出來的火花。

第二節 女性影展的緣起

臺灣的第一屆女性影展，是在一九九三年，由婦女新知和黑白屋

電影工作室合辦。其實早在一九九一年的金馬影展，就曾經有女性導演電影專題的規畫，介紹如瑪塔梅莎洛絲（Marta Meszaros）、安妮華達（Agnes Varda）、香姐艾克曼（Chantal Akerman）這幾位於一九六〇年代成名的女導演；同年的亞太影展中，也特闢珍康萍專題。順應著性別議題的討論，女性電影逐漸受到國內觀眾的注意。一九九二年筆者應邀參加在法國的克代爾市舉辦的女性電影展，看到整個城鎮對影展活動的參與支持，深受感動。次年又因參加在紐約和舊金山的同志影展，而有機會與 WMM（Women Make Movies，女性電影製作公司）接觸，看到許多女性電影的經典，而對女性電影有了新的思考。

後來和婦女新知的幾位朋友，李元貞、丁乃非、王蘋、張小虹等人，聊到關於女性影展的構想，大家都興致高昂，於是開始籌辦第一屆女性影像藝術展，當初在籌辦女性影展的時候是帶著嘗試的態度，並不是很有計畫的打算辦十年、二十年，而是就手邊所接觸到的資源，或是在國外所接觸到的影像發行公司，以及海外的朋友們如鄭淑麗、伊凡芮娜熱心所提供的一些資訊，把這些收集到的資源根據主題去做分類。至於國內的部分，則盡量去尋找本土創作的作品，特別是年輕一代的創作者。當時在選片上並不以主流與否，或是商業利益做考量基準，而是先看片討論，最後才決定整個影展的主題，以及各個專題的內容。

在大家的熱情襄助之下，第一屆的女性影展就從經費為零的情況下，由黑白屋電影工作室與婦女新知共同努力，從募款、選片、座談的規劃，到新一代影像愛好者，如王蘋、倪家珍、饒淑君、邱莉燕、童貴卿、曾雅蘋的群策群力，積聚出一個響亮的結果。影展場地選在霍克藝術中心，並有非影片部分的展覽，整個活動由於媒體的報導、宣傳，效果出奇的好，女性影展就這樣熱烘烘的開出了第一炮。

第三節 一步一腳印

第一屆的影展選擇了不少國外女性電影的代表作，除了企圖對女性影像史作一個概略的引介與回顧之外，也意在強調由女導演所拍攝的具有女性自覺觀點的作品。以女性觀點來顯微在不同的社會、文化、時代背景下，女人所共同面對的第二性處境，將女性的地位放在一個歷史的脈絡下來檢視，分別觸及了女性與工作、性別與身體、自覺與成長、族群與媒體以及婦女運動等主題。如俄國女導演沙莉波特的《我做牛、又做馬，我是男、又是女》，講二次世界大戰期間的俄國婦女，必須擔負沈重且龐大的工作量，而這樣的付出卻在歷史中被隱形且視如不見；珍卡薇茲的《魔鏡、魔鏡》，透過各個不同年齡、種族、身材的女性，陳述她們對自己身材的看法，檢視女人對自己身體主體性的自覺程度；曲明菡的《姓越名南》，從女性的角度看越戰，談越南女性的歷史地位；伊娃芮娜的《恩典》，講女性在步入更年期之後，被社會的眼光打入冷宮的處境，並使女性身體與性別政治有所連結；普拉提巴帕瑪的《憤怒之地》，記錄了黑人女性在黑人民權運動中的貢獻，並指出黑人民權運動與女權運動實乃站在同一陣線的立場；安卡普蘭的《祈禱》，是關於美國實驗電影之母瑪雅黛倫的紀錄片，片中引用其談話聲音和作品片段，令人印象深刻；旅美錄影藝術家鄭淑麗的《綜藝洗衣機》，是裝置藝術重新剪輯成的影像作品，以強烈的劇場風格，融合實驗影像、多媒體特技，探討移民、種族歧視、媒體呈像等問題，是一部形式上充滿創意的作品。

另外，在國內作品的部分，為了鼓勵並啟發國內的女性電影創作，策展人精心選擇了四部國內創作者的作品，分別是《波城性話》、《心窗》、《阿媽的故事》以及《臺北季節》。其中《波城性

話》探討女性胸部在發育過程中，如何在心理、生理及社會引起激盪，以及異性如何看待女性胸部所代表的意義。這部片子本身引發了許多的議題，包括形式上的處理，影像和聲音用不對位的方式表現；訪問各個不同的案例，然後配上輕鬆幽默的音樂，整部片子很生活化的傳達出它所要探討的嚴肅問題，讓觀眾很容易接受。《阿媽的故事》則刻劃一個平凡女性不平淡的人生，在樂天自足的生命觀中，取得均衡的做人處世原則，是典型上一代臺灣婦女的代表。

　　整個影展的活動，除了影片的放映以外，也包括由侯宜人、嚴明惠策劃的繪畫、平面攝影、裝置藝術展，另外還邀請影片導演、學者來到放映現場，如美籍越裔導演曲明菡來台，跟觀眾做面對面的交流，觀眾和作者直接產生互動，展開熱烈的討論。國內學者如劉毓秀、胡錦媛、柏蘭芝也都共襄盛舉，場面十分熱絡，除了影片的觀摩以外，座談會也是節目很重要的一部分。它提供觀眾對作品中所呈現的問題和議題參與對話的空間，從中激發更深一層的反省與思考。

　　第二屆的女性影展，由黑白屋電影工作室主辦，游惠貞策劃，簡偉斯、饒淑君執行，女學會的張小虹、胡錦媛鼎力相助，國外的黃逸琦、范健祐、楊遠嬰協助選片。這屆影展有三個關注焦點，第一是女性在家庭中扮演的角色探討，女性在家庭中背負了母親、女兒或妻子的身分所面臨的處境。此類作品試圖以日常生活的角度，來呈現女性所面臨的問題與困境，反映出整個社會對女人的種種不公平態度與限制。如米雪塞翠恩的《女兒的儀式》，探討了「母親」這樣一個被父權價值內化了的女人，在發生了女兒被繼父強暴的事件之後，和女兒之間的微妙關係與對立。這部片子在形式上融合了紀錄片和演出，在內容上則尖銳的討論到在一個家庭裡面發生了亂倫事件時，母親所採取的沈默、迴避、疏遠的態度。女兒們對她既不諒解，又蔑視她，並且認為母親是與父親站在同一陣線執行父權社會體系的劊子手。但另一方面她也同情母親，因為母親似乎也有她身不由己的地方，在母親離家出走之後，兩個女兒開始去檢視母親留下的衣物，她們才發現自

己其實不是那麼的瞭解自己的母親。這部片對女兒與母親之間的矛盾情結,有很細膩的刻劃。

日本導演出光真子的《今日子的處境》,呈現東方女性在理想和現實中掙扎的困境,一個想要當畫家的已婚婦女,在她的婆婆、媽媽以及家人不理解的情況下,極度壓抑而結束生命的遭遇。影片中導演借用電視螢幕中的演員和真人一同演出,產生一種多媒體綜合媒材的形式,並且在不同空間中交相互動。比如說女主角拿著拖把拖地時,螢幕上出現兩個女人批評她不做家事,只想著從事藝術創作的非分之想,最後這個女人上吊了。這個影片呈現了一個日本女性在家庭和創作之間的尷尬處境。另外一部《洋二,怎麼了》,講一個日本家庭裡母親跟兒子的關係。在日本社會裡,升學和工作的壓力都非常重,一個男子從進入學校起,就必須面對社會不斷加諸的挑戰與期許。所以在家庭裡做為丈夫和父親角色的男人,在全力投入社會激烈的競爭時,就把整個家庭的責任完全交給妻子,導致兒子在成長過程中對母親極度的依賴。影片呈現出一個典型的日本家庭中的母子關係,母親在婚姻生活中的孤立處境,轉成另一種補償心理,即對兒子的支配性格,母親會過問兒子與女友的交往情形,以及生活的所有細節。由於母親在家庭生活裡較少得到丈夫愛情方面的回饋,所以在情感上她會有所轉移,覺得自己似乎是兒子的母親、朋友兼情人。所以當有第三者的年輕女性出現時,她就開始百般挑剔。這部片子檢視了日本社會中,當女性擔負了幾乎是所有的家務以及子女的教育權的時候,她所延伸出來的支配性格,是很真實的一種社會觀察和反應。

第二個主題是東方女權運動和女性意識的抬頭。栗原奈名子的《轉變的漣漪》,是有關日本婦女運動的成長紀錄。這部片子拍得很細膩,片中採訪了幾位日本婦運工作者,吐露了日本社會對於女性從事主導性的社會運動抱著輕視態度的處境下她們的心聲。觀眾得以窺見日本女性從事婦女運動中所碰到的問題,並反省臺灣的婦女運動之歷程與現境。

　　另外還有兩部談到臺灣女性問題的影片，一部是陳麗貴的《牽手何時出頭天》，談到婚姻暴力的問題，並質疑女性在家庭與婚姻裡面的自主性，以及臺灣法律對女性權益的漠視。另一部是筆者和呂秀蓮立委工作室合作的《旋乾轉坤的臺灣女性》，這部影片有些部分是由剛從校園畢業的年輕女性拿著 Hi8 攝影機所拍攝當時的立委選舉畫面剪輯而成，影片記錄了女性參選、參政的過程以及心路歷程，並訪問了各黨派的女性參政者及學者。其中呂秀蓮並談到在推動女性運動與民主運動的過程中，所感受到的父權社會下的價值觀與權利爭取的問題。這部片子可以說是臺灣少數以女性參政為題材的作品之一。

　　第二屆影展的第三個焦點，是關於女性對自己身體的探索，並直陳現代女性所面臨的切身壓迫，包括色情、暴力以及物化女體的眼光。如菲律賓女導演瑞雪里維拉的《罪城日誌》，呈現住在馬尼拉的美國軍人，和從事色情行業的女性之間的關係，以及她們心中的感受。另外簡偉斯的《等待月事的女人》，刻劃一位有同志傾向的女孩子在等待月事的過程中，她的情感狀態與她的朋友之間的對話。在等待月事的期間，她們也一同去追溯月經對於女性、精液對於男性、同性戀對於社會所代表的價值與意義，與非洲桑比亞社會中的同性情懷有何不同。這部片子從觀察月事遲來這個生理現象所引發的焦慮，進而探討到兩性之間跟異性關係，再追溯到在我們的社會中對於同性戀者的價值觀，以及非洲社會對男同性戀的不同看法。這部片子可說是延續了第一屆的《波城性話》，從探討女性身體延伸到對兩性關係的檢視，觸及了很多面向的議題；在形式上則結合了紀錄片和實驗電影，及人類學電影影像的片段。

　　除了在主題上從歷史脈絡轉向女性自身的注視外，第二屆影展的影片來源，也從「主流」的歐美女性影片轉移到亞洲地區，包括臺灣、大陸、香港、日本、菲律賓等地女性創作者的作品，尤其是國內作品有顯著的增加。在族群上，也增加了同志題材的影片。如王逸白的《愛麗絲》，由女性導演來處理兩名男同志與一名女性之間的情感

糾葛。普拉提巴帕瑪的《極樂》，由印裔同性戀直陳她們的心聲，除了自我肯定同性戀的身分以外，也指出她們所深受來自家庭、社會的壓力與歧視，和對同志平權之期望，是女同性戀影史上很重要的作品。

整體而言，第二屆女性影展的題材比較生活化，同時著重在對亞洲的婦女參政與社會運動、婦女運動、女權運動的紀錄。另外，從女性比較熟悉的生活場域，如家庭中的母子關係、母女關係等議題的探討，試圖打破某一些禁忌，呈現私領域中的一些相關議題。以往一些由官方資金拍攝的有關女性影像的作品，談到婦女在臺灣的社會地位時，都較著重於女性在公共領域所表現出來的成果，而忽略掉一個女性在家庭、身體、婚姻中所面臨的焦慮和恐懼。在女性影展中，這樣貼近生活的自我檢視，對於女性自覺意識的開展，自有其意義。

第三屆影展是由陳儒修、蔡秀女策劃選片，吳瑪悧洽借場地，這一屆所選的影片主題聚焦在女性的身體與情慾。影展選了不少來自歐美探討女性身體的影片，其中更著重在女性情慾、性慾的討論。影展甚至有幾場是限制男性觀眾進場的，如《好女孩不該作，女孩做得好》，講述關於女性的性高潮和性反應，討論女性在性高潮時是否會射精等問題，引起了很熱烈的討論。許多女性在看完這部影片才發現原來她們對自己的身體如此不瞭解，甚至自己在跟他人的性關係之中有沒有性高潮，自己都不是很清楚。這部影片像是醫學教育片，另一方面也深入的探索了女性身體內在的奧秘。

另外一部《女性肢體美學》，是由一個表演藝術工作者自導自演。它呈現了一個從事色情表演的女性，與一個以身體做藝術表演的女性藝術家，這兩者之間不同的價值觀，也探討到女性在商品社會中被物化的現象。當一個女性表演藝術家有意識的在一種自省、自主的情況下，以自己的身體去做表演，與另外一個同樣是用身體做表演，讓男性在某個窗口中偷窺的方式時，這兩者之間的差異。片中的女性表演藝術家在呈現自己身體部位時，旁白之外還加上精確的名詞指出

身體的各個部位,如陰部、乳房、皮膚等等,讓身體純粹只是身體本身。這部片子在影展放映時還由專人在一旁直接以中文配音,結合了劇場演出的效果,映後引起了深入的討論。

另外還有兩部北歐女導演的作品,《祈禱》以宗教在一般人們生活中所扮演的角色,來比擬女性所受到的道德壓迫。片中由演員扮演修女,以劇場手法來呈現這些女性想要解脫傳統父權社會的束縛。她們從修女的衣物中整個解放開來,在草原上奔馳,並把男人用繩索套起來,蓋上黑布,像是一種反制。但後來這些男性掙脫了束縛,開始去追逐這些女性。影片包含了很濃的顛覆性,以及顛覆對象的反挫。這位女導演還有另外一部電影,引用了詩及劇場的效果,雖然藝術性有待商榷,但是裡面有很多觀點可以提出來討論。

國內導演作品部分,包括鄭淑麗的四部系列影像作品《魚水之歡》等,以幽默手法敘說情慾和同志議題,性趣漾然;簡偉斯的《小珍和她們》,是一部有關反雛妓的紀錄片,探討許多少女在非遭逼迫的情形下,自願投入色情行業的心路歷程,這部影片也以紀錄與劇情演出的方式來處理;陳若菲的《強迫曝光》,是一個女導演拍兩位男同志的故事,影片觸及一位男作家掙扎於是否出櫃的心情,當他的愛人離開他,他才突然覺得必須站出來面對自己;蔡秀女的《少女夢景》講一個十六、七歲的少女對性的壓抑,以白老鼠象徵少女朦朧夢境中與現實生活中蠢蠢欲動的欲望,對情慾的好奇與探索;以動畫形式表現的《傳真機》,描繪一個女孩子因為想念男友,所以傳真她的紅唇給他,結果被男友不小心打翻的酒漬沒了,第二次她傳真了她的眼淚,卻被冷氣機風吹乾了,最後她傳真她的眼睛過去,卻看見男友的身邊躺著另一個女人,這部片子在表達新人類感情的手法上很纖細;《臺北亂馬1/2》,講的是臺北年輕一代的易裝族的生活,以日記電影的形式呈現,具有追求自由影像的企圖。

另外,第三屆影展中還有一個議題是論及好萊塢電影中的東方女性,把東方女性在好萊塢電影圈中所受到的歧視,或是由於編導對東

方女性的不瞭解而把她們刻板化的情形呈現出來，其中不乏一些知名度頗高的影片。在好萊塢主流電影中，一個東方女性演員所處的邊緣位置，以及好萊塢對東方抱持著神秘色彩的理解之下所呈現出來的女性，其實是跟現實生活中的東方女性，尤其是中國女性，有頗大的距離。在體察到女性形象被刻板化的同時，觀眾可以從中有所反省，從不必要的形象、束縛與負擔中尋求解放。

第四屆女性影展由蔡秀女、葉姿麟策劃，法國的劉永皓幫忙選片。這一屆仍延續了同志議題的探討。從歷屆以來的影展片單，可以看到女性影展其實同時也包含了對性偏好議題的探討。引起廣泛討論的《女兒日記》，是一個女兒拍她父親罹患愛滋之後的日記電影，她把父母初識以及自己小時候家中的家庭錄影帶片段穿插在片中，整部片剪接流暢，時空不斷轉換，像是一部劇情片，但同時也是一部很個人的電影，因為女兒在記錄父親的同時，也會對著攝影機作內心的剖白。當她追問父親何時意識到自己的同性戀傾向時，父親也很坦白的予以回答；她並且記錄父親與母親離婚之後，父親與男友相處的情形與他們之間的親密感情；導演也訪問了她的祖母，詢問她是用怎樣的態度來面對自己的兒子是同性戀，並且罹患了愛滋病而行將死亡的事實。這部影片雖然是以家庭錄影帶的形式呈現，但作者所處理的議題頗為廣泛。從這部片中可以看到一個典型的美國家庭問題的情況，男女兩人在很年輕的時候結婚，度過一段乏善可陳的婚姻生活，然後離婚。同時也看到美國中產階級的價值觀，包括她父親生病以後漸漸萎縮的經濟能力，這些在片中都有真實的刻劃。

《慰安婦悲歌》談論韓國慰安婦的問題。講的是二次大戰期間，韓國婦女受到日本軍人的凌虐，後來她們運用婦女團體的力量以及韓國政府的強力支持，向日本政府討回公道的情況。這些韓國慰安婦面對鏡頭，侃侃直陳當時她們所受到的屈辱。證人願意出來現身說法其實是非常不容易的，這些女性集結在一起的力量的確是不容忽視的。影片中呈現出很多人假戰爭之名，卻迫害了其他人應有的人權。

　　另外還有一些影片，談到女性對自己身體的看法，像《乳房的一生》、《兩點不禁》，拍攝各種不同身材，不同胖瘦、不同體重的女性，她們談到對自己身體的看法。這兩部片延續了第一屆中對女性身體的探討議題；如《魔鏡、魔鏡》、《波城性話》，由不同年齡、職業、身高、體重的女性提到社會用選世界小姐的觀點來評判、選擇一個女性，但事實上，一個女性應該對她自己的身體有一定的自信，不管高矮胖瘦，她應該都是從容自在的，不需要在乎外面的眼光。

　　來自英國的《沈默雙胞胎》，講一對黑人孿生女子，如何在一個非常自閉的情況下成長，她們在十七、八歲時因縱火而以精神分裂之名被關進療養院，一關就是十九年，其中一個姊妹就在被釋放的前夕去世了。這個影片除了從醫學的觀點來看這對姊妹被判定精神分裂以及如此長期監禁的合理性之外，也從種族歧視的角度，來檢視這對黑人姊妹在英國的白人社會中所遭受的不平等對待。

　　國內作品部分，有陳麗貴的《女超人的滋味》，談臺灣的職業婦女所面臨的一些工作與家庭間的兩難處境。蔡柏貞的《不可名狀之纏繞》，以實驗電影的手法呈現一個女孩子追尋自我的心路歷程。林佳燕的《近照1/5》，是一個女性導演對她的兩位女同性戀朋友心境的誠摯紀錄。

　　第五屆女性影像展由葉姿麟、林書怡策劃，主題包括女性身體與權勢、性別慾望與社會角色、實驗短片等。《曲線慾望》是芬蘭導演作品，談的是不同年齡、不同身體、不同性格對自己身體及心理的探索，對於兩性在社會上所受的不公平待遇和壓抑，影片中有許多反思和睿智之語，令人看了深起共鳴，影片同時以寫實、劇場、象徵交替的手法並列，意象強烈，在抒情中有智性的呼應，是部難得一見的佳作。

　　《最後的共犯》以倒述的方式，探討一位因墮胎而死亡的女性所帶出的社會共鳴，影片觸及婚姻和出軌行為，呈現女性的內在慾望和恐懼，以及她的死因背後所牽涉到的家庭暴力和社會結構，生育權如

何影響女人的命運，而女性在社會上孤立無援的處境，也是導致悲劇的原因之一。片中女主角因墮胎而慘死的照片後來廣為各墮胎合法化的團體所使用，也引發了有關媒體權的論爭。

《性別雜耍》講一位生長鬍子的珍妮芙，在青春期發現自己異於她人的生理特徵後，如何從抗拒、自我調適到坦然面對自我，所迸發出的生命活力，影片追溯其判逆性格的形成，從女性主義者到跨越性別的實踐，從身體表演的舞台到對性別差異的直覺剖析，珍妮芙帶領觀眾體驗人生的試煉和性別的錯綜複雜，如何從歧視中走出來，以樂觀的心理去面對生命中一些不合理、無可奈何的真相。

另一部影片《新宿好 T 們》，也是探討性別越界的佳作，藉由新宿的瑪麗蓮俱樂部中三位 Onnabe 的故事引導出兩性差異的議題，所謂 Onnabe 是指過著男性生活並有女友的女人，她們通常並不自認是女同性戀者。片中藉著精采的訪談讓人深入瞭解Onnabe的內心世界，及其人格、性趨向及生活方式之形成。Onnabe有的是在極端缺乏愛之下、有的是生理特徵異於常人、有的是在家庭雙親失和情況下造成的，她們對於自己選擇的生活通常是坦然面對，她們勇於面對自我和鏡頭無情的逼視，令觀者產生深刻的憾動。

《加薩走廊的女人》藉由訪談的形式及畫面的穿插，忠實的呈現了住在中東加薩走廊的女人命運多舛的一生，包括十二、三歲就被迫輟學結婚，不斷的懷孕直到生了男孩，出門不戴頭巾就會被潑硫酸等慘無人道的事，以及一夫多妻制，高級知識份子必須委身嫁為妾的冷酷現實，其中女性意識的抬頭及女權運動的開始也是可以預見的趨勢。

《一個乖女兒的報怨》一片探討母女關係，觸及老年癡呆患者對家庭成員所帶來的精神負擔與母女關係的轉換及重建。一個患有失憶和癡呆症的母親，女兒從世俗觀點及社會的角度出發，嘗試去了解其思維和行動方式，在混亂失序的日子中，建立了親人朋友雙重的關懷，與外界隔絕的公寓中溫柔和憂傷情緒並存，恍如孩童般的天真對

話和心靈互動之外，卻無法躲避最後的現實——將母親送到老人院居住的衝擊。社會中老人問題、母女關係、女同志弱勢族群的問題幽微心情的透露，都是本片呈現給觀眾的美好沉思。

綜觀五屆以來「女性影像藝術展」的作品，從兩性平權、性別差異性偏好、婦女運動、身體和情慾自主、家庭中的女性角色、母親和子女關係、歷史身分的認同、媒體中的女性形象、同志與愛滋、女性與醫療、記憶與傷痕，都是女性影展包容及探討的主題。而在類型上，則有劇情、紀錄、動畫、實驗等種類，爲開發女性藝術家的潛力作了最佳的見證。

除了影展之外，還有些由國內女導演所拍攝的影片，雖然未被邀請在女性影展放映，但她們所投注的心力，創作的體裁、內容、還有影片的成績，也應該納進來談。如從一九八〇年代開始迄今，陸續有劇情片問世的張艾嘉和王小棣，張艾嘉近年來的代表作包括《少女小漁》、《今天不回家》，王小棣的代表作包括《飛天》、《我的神經病》、《魔法阿媽》等，另有後起之秀的劉怡明，作品有《袋鼠男人》、《女湯》。她們努力的成果也豐富了女性電影的園地。

此外，以人類學觀點出發，一直在拍原住民電影的胡台麗，她的影片雖然並不能歸類於女性議題的電影，但是她所拍攝的有關原住民生活的紀錄片，像《蘭嶼觀點》、《走過婆家村》，前者記錄了蘭嶼居民的生活觀察和社會變遷，後者則敘述一個村子面臨的遷村命運，見證了臺灣民間習俗一些原始樸素的儀式，如過年、節慶、喪禮等等，對年輕人來說也是一件有必要溯源及去瞭解的事情。拍攝《回家》的吳秀菁，記錄死刑犯湯銘雄行刑前的心路歷程，以及他與被害者家屬之間寬恕與被寬恕的交往，也是一部值得深思關切的影片。另外，簡偉斯所拍的《回首來時路》，敘述民進黨婦女部主任彭婉如遇害事件，並回溯臺灣婦女參政者的歷史和心路歷程，同時訪問了女權運動的工作者，如呂秀蓮、李元貞等等，是一部關於臺灣婦運的珍貴而完整的影片。另外筆者在去年拍了一部有關前輩舞蹈家蔡瑞月的紀

錄片《海燕》，談她的創作與舞蹈教學生涯，以及她在白色恐怖時期受害的經驗，和她與教授詩人雷石瑜結合和分離的過程，也是試圖為臺灣的前輩女性藝術家留下一些影像的紀錄。

近年來，在金馬獎、金穗獎、紀錄片影展的參展作品中，也有不少優秀的女性導演作品，像資深導演楊家雲的《阿媽的秘密》、蕭菊貞的《陽光愛情》、鄭慧玲的《阿偉》、曾文珍的《我的家庭作業簿》、吳靜怡的《火腿玉米可麗餅》等。這些影片不一定是在女性影展中放映，但是至少可以看出臺灣女性影像工作者的數目逐年在增加，女性影像工作者的潛力在慢慢展開中，題材也在擴展，它的影響力也還在蔓延發揮中。

第四節 女性影展的反思

第三屆和第四屆女性影展是和帝門藝術基金會合作。第三屆在帝門藝術中心，第四屆在誠品藝文空間舉行。每一屆的空間都有所轉移，並不表示影展缺乏組織，而是希望藉由空間的變換，能刺激不同的理念，帶進不同的觀眾群。由於帝門藝術基金會的加入，使得整個活動在資金、行政運作上，有了很大的拓展空間。但在連續幾屆舉辦女性影展的過程中，策展人不免對自己所扮演的角色有所質疑。作為策展人，舉辦女性影展純粹是懷抱著希望能為國內的女性影像創作注入活水的心情，但在處理活動的相關行政事務時，仍不免心生創作——傳承引介者的矛盾。策展單位非常希望女性影展這樣一個活動，能夠呼引出大家的參與感，並且由專門的藝術行政人才來負責，使其成為一個自發性有組織持續性的文化活動，而不只是靠著少數個人的熱情支撐。在籌畫影展的過程中，社會各方面資源的整合，對於這樣的文化活動，是非常有助益的。例如第三屆影展時，台北市政府協助了

一百部的公車廣告，將女性影展的宣傳帶上街頭，這也是一種突破；媒體的支持與配合，更是非常有力的一個環節。

從第一屆到第五屆，一直到今年的第六屆，女性影展一直以一種開放、包容、自主的方式在進行，而策劃群每年都會有新面孔加入，從而帶進新的觀點、新的選擇。一方面，影展本身看起來似乎沒有一個詳盡的規畫，但事實上在這些不同來源的影片中，還是可以找出一些脈絡。一開始，女性影展對主題與內容的選擇並未做嚴格的限制和規範，包容各種不同面貌、不同體裁的作品。在觀眾方面，參與面逐年在擴展中，不拘性別，許多男性也願意參與活動，並分享他們自己在家庭中與母親，以及在生活中與一般女性互動的經驗。不只是討論到女性的問題，從家庭中的母子或母女關係，延伸到家庭中其他成員，如父親的角色、兒子的角色，跟其他親人之間的關係，當然也包括在社會上較受歧視與誤解的同志的議題。

從第二屆影展之後，很多校園裡的傳播科系、女研社或是女性團體開始向女性影展單位借影片，用來作為兩性關係、女性研究或是傳播方面重要的教材。在第二屆影展之後，黑白屋電影工作室也出了一本書《女性與影像》。這本書除了是對第一、二屆影展中影片的紀錄之外，我們也請了許多影評人、電影學者或是女性影片評論者來看這些影片，提供一些閱讀的角度，做深入淺出的導讀。這些材料已慢慢變成校園裡面重要的資源、教材，臺灣的女性影像研究，自此才開始比較有系統的建立起來，大家知道可以到什麼地方去找資料。遠流出版社翻譯的《女性與電影》，更陸續把歐美女性電影發展史上的一些重要影片和觀念，有系統的介紹給大家。而關於第三屆到第六屆女性影展的專書，也正在編寫中。而籌備多年的「女性影像學會」則在一九九八年正式登場，成立了組織之後，女性影展將邁出更健碩的步履，有計畫的展開活動。整體而言，女性影展的活動，一方面希望提供一個觀摩的空間，一方面則是鼓勵臺灣本土女性導演的創作。這種創作不分小螢幕、大螢幕，而是直接把自己的想法、觀念用影像表現

出來。當然這也要跟臺灣這幾年，特別是一九八〇年代以後，整個婦女參政風氣的開展，女性議題的討論關聯起來，包括把這幾年來更多基層的婦女工作者，她們參與公共領域事物的議題結合起來，作為一種女性的全面發聲。

女性影展不僅是從女性主義的觀點出發，更進一步要求兩性平等的溝通。在各種影展之外，還有很多人繼續在開拓影像的創作環境。而在創作行列者中，更應不斷反省，自身的創作可以怎麼樣跟生活結合，社會上仍有許多是目前仍未被觸及的題材，如中下階層、勞動階層、家庭婦女的價值觀念等。如果以後影像的創作或影展的策畫可以跟這些階層做更緊密的結合，就將不只是完全是「影展」的觀眾在看影片，不只是侷限在少數人、少數階層之間的對話，而是真正能夠回饋到生活、生命本身。透過影展，讓不瞭解女性或是想要瞭解女性的人，多一個思考的空間，多一些反省與刺激，讓社會的某些暴力與不公的事件減到最低的程度，這是女性電影對自己深切的期許。

 第 七 章

尋找陰柔的聲音：
女性主義與藝術／
歷史[1]

 陳香君　著

第一節 英美女性主義藝術運動前史： 女藝術家的境況

　　「這畫真好，好到你不會知道是女人畫的。」[2] 知名現代主義畫家漢斯霍夫曼（Hans Hoffmann）這句讚美的話原意是要表示對於他的學生美國女藝術家[3] 莉克蕾斯娜（Lee Krasner, 1908-1984）畫作的傾

---

[1] 本文目的不在於書寫一種紀年式的藝術史，而是要以討論議題的方式切入女性主義與藝術發展之間的關係。筆者建議讀者進一步閱讀文後所列的參考書目，以便對英美女性主義藝術運動以及女性主義在台灣的發展有一種歷史性的瞭解。此外，本文的第一、二節來自筆者一九九九年四月發表在《新朝藝術》雜誌的文章〈通往女藝術家的秘密花園〉，意從認同政治（identity politics）的角度追溯英美女性主義藝術歷史，由於時間倉促，僅作小幅的修改與擴充，因此與第三節從藝術生產活動面向，檢驗台灣女性主義與藝術關係的實驗性寫法不盡相同。此外，由於版權問題，本文僅能使用少數圖片，筆者為此深感抱歉。敬請讀者自行翻閱參考書目內的圖片，以便對作品有一點初步的認識。

[2] 徐洵蔚譯，《藝術對話：與十五位女性藝術家的訪談》，頁88～121；陳香君譯，安華格納著，〈李克雷斯納就是L.K.〉，收入謝鴻均等譯（1998），《女性主義與藝術歷史》，台北遠流，頁815～839。至於 Lee Krasner 人名的譯文，前二譯本皆為「李克雷斯納」，本文則採用「莉克蕾斯娜」。

[3] 筆者以「女藝術家」（artists who are women）而非「女性藝術家」（women artists）來稱呼從事藝術創作活動的女人。根據葛蕾斯達波洛克（Griselda Pollock）在《視線與差異──陰柔特質、女性主義與藝術歷史》（*Vision and Difference: Femininity, Feminism and Histories of Art*）一書中的用法，「女性藝術家」是父權藝術史貶抑女藝術家所創造的範疇，因此，棄「女性藝術家」這個較短的英文名字而就「女藝術家」這個長又拗口的英文名字，其一是為了不再次加強範疇背後的父權力量，其二則是要強調從事藝術創作活動的女人除了有同是女人的集體身分之外，還有個別的特殊性。欲知進一步的細節，參閱陳香君譯（即將出版），Griselda Pollock 著，《視線與差異──陰柔特質、女性主義與藝術歷史》，台北遠流。

心與激賞。然而,它卻畫龍點睛的說出歐美文化傳統中普遍流傳的錯誤信仰「女人不能畫」,或說「女人是次級的藝術家」。

正是出於這種荒謬的性別偏見,克蕾斯娜的畫作幾乎沒有被當作獨立的藝術創作來閱讀,它們只被當成是「女人畫的畫」或是「帕洛克太太畫的畫」。一九四九年當克蕾斯娜與她先生帕洛克(Jackson Pollock)一起受邀參加詹尼斯畫廊(Sidney Janis Gallery)所舉辦的「藝術家——男人與妻」(Artists: Man and Wife)聯展時,「藝術新聞」(Art News)便在那些「畫家太太」的性別(gender)以及相對於她們「畫家先生」的「次/附屬地位」上大作文章,以本質化的女性特質(essentialised femininity)來勾勒她們的作品:「可以看到有一種傾向,就是這些太太「整理」(tidy up)了她們先生的藝術風格。克蕾斯娜(帕洛克太太)用了她先生的油彩與塗料,但將他那不受侷限的奔放線條修改成整齊的小方塊和三角形。」4

而同是女人的美國知名收藏家珮姬古晶菡(Peggy Guggenheim),對於女藝術家的不友善態度在當時的藝術圈也不算是個新聞。當她應邀參觀克蕾斯娜與帕洛克的工作室時,便十分不留情的藐視克蕾斯娜的藝術家地位與能力。當這對夫妻撞見古晶菡的時候,她正氣急敗壞的奔下樓梯並且焦躁的喃喃自語:「我來時門開著,看了一堆畫,L.K.L.K.,誰是這個L.K.?我可不是來看L.K.的!」回憶及此,克蕾斯娜忿忿不平的告訴辛蒂南瑟(Cindy Nemser)說:「在當時,天殺的她當然知道誰是L.K.,那些話聽起來真是有如一根硬刺。」而當帕洛克要求加價的時候,古晶菡的拒絕策略便是犧牲克蕾斯娜的藝術生涯,她對帕洛克說:「叫莉去找個工作吧!」5

有女藝術家以及帕洛克太太雙重身分的克蕾斯娜,便不斷在這種從藝術教育到展覽機制、從繪畫技術到美學風格、從媒體運作到收藏

---

4 〈李克雷斯納就是L.K.〉,頁821。此文是目前克蕾斯娜研究中最好的作品之一。
5 《藝術對話》,頁98;引於〈李克雷斯納就是L.K.〉,頁825。

家的父權性別機制下單打獨鬥。克蕾斯娜的有意識／無意識的轉圜策略包括簽名時簽上L.K.這種中性的名字，此外，爲了「有別於」帕洛克，她幾乎封筆了十年，久久都無法面對自己的作品，也放棄了許多在知名藝廊展出的機會。正如克蕾斯娜和帕洛克的女藝術家朋友葛麗思哈緹根（Grace Hartigan）所說的，「克蕾斯娜可以很好的，但是……」[6]。就這樣，作爲帕洛克太太的名聲紅透半邊天，作爲藝術家的生涯卻始終開展不了，直至一九七○年代美國、英國、歐洲女性主義藝術運動蓬勃發展逐漸改變藝術生態，克蕾斯娜以及許多當代藝術家像是瓊蜜秋（Joan Mitchell）才有機緣在惠特妮藝術博物館（Whitney Museum of Art）這個「美國藝術聖殿」裡舉辦個展，而當時她也已年過六旬了。

然而，從惠特妮伽薇格（Whitney Chadwick）在《女人、藝術與社會》（*Women, Art and Society*）[7]一書中所揭示的歷史來看，克蕾斯娜的遭遇以及回應，不但描述了千古以來許多女藝術家的共通困境，也清楚深刻的呈現了屬於「女性藝術家」（women artists）這一國的悲哀與荒謬：女藝術家在文化系譜中面臨著「前無古人，後無來者」以及無法「萬古流芳」的巨大歷史寂寞感，而無法／拒絕與其他女藝術家共同對抗性別歧視結構，兀自在文化歷史的父權機制下明哲保身或逐漸凋零。

---

6 《藝術對話》，頁162～163。

7 參見李美蓉（1995），Whitney Chadwick 著，女性，藝術與社會，台北遠流。請讀者注意書名譯法的不同：本文對於複數women以及單數（而非分類上的集合名詞）woman 的譯文，除了前後有修飾詞會翻譯成「女性」這個較抽象並且指涉一個範疇的詞，一律翻譯爲「女人」或「女子」。詳情參見《視線與差異》一書。

第二節 女性主義介入藝術生產：
英美女性主義與藝術運動

英美女藝術家的這種「長黑運勢」，總算在一九七〇年代有了相當大的轉機。當要求婦女政經權力的婦女運動（Women's Movement）在一九六〇年代、一九七〇年代達到最高點的時候，美國的女性主義藝術運動（Feminist Art Movement）以及英國的婦女藝術運動（Women's Art Movement）也應聲而起，串連女藝術工作者以及女性主義藝術工作者，共同爲改善女藝術工作者的藝術生產體質而努力。

一、女性主義藝術史／女性主義介入藝術的歷史[8]

一方面，歐美藝術史與藝術評論的領域掀起了挖掘女藝術家、批判藝術體制與文化傳統中的性別差異、閱讀女人主體性的浪潮。一開始，不知有多少的女藝術史學家埋首故紙堆中，嘗試去發掘女的米開朗基羅，轉無爲有，以傳統的風格轉變歷史或實證藝術史學方法著手撰寫女藝術家的歷史。

然而，美國藝術史家琳達諾克琳（Linda Nochlin）親身體驗了故紙堆中女藝術家現形的蹤跡簡直少得可憐的這種狀況，而且，風格移轉以及實證主義式的傳統藝術史書寫方式也無法處理女人在歷史中被消音的問題。於是，一九七〇年她問了一個影響深遠的劃時代問題：

---

[8] 女性主義藝術史（feminist art history）這個詞的使用者可以美國學者Norma Broude 以及 Mary Garrard爲例；而女性主義介入藝術史（feminist intervention into art's histories）則可以波洛克爲例。

「爲什麼沒有偉大的女性藝術家？」她揪出了整個社會、藝術體制中阻撓女藝術家成功的殺手，認爲要真正解決女藝術家的問題，便是徹底拆卸這些巧奪天工的父權消音系統。

　　約莫十年後，英國藝術社會／批判史家葛蕾思達波洛克（Griselda Pollock）一方面質疑諾克琳文章的論點基礎——爲什麼沒有女的米開朗基羅、達文西。她指出，「天才／大師」這個命題，只不過是藝術生產活動與歷史書寫中父權意識型態爲男藝術家所創造的個人主義神話，而「女性藝術家」與「女性特質」則是鞏固此性別差異結構所需的貶抑性分類／「她者」（the other）設計。因此，她認爲，書寫偉大的女米開朗基羅乃是強化了這個父權意識型態的邏輯，而不是去鬆動這樣的邏輯。

　　另一方面，作爲一個認同馬克斯主義學術傳統的學者，她非常贊同諾克琳從藝術體制的結構來檢驗「爲什麼沒有偉大的女性藝術家」這個歷史的結果。她更進一步發展諾克琳所開闢的新方向，整合瑪麗凱莉（Mary Kelly）的看法，提倡「女性主義干預藝術的行動」（feminist intervention into art）這樣的主張：「女性主義藝術……不能被當作文化的範疇、類型或甚至是某些狹窄的文本分析形式，正是因爲它牽涉到政治性的干預、運動、使命以及藝術策略等方面的評量。」[9]

　　此外，深受結構主義的影響，波洛克更注意到藝術再現語言在建構女性主體上的巨大力量。她拓展蘿拉莫薇（Laura Mulvey）在〈視覺樂趣與敘事電影〉（Visual Pleasure and Narrative Cinema）[10] 一文中所提出的論點，認爲藝術再現有一套「視線編寫的邏輯」，而這個邏輯正是一種滿足男人慾望的設計。因此，女性主義介入藝術的歷史（feminist intervention into art's histories）的另一個重要問題，便是要

---

[9] Kelly, M. (1981). Reviewing Modernist Criticism, *Screen*, vol. 22, no. 3, p.58. 引於 Parker, R. & Pollock, G. (1987). *Framing Feminism*. London: Harper Collins.

[10] Mulvey, L. (1975). Visual Pleasure and Narrative Cinema. *Screen*, vol. 16, no. 3.

分析、批判這種陽物式的（phallic）藝術邏輯以及它背後的主宰意識
型態。要顛覆以及超越這樣的邏輯，則要更進一步從歷史書寫中閱讀
作品中女／藝術家與性別差異結構之間的關係，以便重新發現女／藝
術家在父權體系中被埋沒的聲音。而從精神分析的角度，重新思考女
人與男人的平等式主體形成過程，超越父權定義男人／我／中心、女
人／她者／邊緣的主體二元論，並從此建立一種新的美學語言／藝術
史書寫方式，則是當前的基本課題。

二、女性主義藝術／女性主義藝術實踐 [11]

　　另一方面，歐美藝術實踐的世界也捲起了一波波的女人／藝術／
女藝術家平反、自覺運動。 一九七〇年代以美國加州藝術家茱蒂芝加
哥（Judy Chicago, 1939-）為代表的《女人屋計畫》（Woman House
Project, 1971-1972）與《晚宴》（The Dinner Party, 1974-1979）以肯
定「女人經驗」（women's experiences）為策略。 《女人屋計畫》像
是一個提升女性意識（consciousness-raising）的姊妹營，參與者一起
探索女人的愛與慾以及生育能力，並將女人的生命週期與家庭空間緊
密的連結在一起。 《晚宴》則更進一步奠立了以花朵的心核意象
（central core imagery）象徵與頌讚女人的性器官與生育能力的獨特
性。另一個特點是它建立了一個女性系譜（female genealogy）：從早
期的神話人物、中世紀因女巫這種虛構罪名而死的女人、英勇的女戰

---

[11] 女性主義藝術 (feminist art)一詞乃以茱蒂芝加哥為代表的美國女性主義藝術運動所
　　提出的，意旨從女性主義主張出發所創作的作品；女性主義藝術實踐 (feminist ar-
　　tistic practice) 則由蘿希卡帕克（Roszika Parker）以及波洛克所提出的，一要反對
　　將藝術作品當作物件／客體來消費；二則要以此強調藝術生產狀況的複雜性乃包括
　　文本、事件、活動以及再現模式，以及作品的效果；最後則是強調其意義與效果有
　　賴於觀者的接收過程（reception）。

士乃至現代的女文學家與女藝術家,除了要證明女人的創造力、女性特質的優越性,還嘗試提供當代女藝術家可以認同的典範。而在藝術製作的技術上,《晚宴》特意採用了瓷畫(china painting)、編織、刺繡等繁瑣精密的技術,呼應作品挑戰「女人準備最後晚餐、男人留名成聖」的複雜隱喻,除了肯定女人的勞動特性外,還隱含了女人以平反了的手工藝爲美學參加/自創歷史盛宴的意義[12]。

　　當時,《女人屋計畫》與《晚宴》破天荒的給予了許多歐美女/藝/藝術家無比的自信,並從某個角度上呼應了陰性美學的想法,而隨著美國政經力量的遠播與世界婦女運動的浪潮,茱蒂芝加哥的名號幾乎傳遍了世界各個角落。然而,芝加哥的策略也招致了許多嚴厲的批評,這便是女性主義藝術圈裡名聞遐邇的本質論(essentialism)的爭辯。波洛克便從社會建構論(social constructivism)的觀點出發,抨擊芝加哥的作品以女性生育能力作爲不變的女性特質,認爲這重複了父權制度以女人生育能力作爲女人/自然/家庭私領域、男人/文化文明/公共領域虛構二元論基礎的思維邏輯,無異再次強化了性別差異的結構。而美國女性主義藝術史家諾瑪布萊德(Norma Broude)與瑪麗葛拉德(Mary Garrard)在一九九〇年代則爲芝加哥提出辯護。她們認爲芝加哥的美學語言是出自文化本質論(cultural essentialism)與政治本質論(political essentialism)的作法,換句話說,芝加哥的美學是一種策略上的選擇,而非基於生物本質論(biological essentialism)的作法。

　　與芝加哥同列第一代英國女性主義藝術家瑪麗凱莉(Mary Kelly,

---

[12] 陳宓娟譯(1997),穿越花朵,台北遠流;陳香君譯,「茱蒂・芝加哥的《晚宴》——一個個人的女性史觀點」,收入謝鴻鈞等譯(1998),女性主義與藝術歷史—— 擴充論述,台北遠流,頁871~901;Broude, N. & Garrard, M. (Eds.) (1994). *The Power of Feminist Art: The American Movement of the 1970s*. New York: Harry N. Abrams Inc.

1941-）走的路則是許多第二代英國女性主義藝術工作者比較可以認同的社會建構論，結合了法國拉岡學派精神分析（Lacanian Psychoanalysis）、阿圖塞（Louis Althusser）意識型態論與布萊希特（Bertolt Brecht）戲劇理論的傳統。藉著收集她的兒子出生後所用的尿布等物件，仔仔細細的記錄了他的學習過程以及與母親之間的互動，她的《出生後文件》（Post-Partum Document, 1978-1979）利用令人耳目一新的方式建立了一種母子聯繫共存的相互主體性（inter-subjectivity），重新思考佛洛依德（Sigmund Freud）以伊底帕斯情結（Oedipus Complex）與亂倫禁忌（Incest Taboo）再次強化西方父權制度的理論，並試圖解救那文化歷史中被隔離摧毀與遺忘的媽媽[13]。該作品並且非常具有說服力的指出，組成女性特質與主體性的性取向（sexuality）以及母性（maternity）等重要元素並非天生，而是後天教化而成的。而隨著性解放運動的興盛，一些女藝術家紛紛以自己的身體作為再現的主題。對於凱莉而言，這有點類似避孕藥的兩難問題，究竟是解放了女人的身體還是滿足了男人的情慾？在作品《之間》（interim, 1984-）系列內的〈身體〉（corpus）單元，她以女人衣物取代女人身體，雖然招致了戀物癖（fetishism）的爭議，但卻呼應了現定居美國加州的英國電影工作者莫薇在〈視覺樂趣與敘事電影〉文中的論點，揭發了藝術再現中視線（gaze）的男性權力問題，而這正是再現女體的視覺語言所必須面臨的危險。

對於某些女藝術家而言，前面所述的，從某種角度看來，只不過是白人中產階級異性戀女性主義者／女藝術家陣營中的紛紛嚷嚷，即便同時熱切參與勞工運動的凱莉苦心策畫了《女人與勞動》（Woman and Work, 1975）的藝術計畫並且集結女工拍攝了《夜間清潔婦》（Nightcleaners）這部令人感動的電影，但其精神分析策略的晦澀難懂，卻也不免被加以中產階級中心主義的罪名。主要原因是她們並不

---

[13]《視線與差異》；Kelly, M.（Ed.）(1997). *Margaret Iversen*. London: Phaidon Press.

能和這類女性主義主流陣營的語彙發生很大的共鳴。於是，瓊史采絲
（Jo Spence）與羅茜瑪汀（Rosy Martin）這對勞工階級、分別為異性
戀與同性戀的藝術拍檔，便以角色扮演的方式，在攝影中重新追溯自
我與社會認同中已被內化的「假想恥辱」（fantasized shame）──作
為勞工階級女子或勞工階級女同性戀者這種更邊緣身分的內加與外造
的恥辱──以及艷羨中產階級異性戀體制權力的渴望，並嘗試在這兩
者相煎所造成的傷痛（trauma）中自覺、療傷、接受自己，尋找重新
定位女人的多元主體性的機會[14]。

　　另一方面，《晚宴》也凸顯了我們前面所提到的問題。它的女性
系譜清楚的耙梳了以希臘羅馬、基督教為中心的文化脈絡，但這個傳
統對非生／成長於或非認同希臘羅馬、基督教文化的女藝術家有什麼
樣的意義和啓發呢？從一些英國非裔女藝術家的作品中我們可以清楚
的看到一些回應。桑妮雅柏伊思（Sonia Boyce, 1962-）的作品《躺下
來，保持靜默，然後想想是什麼讓英國變得如此偉大》（Lay back,
keep quiet and think of what made Britain so great, 1983）玩的是一個文
化雙關語：除了字面的意義之外，這句話是英語系中產階級文化中新
婚夜新郎對新娘所說的話，言外之意是要新娘乖乖的讓新郎完成他的
性行為，然後乖乖的在家生養小孩、安頓家裡以便丈夫在外安心積聚
財富。因此，柏伊思在這個充滿黑色的雙關語中，同時帶出了英國帝
國主義擴張時期女人被工具化的過程以及內化於其成長經驗與認同中
的殖民歷史。而曾經率先策畫過一九八○年代重要黑人女藝術家聯展
的露白娜希米得（Lubina Himid, 1954）則在許多作品像是《在這兩者
之間，我的心就平衡了》（Between the two, my heart is balanced,
1991）中探索作為英國非裔／女／當代藝術家的定位方式。她以後現
代結合多種視覺資源的語彙，重組／重創了許多所謂現代主義大師像
是馬內、雷諾瓦、莫內、畢卡索等人的名作，透過與名作的相似與相

---

[14] Spence, Jo (1995). *Cultural Sniping: The Art of Transgression*. London.

異之間的空隙,她安插了非裔人物並抒發了她對歐洲現代主義大師作品對於非裔女人／文化傳統的挪用,而這種空隙正是她找到聲音的一種方式。

至此,我們討論的範疇都脫不出身分認同的框架和倫理。但是,一九九○年代以來,儘管許多對於女藝術家不利的結構性問題依舊繼續存在,只是不斷翻新,但在全球政經條件改變、文化族群四處流散、電腦網路匿名與無遠弗屆散播的情況之下,身分認同政治的條件似乎愈來愈模糊也愈來愈複雜而細緻了。以英國的例子而言,在全球年輕化趨勢愈來愈無法抵擋的狀況下,一些年輕的英國女藝術家挾著「英國年輕藝術家」(yBa, young British artist)的包裝席捲全球的速度與威力,享受到過去許多女藝術家無法想像到的盛名。英國藝術家翠西艾敏(Tracy Emin, 1963-)以她的情慾記錄《一九六三年至一九九五年與我睡過的男人》(Everyone I've Ever Slept With 1963-1995, 1995)、莎拉盧卡思(Sarah Lucas, 1962-)以捉狹異性戀的作品《自然》(Au naturel, 1994),而才年方約二十五的珍妮莎芙(Jenny Saville)也以巨大肥胖的裸女畫像《計畫》(plan, 1993)攻佔了英國皇家藝術學院這個傳統的文化聖殿。這些明顯受過女性主義洗禮的作品,表現出來的是以幽默玩笑與捉狹嘲弄的遊戲態度,遊走在女人、族群、階級與藝術家身分之間,遊走在資本主義對藝術家的操控包裝以及藝術自由與有志能伸之間的策略。因此,當艾敏、一九九七年英國泰納獎獲獎人吉蓮薇爾琳(Gillian Wearing, 1963-)等人在一九九七年接受資生堂化妝品企業贊助,組成「辣妹」美女團隊並以「英國玫瑰」的頭銜搶攻日本國土,掠奪了不知多少日本當代藝術的版圖的時候,女性主義與女藝術家之間的關係又會如何演變呢?或許,這個問題至今沒有人有個很好的解答。然而可以確定的是,通往當代女藝術家的秘密花園的道路是愈來愈像耐人尋味的迷宮了。

第三節　「女性藝術」在臺灣

　　從一九八○年代末期至一九九○年代前期爲止，嚴明惠、陸蓉之、侯宜人、傅家琿、吳瑪悧、張金玉、林珮淳等藝術家紛紛相繼從美國、歐洲或澳洲回到臺灣定居。他們或者直接、間接受到臺灣與國際婦運以及美國女性主義藝術運動成果的影響，或有感於臺灣女藝術家相對於男藝術家的次等創作／歷史地位或者較爲不利的展覽收藏機會，便以女藝術家聯展的方式集結介入臺灣父權藝術網路，嘗試爲臺灣女藝術家開發資源、創造機會。

一、女藝術家聯展

　　女藝術家聯展的歷史由來已久[15]，但隨著嚴明惠將性別訴求帶入臺灣藝術界，自一九八九年以來便較密集的有許多大大小小以「女性藝術家」、「女人」或者是「女性藝術」爲名的女藝術家聯展，聯展的功能也隨著畫會畫展的繪畫經驗交流轉變爲帶有性別訴求的展覽（詳見下頁表 7-1）。

---

[15] 感謝陸蓉之教授告知此一訊息。

表 7-1　一九八九年以來臺灣女藝術家聯展簡表 [16]

時間	展覽名稱	展出地點	策展人	參展藝術家
1989	春之頌女性畫家聯展	台北吉證畫廊	李玉惠	嚴明惠等人
1990 3 月	臺灣女性藝術週聯展	台北誠品畫廊婦女新知基金會	陸蓉之	郭愷芬、陳美岑、梁美玉、謝伊婷、杜婷婷、許鳳珍、薛保瑕、楊世芝等人
1991 3 月	女人、女人畫展	台北吉證畫廊中視「女人、女人」節目、家庭與婦女雜誌社	陳艾妮	王春香、王美幸、金芬華、林舫暄、吳妍妍、胡碩珍、徐玉茹、袁炎雲、許清美、蔡黃香、嚴明惠
1991 3 月	臺灣當代女性藝術家特展	台北龍門畫廊	陸蓉之	吳宜芳、黃麗絹、陳慧嶠、黃虎暐、吳李玉哥、林惠懿、周邦玲、李錦繡、李亞男、林燕、陳幸婉
1991 10 月	女我展——女性與當代藝術對話	台北帝門藝術中心	張金玉 嚴明惠	嚴明惠、吳瑪悧、洪美玲、陳張莉、湯瓊生、楊世芝、侯宜人、李美蓉、林珮淳、徐秀美、傅嘉琿、黃麗絹、薛保瑕、李錦繡
1993 3 月	女性藝術風采	台北雋永藝術中心	陸蓉之	吳爽熹、吳瑪悧、李重重、李惠芳、卓有瑞、林純如、侯宜人、徐心如、徐秀美、張金蓮、粘碧華、陳慧嶠、陸蓉之、傅嘉琿、黃麗絹、黃慧鸞、楊世芝、董陽孜、湯瓊生、賴純純、謝伊婷、薛保瑕、蕭麗虹、嚴明惠

---

[16] 一九九一年三月視丘影像空間的「女性鏡像攝影展」，一九九四年台灣新生態藝術環境的女性藝術「創作聯展」等等。

（續上表）

時間	展覽名稱	展出地點	策展人	參展藝術家
1993 4月	形與色——女性藝術家抽象藝術聯展	台北家畫廊	張素惠	陳張莉、楊世芝、陳幸婉、薛保瑕、林珮淳、湯瓊生、陳文玲
1994 3月	世紀末——臺灣女性藝術家抽象繪畫展	台北雄獅畫廊	簡丹	陳張莉、楊世芝、賴純純、薛保瑕
1994 3月	水展	高雄炎黃美術館臺灣櫥窗	張金玉	劉敏娟、蘇郁雯、郭小菁、李淑萍、楊筑琪、王介言、林麗華、莊彩琴、蔡瑛瑾、陳豔皇、柯燕美
1994 6月	女性創作的力量	台南新生態	侯宜人	李錦繡、周邦玲、吳瑪悧、林麗華、侯宜人、要惠珠、徐翠嶺、陳幸婉、陸蓉之、陳慧嶠、黃麗絹、湯皇珍、傅嘉琿、楊世芝、廖秀玲、賴美華、賴純純、薛保瑕、簡扶育、蕭麗虹、嚴明惠。
1995 10月	我不知道，我渴望……	台北縣文化中心	簡明輝	湯皇珍、林蓓菁、蔡海如、林冬吟、柳菊良、蘇菁菁、方彩欣、魏玉娟、曾雅蘋
1997 12月	盆邊主人	新莊文化藝術中心	張元茜 張小苑	吳瑪悧、徐洵蔚、侯淑姿、林純如、茱蒂・芝加哥、安畢妍、山鳥田美子
1998 3月	女味一甲子	台北龍門藝廊 台中臻品藝廊 台南新生態	陸蓉之	陳進、林阿琴、江寶珠、郭禎祥、袁旃、呂淑珍、侯翠杏、賴純純、嚴明惠、郭娟秋、陳慧嶠、杜婷婷

（續上表）

時間	展覽名稱	展出地點	策展人	參展藝術家
1998 4月	意象與美學：臺灣女性藝術展	台北市立美術館	賴瑛瑛	蔡碧吟、張李德和、林李榭榴、蔡旨禪、吳李玉哥、張李富、陳進、范侃卿、許玉燕、蘇楊 、袁樞真、孫多慈、邱金蓮、吳詠香、黃荷華、周紅綢、林阿琴、江寶珠、林玉珠、周邱英薇、邵幼軒、黃新樓、陳碧女、田曼詩、陳月里、鍾桂英、李芳枝、何清吟、梁秀中、梁丹丰、郭禎祥、羅方、黃潤色、張淑美、洪美玲、袁旃、李重重、董陽孜、王信、李娟娟、薄茵萍、席慕容、王美幸、林燕、蕭麗虹、粘碧華、賴美華、李蕙芳、王春香、楊世芝、卓有瑞、陳幸婉、曾曬淑、潘三妹、林雪卿、簡扶育、賴純純、李錦繡、池濃深、薛保瑕、嚴明惠、吳瑪悧、周邦玲、徐翠嶺、郭娟秋、侯宜人、陳品秀、李錦綢、黃麗絹、林珮淳、曾金美、黃文英、徐洵蔚、邱紫媛、侯淑姿、廖秀玲、邵婷如、瑁瑁瑪邵、陳慧嶠、劉世芬、林純如

本表部分取材自王錦華（1999），性別政治與美學——九〇年代臺灣女性藝術展覽的論述型構（1990～1998），台南藝術學院藝術史與藝術評論研究所碩士論文初稿。

(一)女藝術家聯展作為介入臺灣父權藝術體系的策略

就展覽空間而論，從一九八九年到一九九四年為止，這些展覽的展出地點主要集中在台北、台南、高雄與台中的私人商業藝廊。一九九〇年代中期以後，除了私人商業藝廊外，女藝術家聯展開始進入擁有政府資源補助與較多社會附加價值的台北縣立文化中心與新莊文化藝術中心等公共文藝空間。而要到一九九八年，女藝術家聯展才正式進入台北市立美術館這個臺灣當代藝術的主流殿堂。

展覽空間從私人商業藝廊而至公共空間的轉進，顯示出女藝術家通往傳統上屬於男藝術家領土的公共藝術空間資源的道路漸漸變寬了。另一方面，臺灣「女性藝術」的實質內涵亦隨著人為探索的差異而有了多元並存的能量：包括以「抽象女藝術家」、「女性創作力量」、「女性藝術」等強調女藝術家實力、創造力與創作經驗特殊性的共同聯繫；以「我不知道，我渴望……」、「盆邊主人」以及「女味一甲子」（圖 7-1、7-2、7-3）等探索女人身體、性別經驗、慾望、身分認同與主體性的議題接合點；還有以「意象與美學」為臺灣「女性藝術」編撰一部「女性藝術史」系譜的安排。「女性藝術」內涵中積聚的多元能量顯示出臺灣藝術界「女女結盟」的原則與方式也逐漸的開放，並以相當分歧的方式，一點一點的鬆動父權藝術體系消音女人、女藝術家的機制。回首十年臺灣「女性藝術」的顛簸路，許許多多臺灣女藝術工作者走得辛苦跌撞，分別以她們同與不同的方式，相濡以沫、相持發聲。而這正是臺灣藝術界裡一朵朵青澀頑強的「野百合」。

圖 7-1　「女味一甲子」展覽：嚴明惠，生滅，1996
（圖片由台北龍門畫廊提供）

圖 7-2　「女味一甲子」展覽：嚴明惠，三姊妹，1996
（圖片由台北龍門畫廊提供）

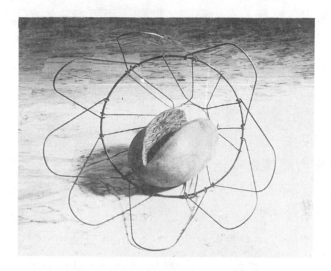

圖7-3 「女味一甲子」展覽：賴純純，悸動的心，1994
（圖片由台北龍門畫廊提供）

(二)女藝術家聯展的問題與限制

在臺灣，女藝術家聯展仍舊是目前介入父權藝術體制所用策略中最為常見的方式，也在特定的時間空間中發揮了相當大的效用。然而，若從展覽的定位、集結、運作與散播方式及其在整體藝術生態結構中的關係來看，女藝術家聯展作為解構臺灣父權藝術體系上也不是沒有它的問題與限制。而從這些問題與限制出發，釐清目前女藝術家聯展發展的位置、模式與狀態，進而尋求針砭之計，或許才是邁入千禧之年「女性藝術」再出發的當務之急。

1. 女藝術家聯展——範疇的問題

女藝術家聯展的力量和問題部分來自「完全女人集結」的弔詭。一九九六年至一九九七年，「在可見之內——一個二十世紀藝術的櫥

圓形穿越」（Inside the Visible: an elliptical traverse of 20th century art）這個世紀末的大型女藝術家聯展從波士頓、倫敦轉戰西澳伯斯，它的展覽內涵、女性主義者重塑女藝術家主體性的企圖與策略以及結合藝術史、文學、文化研究、精神分析等方法的多元化書寫，獲得了許許多多來自海洋邊際的掌聲，但同時也招致了一些質疑的聲音，其中最嚴厲的質疑和最嚴重的誤解便是同一性別的結盟基礎。還記得網際網路上有個「女學生」這麼寫著：「都是女藝術家的展覽和都是男藝術家的展覽有什麼不同?!」

　　如果在一個可以比較的層次上，女藝術家聯展和「男」藝術家聯展的權力關係是不相同的。「男」藝術家聯展都叫做「藝術家聯展」，並不特別標示性別，這是因為在父權藝術體系中「藝術家」這個範疇是按照男人的經驗和慾望量身打造的，而對於他們無法安頓的女藝術家便以「女性藝術家」（women artists）這個貶抑的「非藝術家」或「次級藝術家」範疇來邊緣化（marginalize）以及區隔化（ghettoize）她們，以便規範她們的差異對於男性中心範疇所造成的撞擊力量。舉例而言，佐法尼（Johann Zoffany）的「皇家學院院士們」（The Academicians of the Royal Academy）「安置」二位知名的女藝術家，十八世紀皇家學院創始會員也是二十世紀前的唯一兩位女會員考芙曼（Angelica Kauffmann, 1741-1807）和莫捨（Mary Moser）的方式，便將她們兩人畫成小小的頭像，像掛裝飾照片一般的掛在室內深處的牆上，畫面中心則畫著一群男院士站在男模特兒旁邊，正專心的在討論藝術的問題[17]。這幅畫不但說明了藝術中將女人當作再現對象（object）的傳統，也顯示出父權藝術體系有一套精心設計的語言不斷在執行消音女人的工作，並將她們排除在主流的藝術話語和機制之外。因此，相對於女藝術家聯展，「男」藝術家聯展向來皆可獲得較多資源以及藝術體制上的支持；至於清一色男性成員是否排除女人

---

[17] 李美蓉譯（1995），女性、藝術與社會，台北遠流。

的問題往往都會以「藝術上的自然現象」或「藝術能力上的選擇與性別無關」等等的藉口矇混過關,而在這一點上,女藝術家聯展在以「女性藝術家」爲集結大旗干預父權藝術體系與邏輯的同時,更必須面臨「女性藝術家」範疇所挾帶的她者化(othering)的弔詭或說區隔化(ghettoizing)的危險。

2.集結一線牽——生理性別?社會性別?還是性別差異?

因此,檢視臺灣的狀況時必須要問的是女藝術家聯展的集結基礎究竟在哪裡?集結的目標是什麼?它們與父權藝術體系邊緣化/她者化/區隔化女藝術家的對應關係又爲何?

早在一九九一年,吳瑪悧便已質疑女藝術家展的集結基礎,她認爲,少了女性意識的探索以及女性論述的探討,女藝術家聯展就變成一種單純以生理性別爲基礎的集結,變成一種刻意強調性別差異的「女性實力展」,以「群體(數量多)形成一種勢力,以『分配利益』」[18]。

吳瑪悧所質疑的正是絕大多數臺灣女藝術家聯展模式長期發展的隱憂。如果我們同意凱莉(Mary Kelly)對於女性主義藝術(feminist art)——此觀念在後來被凱莉與波洛克拓展爲女性主義干預藝術行動(feminist intervention into art)——的看法:「女性主義藝術……不能被當作文化的範疇、類型或甚至是某些狹窄的文本分析形式,這正是因爲它牽涉到政治性的干預、運動、使命以及藝術策略等方面的評量。」[19]那麼,多數臺灣女藝術家聯展所缺乏的,不但是「女性意識的探索以及女性論述的探討」,還是解構父權藝術體系的明確政治企圖與規畫。少了這些,女藝術家聯展很容易變成一種單純以生理性別爲基礎的展覽,或許在現實的層次上增加了某些女藝術家的能見度

---

[18] 吳瑪悧,「從女性集結到新美學的成立——讓美術再成爲一種知識類型」,藝術家雜誌,1991 年 11 月,第 198 期,頁 288～294。

[19] Kelly, M. (1981). Reviewing Modernist Criticism. *Screen*, vol. 22, no. 3, p.58.

（visibility），讓長久在父權藝術體制中呼吸著微薄空氣的女藝術家有發聲的機會，但是，它們對於有系統的支解父權藝術體系背後的性別差異結構的效果並不大，而且，某些女藝術家聯展的策略與主張，甚至重複了父權藝術體系用來她者化／區隔化／邊緣化女藝術家及其作品的範疇。

　　或許這種主要以性別爲集結基礎的女藝術家聯展策略是一種礙於現實的退讓之策。儘管女性主義／性別議題已成爲社會學、外文以及文化研究界熱切討論的範疇，也儘管這兩年情慾也變成藝術再現的熱門題材，但是，目前藝術界聽到女性主義四個字依舊會聞風色變的人也不算少數。一九九六年的臺北雙年展參展作品「新樂園」便像有「被迫害妄想症」似的將女性主義者誤解、塑造成「違反天理、搶奪陽具的洪水猛獸」[20]。一九九七年，筆者在臺北女書店參加一位女藝術家解說作品的談話會，聽完之後，覺得這位女藝術家的作品非常有趣，會後便向她表明對於女藝術家的興趣並希望能再做進一步的請教。這位女藝術家基於「對女藝術家的興趣＝女性主義」所做的回答便十分令人錯愕：「我的作品和性別沒有任何關係。如果妳要用女性主義的框框來看我的作品那就不必了。」面對這類來自陽具中心權力攻防戰或是缺乏自覺的「女性主義恐懼症」或是「女藝術家恐懼症」，模糊女性主義訴求並將之轉換爲以性／別爲基礎的「女性藝術」（women's art)，女藝術家聯展變成爲一種替代明顯女性主義訴求的策略，不容易激怒來自父權體系既得利益者的阻力，並可以吸納、整合定位不同的女藝術家。非常弔詭的是，如果我們仔細觀察一九八九年以來某些女藝術家聯展的參展名單，便會發現某些嘗試藉著集結來改善父權藝術體系的藝術家卻漸漸淡出女藝術家聯展。在這得與失之間，女藝術工作者的集結又將何去何從呢？

---

[20] 台北市立美術館（民85），一九九六年台北雙年展——台灣藝術主體性，台北市立美術館。

3.女性意識／女性特質是天生的？還是社會建構的？

翻一翻「女性藝術」相關資料、媒體報導與雜誌專題，有太多太多人提起「性別意識」、「女性意識」、「女性特質」、「女性經驗」、「女味」等等的詞彙（請自行參閱展覽資料或參考書目，在此不一一細述），並企圖藉此尋找／解釋男藝術家與女藝術家作品之間的差異。然而，「女性藝術」若要作為介入父權體系的策略或是作為探索女人主體性的集結出發點，便必須對「女性意識」以及「女性特質」等關鍵語言做一個實驗性探討。

「女性意識」究竟是什麼？或許，「女性意識」的內涵可以就三個不可分的層面來看：(1) female consciousness，(2) women's consciousness，以及(3) feminine un/conscious（ness）[21]。第一層面是女性身體的感官知覺與認知，但這並非全然生理的，人的知覺與認知過程與文化的經驗有緊密依存的關係；第二層面是女人在社會中作為單數女人與複數女人的位置與經驗；第三層面則是性別差異在女人身體上的深層銘刻（inscription），像潛意識、一張未被發掘的藏寶圖、一個需要被探索的世界。

因此，基本上「女性意識」不是一個可以清楚定義、永遠不變或者有所謂本質屬性的客體（object），而是因歷史、社會與文化變遷而異的待研物。因此，若說「女性意識」是女人與生俱來的認知，恐怕是沒有顧慮到性別差異上的歷史、社會與文化變因。

而一個女藝術家／聯展／女藝術史學者反覆被問及的問題便是：女藝術家與男藝術家的作品到底有什麼不同？或換句話說，女藝術家作品中有那些特質是女性的？楊世芝的作品就曾經有人質疑不像女人畫的。畫家反問：「那什麼叫做女人畫的畫呢？」那個觀眾便答：「纖細、溫柔、婉約、小巧……」[22]正如楊世芝不以為然的表示作為

---

[21] 由於中文翻譯顯現不出其中的差別，必須以英文作為對應詞來探討。

[22] 和楊世芝在一九九九年六月二十五日短暫的電話對談。

172 ❖

一個女人的特質有那麼簡單、那麼清楚、那麼片面就好了。其實，這不僅僅只是楊世芝作品觀眾的意見，我們在不知多少藝評中看見一成不變以「纖細、溫柔、婉約、小巧……」來解釋／貶抑（缺乏大師氣勢）／稱頌（細緻幽雅而迷人）女藝術家作品的語句。這種說詞的危險便是將女人再一次的「塞進」父權社會區隔、差別化女人所建構的陰柔特質（femininity）或甚至是陰柔的刻板印象（feminine stereo-types）裡[23]。倘若沿用這種詮釋模型，很明顯的，我們不能更深入的去瞭解陳進、郭娟秋那些被評爲「娟秀、細緻」的作品如何豐富的體驗作爲一個女藝術家的社會位置、經驗與美學關係，我們更不能解釋楊世芝作品中的筆畫力量，更加不能解釋陳慧嶠作品中柔軟羽毛與刺人鐵針、火紅玫瑰與清冷白紙之間的劇烈衝撞（圖7-4）。

4.資本主義市場操作法則的弔詭

觀察「一九八九年以來臺灣女藝術家聯展簡表」上的展覽檔期，便可發現多數女藝術家聯展的時間都在三月或者是四月婦女節或婦幼節前後。選在婦女節展覽固然有實質效果上的策略性考量。但是，這個時間，在某種程度上便有些類似母親節，各單位會在該節日前後舉辦許多嘉年華式的「促銷活動」——銷售政績、民主、賺人熱淚的故事或更直接的香水、珠寶、化妝品等商品，彷彿母親在這一天才突然從「深宮大院的柴米油鹽醬醋茶」中被「記」起，這一天才有血肉、有需要、有慾望。因此，所謂婦女節重頭大戲的女藝術家聯展背後隱藏著這種區隔化的資本主義市場操作法則：女人／女藝術家／她們作品的經驗、重要性彷彿只有在這一天才被積極的記起。

在筆者追蹤的過程當中發現，一九九五年之後的女藝術家聯展才有展覽必出目錄的趨勢，而儘管這些展覽目錄裡有關女性主義藝術運

---

[23] 這方面的細部討論，請參見 Parker, R. & Pollock, G. (1981). *Old Mistresses: Women, Art and Ideology*. London: Harper Collins. 以及《視線與差異》(*Vision and Difference*) 第三章。

性屬關係（下）：性別與文化、再現

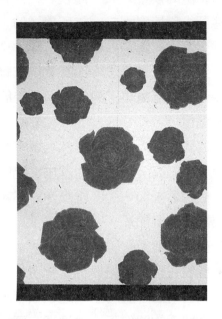

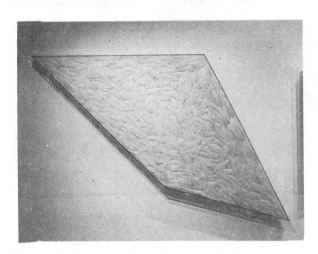

圖 7-4　陳慧嶠，空中的火焰 II，局部，1997
　　　　陳慧嶠，似停非停，1997
　　　　（圖片由台北龍門畫廊提供）

動／女性（主義）藝術批評的文章未必篇篇精彩，但就主觀記錄的角度來看還是有不可抹滅的摸索效果。而在一九九五年之前，除了一九九四年台南新生態藝術環境慶祝二週年所舉辦的「女性創作的力量」曾經出版過一本綜合藝術、舞蹈、戲劇、音樂、文學以及婦運等方面的「女性藝術」觀察的展覽目錄之外，女藝術家聯展幾乎沒有出版任何展覽目錄，若要憶起當年故事，只能憑藉當時簡單的媒體報導，或當事人多年之後的記憶。

而若再次觀察展覽參展人名單，雖然名單有越來越長的趨勢，但這份名單的重疊性其實頗高，除了台北縣立文化中心在一九九五年配合後工業藝術節／破爛藝術節──「雄風四射／四處嘔吐」的「新生代另類青年」的暴力藝術節??──所策畫的「我不知道，我渴望……」邀請了「新生代女藝術家」之外，這些女藝術家聯展的展覽主力還是集中在那些已經在臺灣藝術界相當知名或已經建立了市場網路的女藝術家。這些女藝術家聯展的生產過程顯示出在資本主義市場操作法則以及父權藝術體系的運作下，女藝術家可以配得資源稀少的結構性問題。正如吳瑪悧所言：「翻開這兩、三年《藝術家》雜誌的廣告，以『女性藝術展』為名的大大小小展覽不勝枚舉，必須注意的是，某些商業畫廊還是有商業畫廊的操作方式：男藝術家辦個展；女藝術家辦聯展。」[24]

二、小心帝國大反攻──「性別議題展」，父權話語換新裝

當性別成為文學、電影、戲劇或更廣泛的文化研究的社會流行議題時，陳水扁執政時代的臺北市立美術館也策畫了兩個與性別十分相

---

[24] 與吳瑪悧於一九九九年六月的對談。

關的展覽（見表 7-2）[25]。

表 7-2

時間	展覽名稱	展出地點	策展人	參展藝術家
1996	臺灣藝術主體性 子題：「情慾與權力」	台北市立美術館	謝東山	李慶泉、朱友意、阮秋淵、洪東祿、陳崇民、蔡志偉、洪天宇、李昕、徐洵蔚、郭維國、賴美華、簡扶育、嚴明惠、侯俊明、黃進河、林麗華、林珮淳、王俊傑、劉獻中、周沛榕、黃銘哲、黃位政、陳建北、黃楫、陳界仁、林鴻銘、翁碁峰、湯瓊生
1997	悲情昇華──二二八紀念展 子題：「被遺忘的女性」	台北市立美術館	黃海鳴	張義雄、鄭世璠、廖德政、許武勇、歐陽文、夏陽、林顯模、劉國松、陳景容、蕭琴、陳錦芳、鄭自財、謝里法、劉耿一、李錫奇、蘇新田、賴武雄、林文強、王國柱、蕭麗虹、洪根深、施並錫、劉秀美、李銘盛、簡扶育、楊茂林、梅丁衍、陳建北、許自貴、蘇旺伸、吳天章、李俊賢、簡福金串、吳瑪悧、陸先銘、林珮淳、郭維國、裴啓瑜、陳順築、王國益、唐唐發（許唐發）、羅森豪、蔡海如

[25] 限於篇幅長度，本文只能以一九九六年雙年展爲例作爲說明。關於「悲情昇華──二二八紀念展」的討論，讀者可以參考文末筆者對於吳瑪悧作品「墓誌銘」的分析。

　　不管展覽設計或者實際成效如何，一九九六年雙年展有系統的從政治歷史、視覺美學、環境都會生活、性別以及市民的集體社區等面向重塑藝術主體性的企圖是非常明顯的。但是，這個從解放政治出發企圖打造國家文化認同的展覽，並未表現出沒有「性盲」的症狀[26]。如果就參展人數而言，這個重新定位臺灣藝術主體性的大型展覽男女藝術家的數目比竟是十比一，而號稱以女性主義角度來重新定位臺灣藝術家性別認同、耙梳臺灣「女性藝術」脈絡的次題展覽「情慾與權力」[27]，參展男女藝術家數目比也只有三比一。

　　而真正引發來自女人／女性主義者／女藝評家／女藝術史學者的隆隆砲火則是「情慾與權力」裡男藝術家作品裡的美學語言。「情慾與權力」裡的多數參展作品，像是郭維國的隱喻性作品「卿卿我的愛」、「柔情樂園」，定義情慾、性別的方式都是「性交」或「性／生殖器官」，顯示許多作品依舊以父權社會主要維繫力──性與生殖──作為再現情慾的第一法則。

　　李慶泉的「粉紅色絲襪」再現的似乎是Ｓ／Ｍ性交場景，女人被再現為性玩物（sexual object），正被鋼鐵般的男性陽具進入。這性化

---

[26] 有關一九九六年台北雙年展所引發的性別議題攻防戰，請參閱「一九九六年台北雙年展幕後沒有女人味」，中國時報娛樂週報，1996 年 8 月 24 日；高千惠，「拳頭與枕頭的藝術特區──回應九六年雙年展的屬性問題」，藝術家，1996 年 10 月等；陳小亭，「輔導級的性隱喻」，炎黃藝術，1996 年 11 月。另有張小虹（1998），「身體地圖的誤識」，情慾微物論，台北大田；Elsa Hsiang-chun Chen, 'Nationalisms and the Spaces of Women's Art in Taiwan: Beyond the 1996 Taipei Biennale', Third Feminist Art Historical Conference, University of Reading, September, 1997.

[27] 策展人謝東山曾在展覽之前發表許多引介性文字，其中包括：「性別與權力」，一九九六年雙年展展覽目錄文集，台北市立美術館，1996 年；「情慾與權力──當代藝術新類型」，雄獅美術，1996 年 7 月；「發現身體的世紀──《情慾與權力》展簡介」，雄獅美術，1996 年 8 月；「性別與權力──藝術的女性主義與女性主義的藝術」，現代美術，1996 年 7 月。

女人的形象，背後不僅有著異性戀男人佔有女人的情慾觀念，還有男性陽具崇拜的威而鋼幻想。而且，觀者視線看不到畫中男人而他也不迎合觀者視線，反觀畫中女人雖然側趴著身子，臉卻正面迎向觀者的視線。換言之，藝術家再現男人以及女人有相當不同的態度。而這畫面邏輯正一步一步引導觀者進入異性戀男性情慾窺視女人、消費女人的權力關係裡，此刻，觀者也變成了宰制女人的共犯。

翁碁峰的「世紀末救世主」這件類神龕的裝置作品有一扇分向兩邊開啓的門，門的內面各畫著一個全身裸裎、性器暴露的男女，明示出一套異性戀的性邏輯。神龕內部的中央放置一尊女神像，神像不但有著所謂玲瓏有致的性感曲線，身上還被刻意裝上了不同材質做成的大乳房以及明顯暴露的陰戶。女神像的背後，則是一個個「像是帶著光暈的小神像」，但是，如果細看則發現那都是些 A 片裡常見的女像：裸露撩人、高潮迷醉的性化女體。神龕上頭兩排橫眉寫著：「世紀末救世主」以及「有求必應、普渡眾生」。在這個崇高的宗教道德宣言底下，觀者視線的性消費得到了合法性，而「女人作爲性化女體服務異性戀男人的性慾，並作爲他們性消費源源不絕的資源」這個作品的主要敘事命題便被模糊化了。而從共同展出的另一件作品「少女商品」，我們可以發現支持「女人爲異性戀男人性消費的不絕礦源」這個主要命題的便是女人身體的商品化（commodification），女體變成可被標價、可被交易的公共消費商品。於是，這兩件作品展現了維持父權制度以及資本主義體系共同宰制女人的美學語言。

根據展覽目錄，洪天宇「一九九三·臺灣」這件寫實性的裝置作品，意在批判一九九三年一名女子被姦殺後，許多民眾僅關心該案件能給予什麼樣的六合彩明牌啓示的荒謬現象。儘管立意良善，但這件作品的寫實手法卻是十分值得商榷的。這件作品以一個上半身支離破碎的女偶人重現該女子被姦殺的凌亂，觀眾在觀看該場景時，經由不認同的關係（主角不是我／跟我無關），消費該女子被暴力侵犯的「藝術再現」，觀者被迫成爲第二次的施暴者；或是經由認同的關係

（主角可能是我／可能跟我有關），觀者被迫經歷被害者所經歷的以及美學語言所帶來的暴力傷害，觀者因此也受害（victimised）、受到創痛（traumatised）了。於是，這樣的寫實手法加上用被姦殺女子當作「一九九三年暴力臺灣」的符號，都強化了父權暴力侵害女人的邏輯。

　　總而言之，這些美學語言最令人不舒服的地方，並不在於它們是否「扭曲」了女人的形象，而是這些美學語言是一種精密的視覺設計，一步一步從她者化女人（性器不同、女人就像吃人的母螳螂……）開始，經過物化／佔有／窺視／消費女人，而到強化／永續整個父權宰制的暴力邏輯。而這個過程對平權社會的最大傷害，便是經由這些文化的符號體系與遊戲規則的運作，讓人以為這些再現都是自然的、真實的。而經由未加批判的媒體傳播與學習過程，這些再現背後的父權／資本主義意識型態一點一點的滲透我們的知覺和語言系統，形成我們的「假意識」（false consciousness）[28]，然後再經過缺乏自覺的傳遞過程，形成一個強固的女男不平等的父權網路。

三、女性主義介入父權話語的努力

㈠「女性藝術」的詮釋危機

　　一九九五年四月《藝術家》雜誌「女性藝術專題」裡某些文章至今依舊令人印象深刻[29]。國立歷史博物館館長黃光男的談話「我不認為藝術有性別之分」、一九九九年威尼斯雙年展臺灣館策展人石瑞仁的文章「正面看待與期盼『女性藝術』」以及藝術史學者蕭瓊瑞的訪

---

[28] Marx, K. (1970). *German Ideology*.

[29] 林珮淳曾對此專題發表了很多意見，詳見「從文化差異探討台灣女性藝術深層、表層的發展問題」，現代美術，1991 年 11 月。

談「建立女性觀點」均表現了積極鼓勵「女性藝術」或是女藝術家發展的善意。

在談話幾近尾聲之時，黃光男表明未來不只要舉辦女藝術家展，更要籌畫模特兒的展覽。如果，這個至今尚未發生的女模特兒展可以像美國女性主義藝術史學者尤妮絲莉普敦（Eunice Lipton）的《化名奧林匹亞》（Alias Olympia）所寫的一樣[30]，在尋找馬內（Édouara Manet）筆下那個無聲、被物化了的女模特兒維多莉亞莫涵（Victorine Meurent）的過程中，重新發現了那個有血有肉、會創作有思想的女人／主體，那麼，黃光男的想法便是有創意的。但是，黃光男繼續說：「……長久以來作爲藝術家創作泉源的多半是女性，像畢卡索畫過多少女性？若沒有女性，畢卡索的藝術可能就無法像今天這麼豐富了。」[31] 黃光男的說法證明了他沒有理解到畢卡索藝術裡女人作爲一個視覺符號的邏輯：舉例而言，名聞遐邇、眾歸正典的作品「亞維儂女孩」中的女人便被定位成畫家與觀者視線窺視、佔有的性對象（sexual object）。以性化女人這樣的視覺符號邏輯來說明女人，「女性藝術」的重要性是不能成立的、也不能被接受的。

另一方面，石瑞仁於文末不忘號召（男）讀者要善待「女性藝術」，他的理由充滿了國族主義（nationalist）與「西方」抗爭的色彩，亦即男女藝術家互相激發，便可成就「『東方不敗』的臺灣藝術和質涵」。「男性藝術」作爲「正規軍」不能敵視作爲「增援部隊」的「女性藝術」，因爲兩者「沒有戰鬥實力之別或目標利益上的衝突」，若整合兩者共同爲「開闢人類藝術文明領土努力」，便可完成這個國族主義式競爭的願望[32]。如果，作者對於「正規軍」和「增援

---

[30] 陳品秀譯（民 85），台北遠流。

[31] 「我不認爲藝術有性別之分──與國立歷史博物館館長黃光男一席談」，藝術家，女性藝術專題，1995 年 4 月，頁 272。

[32] 石瑞仁，「正面看待與期盼『女性藝術』」，藝術家，女性藝術專題，1995 年 4 月，頁 267。

部隊」的說法不是一個不恰當的比喻或是犯了語意上的矛盾錯誤，那麼，這個「男女藝術家互相激發」的遊戲規則，不但是由作爲「正規軍」的「男性藝術」所訂立的，更是建立在貶抑「女性藝術」、「女藝術家」的不平等基礎上：一則，「女性藝術」作爲「增援部隊」的次級／附屬地位與實力；二則，「女性藝術」作爲「增援部隊」的存在目的全是爲了「支援」、「補足」作爲「正規軍」的「男性藝術」；三則「女性藝術」作爲「增援部隊」的功能與意義便是以作爲「正規軍」的「男性藝術」爲中心而量身打造的。

　　蕭瓊瑞的訪談可說爲臺灣「女性藝術」發展提供了相當有建設性的意見。作爲一位認真耕耘臺灣藝術史的學者，他的確看出臺灣「女性藝術」需要更努力，創作好的作品，建立有批判性的結盟關係以及嚴謹的學術論述，而這些努力方向的基礎原則便是建立「女性觀點」。針對這個「女性觀點」，他解釋：「但容我講幾句專業以外的話，女性藝術工作者固然應該挖掘這個社會制度不合理的層面加以糾舉，但就創作本身而言，女性藝術家似乎更應該去挖掘男性藝術家所沒有的生活經驗、美感體認，共同豐富人類精神文明。」[33] 他更進一步以瑪麗凱莉的「出生後文件」爲例，說明「生產」便是「男性藝術家所沒有的生活經驗、美感體認」，而這便是所謂的「女性觀點」。

　　的確，自一九七〇年代開始，許多女性主義藝術家製作了許多與女人身體有關的作品，一方面肯定父權社會裡不受肯定的女性經驗，另一方面則要抗議父權社會在女人身上所做的規範與控制。這的確是女性主義藝術實踐歷史上相當明顯而重要的策略，但並非女性主義藝術工作者或是女藝術工作者全部的經驗。女人的經驗不只有生產能力、有月經、有乳房、有陰道而已，女人還有作藝術家、作軍人、作政治家、作工程師、作汽車修護師等等的能力、經驗和渴望，雖然女人看待這些經驗的角度或許與男人會有某些差異，但這些經驗也是非

---

[33] 蕭瓊瑞，「建立女性觀點」，藝術家，女性藝術專題，1995 年 4 月，頁 268～269。

常重要的「女性藝術」內涵／「女性觀點」。因此，蕭瓊瑞「女性觀點」的危險在於重複了父權體系以男人慾望爲中心來畫分性別任務的版圖。在這個版圖裡，女人可以說出異於男人的「女人存在經驗」，卻不能說出「女人作爲一個人的存在經驗」。女人可以作爲「女人」，卻不能作爲「人」！

(二)女性主義介入父權話語的力量

要處理這種臺灣「女性藝術」發展上以及詮釋上的巨大危機，便需要女性主義介入父權話語的力量。

從一九八八年起，嚴明惠便在《雄獅美術》、《藝術貴族》以及《藝術家》等雜誌裡談論「女性藝術家」的自覺問題，要求女藝術家要自立自強，並以身體、性意識作爲爲探索藝術中性別問題的基礎。雖然她的言論間或夾雜著生物本質論的危險，亦較少探討藝術史、性壓抑背後的社會成因，但在當時戒嚴時期政治勢力對於性、身體嚴格控管以及父權社會對於女人之性（female sexuality）嚴厲消音的殘留保守空氣底下，這的確是個勇敢的開始與嘗試[34]。

呼應嚴明惠動員女藝術家的渴望，侯宜人則從男性中心藝術史的角度勸說女性藝術在臺灣發展的意義和必要性，並在「女性創作的力量」肯定女性創造力以及集結的治癒力量[35]。而吳瑪悧的加入，讓臺灣女性話語增加了一股強勁的批判、動員與知識流通、傳遞的力量。

---

[34] 嚴明惠，「談女性藝術家的角色扮演」，雄獅美術，1988 年 6 月；「性意識、人體畫與女性藝術家」，藝術貴族，1990 年 8 月；「台灣藝術史，需要一個以『性別』爲主導的藝術運動嗎？」，1990 年 6 月；「危機就是轉機──談女性藝術創作發展的隘口」，1994 年 9 月。

[35] 侯宜人，「翻開藝術史的另一面──女性藝術在台灣發展的意義和必要性」，雄獅美術，1991 年 1 月。侯宜人，「女性創作的力量、類治癒網路的傳奇」，台南新生態藝術環境二週年展展覽目錄，1994 年 6 月。

一九九六年一篇義憤填膺的文章〈一九九六台北雙年展幕後沒有女人味〉36 引爆了難得一見的性別議題攻防戰，促使大家再次思考女藝術家處境，藝術語言與女人的關係，並嘗試以成立「女性藝術聯盟」等組織去改變父權藝術體質。而一九九一年〈從女性集結到新美學的建立——讓知識再成爲一種知識類型〉37 從引介美國女性主義運動開始，爲臺灣「女性藝術」強調女性身體存在的部分提供了相當犀利的知識基礎；而從自身與婦運政運的淵源經歷出發，一方面明確的提出了「女性集結」的基礎、目標與政治性，並鼓勵女藝術家在如是的基礎上進行與其他藝術界域的串連，以便發揮更大的力量，另一方面，更鼓勵建立一種思考「女性意識」的「新美學」與「女性論述」。至今，這些依舊精準的說出臺灣女性主義介入父權藝術體系時必須努力的方向。

　　一九九四年這些女性主義的話語總算有了可以固定交流的地方——《藝術家》雜誌的「女性藝術專欄」。這要歸功於林珮淳等人以及《藝術家》雜誌的努力38。林珮淳對於招朋引伴投書該專欄以及整體的「女性藝術」發展貢獻了很多心力。她也從自身的創作／生活經驗出發討論抽象表現主義藝術與女人的關係，介紹英國女性主義藝術家瑪麗凱莉的產後文件等等以及評論一九九六年澳洲所主辦的亞太三年展39，對於抽象與女性主義再現、女人母性（maternity）以及本土文化之於西方文化間的對應關係這些棘手的問題都做了探討。

---

36 中國時報，娛樂週報，1996 年 8 月 24 日。

37 藝術家，1991 年 11 月。

38 林珮淳，「女性藝術大家一起來關心——從開闢「女性藝術專欄」構想談起，1994 年 4 月。

39 林珮淳，「抽象表現主義藝術是反女性主義藝術嗎？——從自我創作經驗探討文化差異下對抽象表現主義繪畫的不同觀點」，藝術家，1995 年 1 月；「非女體的、非男性的女性主義藝術——瑪麗・凱莉的產後文件」；「無聲的台灣藝術，無聲的台灣女性藝術——從澳洲主辦的亞太三年展反省台灣的定位」等等。

　　另外，既是臺灣「女性藝術」主要策展人，又是引介美國後現代藝術現象的女藝術家陸蓉之，相當有耐心的耙梳「中國女性藝術的發展與啓蒙」[40] 以及中國與臺灣「閨秀藝術的古今演變」[41]。賴明珠抽絲剝繭的辛勤研究「才情與認知的落差——論張李德和的才德觀與繪畫創作觀」[42]、「女性藝術家的角色定位與社會限制——談一九三〇年代、一九四〇年代臺灣樹林黃氏姊妹的繪畫活動」[43] 以及「日治時期留日學畫的臺灣女性」[44] 則爲臺灣找到了許多即使在臺灣史學書寫風潮中依然被遺忘的日治時期臺灣女藝術家的蹤跡。此外，薛保瑕一份相當紮實嚴謹的研究「臺灣當代女性抽象化之創造性與關鍵性」，以抽樣訪談的方式，探討臺灣當代女抽象畫家對藝術、性別、臺灣藝術生態的體驗與態度，並進而歸納臺灣女性抽象畫的性格[45]。這些研究難能可貴的地方，便是爲臺灣「女性藝術」編撰了局部的系譜和性格。

　　而在英美藝術的引介上，傅嘉琿先後譯寫賽立亞彼得森以及派翠西亞馬修的〈藝術史中女性主義之評論〉[46]，非常有助於臺灣「女性藝術」研究學者分辨以及耙梳一九七〇年代、一九八〇年代英美女性主義者在藝術／藝評／藝術史生產的論題、不同派系的激辯。而她所寫的〈再審視女性化及女性藝術——由葛雷西達波洛克對女性藝術

---

[40] 藝術家，1993 年 3 月。

[41] 林珮淳編（1998），女／藝／論，女書店。對於這個領域有興趣的讀者，可另參見 Marsha Weidner (1991) ed., Flowering in the Shadows : Women in the History of Chinese and Japanese Painting, University of Hawaii Press; Marsha Weidner (1988) ed., Views from Jade Terrace: Chinese Women Artists 1300-1912, Indianapolis Museum of Art.

[42] 藝術家，1995 年 10 月。

[43] 藝術家，1995 年 12 月。

[44] 女／藝／論。

[45] 薛保瑕，「台灣當代女性抽象畫之創造性與關鍵性」，女／藝／論。，

[46] 藝術家，1994 年 5 月～7 月。

史、藝術理論及實踐的「修補術」談起〉[47]，更是臺灣介紹波洛克這位英國「女性主義藝術史學者」之精闢理論的開始。

由吳瑪悧所主編的遠流藝術館翻譯叢書也在引介英美女性主義藝術思潮、藝術創作經驗上扮演了十分重要的角色。一九九五年出版的「女性、藝術與社會」對於古今歐美女藝術家的藝術生產作了一個總體的歷史性描述。而一九九七年出版的《穿越花朵》，則是美國女性主義藝術先鋒茱蒂芝加哥的自傳，爲其影響女性主義藝術發展有深遠影響的《女人屋計畫》與《晚宴》，提供了更私人、更進一步的認識。一九九八年出版的《與十二位女性藝術家談話錄》呈現了美國女抽象表現主義藝術家生活以及藝術創作的心路歷程。一九九六年出版的《化名奧林匹亞》，藉由尋找馬內《奧林匹亞》畫中模特兒莫涵的過程中，作家也更加瞭解自己的主體性，該書示範了一種突破性的雙主體藝術史書寫方式。

在女性主義藝術史的論述方面，則有諾克琳所著的專書《女性藝術與權力》，從藝術機制的結構層面切入女性藝術生產活動，探討「爲什麼沒有偉大的女性藝術家？」這個女性主義藝術史的經典命題。另外，則有琳達妮德（Lynda Nead）所著的理論專書《女性裸體》，主要討論「女性裸體如何被父權論述塑造爲去性慾的審美觀想，而當代女性主義藝術家又如何解構這個根深蒂固的傳統，並重新做自主性的詮釋」。最後，去年甫出版的《女性主義與藝術歷史——擴充論述》則是一本從女性主義角度閱讀古今歐美藝術史的論文集編，相信能夠提供臺灣讀者對於女性主義介入歐美藝術史的歷史有超出百科全書程度的深入瞭解。

回顧過去，十年的思考似乎也有了一些累積，加上女書店「女性與藝術」系列演講、座談交流對話的激發，透過吳瑪悧與林珮淳申請的國家文藝基金會補助以及女書店的協助，第一部探討臺灣女性藝術

---

[47] 藝術家，1995 年 2、3 月。

文化現象的專書「女／藝／論」總算在大家的期盼下問世。翻翻書中扉頁，固然青澀，但對於臺灣「女性藝術」主體性這個未知的世界，卻是個探險遊玩的好開始！

四、尋找陰柔的聲音——抽樣篇[48]
（Looking for feminine voices）

㈠繪製身體的地圖

女人的生殖功能、照養家庭的功能不斷被公開讚頌為維繫父權社會／國家的命脈。相對於這種公開的合理化／自然化作法，女人被塑造為性（幻想）對象的方式，則是以某些高明的偽裝辦法為男性異性戀中心情慾偷天換日（例如：畫中的理想美人）[49]。當臺灣威權政治控制力消退、婦運漸漸將性別議題推上檯面，一方面我們看見男性異性戀中心的情慾迫不及待的脫下它的羊毛外套，另一方面，女人也開始繪製女人身體的地圖和歷史。

嚴明惠回台前後的作品主要以充滿象徵符號的手法探索女人的身體與情慾。一九八八年至一九九〇年水果系列所顯現的是本土化「心核意象」這女性主義再現傳統的影響。從「三個蘋果」（1988）裡半遮掩的果核到「李子四重奏」（1988）裡特寫的圓凹局部，自「乳化的蕃茄」（1990）而至「蓮霧與乳房」（1990），以象徵陰戶、描繪乳房的方式肯定女人身體性徵、生育哺育能力的存在，更以水果滋味來經驗女人情慾的存在。一九九〇年至一九九二年左右，象徵「心核

---

[48] 關於這個命題，吳瑪悧的〈洞裡玄機——從圖像、材料與身體看女性作品〉，收於《女／藝／論》。是一篇非常有趣而且相當具有實驗性的女性主義閱讀法。另外，限於篇幅，筆者無法一一討論很多有趣的作品。

[49] 參見《視線與差異》第三章譯註。

意象」的水果變成了空花系列裡的眾花相。從水果到花的好吃好香，嚴明惠作品在繪製女人情慾地圖時同樣也意識到了背後所隱藏的男性異性戀在定義情慾上的中心力量。「葡萄、人體、夜光杯」（1990）的創作自述寫道：「常常我在畫水果時，彷彿我是在畫一個女人，只是我不知道我是在畫別的女人，還是在畫我自己這個女人。當我畫、畫、畫……的時候，一股強烈的感情告訴我：我是在畫女人。有時，女人與男人相處時，男人會使女人感覺：女人和水果一樣，爽口、甜蜜、柔軟而多汁，而我爲什麼要把葡萄與人體胸部放在一起，完全是一種直覺。在我的經驗中，它的感覺像『吃葡萄』一樣。容我這麼說：這是對女人的禮讚！」[50] 曾經一度，嚴明惠嘗試以大尺寸水果的視覺威脅力量「反制」男性視線的力量。但以肯定態度繪製女人身體地圖的同時卻使用了男性異性戀情慾圓規的問題，在未解決之前便被嚴明惠潛心修佛而畫成的菩薩像給轉換掉了。

　　林珮淳的「相對說畫」（1995）（圖 7-5、7-6、7-7）從「理想、性感美人典型」的角度切入臺灣女人身體意識形成的問題。整個畫面被分割成正方形的小格子。中國古時的「三寸金蓮美女」和臺灣當前流行的「美容瘦身業經典美女」被以圖像化的方式間隔排列，散列其中的，一則是形容相應那些美女典型的審美標準，諸如「瘦小尖彎」等等文字；二則是確保女人行站坐臥都維持「美麗體態」的工具或技術，例如「健胸新術」以及古時三寸金蓮和今日三吋高跟鞋的圖像。「相對說畫」顯示出仕女圖以及商業廣告中的美女形象與臺灣女人身體意識形成關係中有一套精密的人工設計。首先，「美女典型」創造了臺灣女人身體地圖與情慾意識的疆界；細緻的工具與醫療技術守護著這個「美體」的疆界；審美標準、女性特質則共同美容、強化守衛疆土的暴力，最後，資本主義傳播媒體以將暴力合理化、內化的話語力量馴服疆界裡的人民，並利用認同的互相監督力量（內化的極致例

---

[50] 嚴明惠 1988-90 作品集，台北輝煌時代藝術有限公司，1990。重點爲筆者所加。

子：女兒，該減肥了，為什麼妳不像紫薇格格林心如？？）邊緣化「異形／行」或「異議」份子。於是，透過這種精緻的女人身體操作機制，男性異性戀中心情慾監控／操縱女人身體的意識型態塑造了女人身體的「假意識」／「迷思」。許多女人自發的走向手術台，不管是「女為悅己者容」，還是「有個漂亮身體，便可做個自信女人」，都有「飛蛾撲火」的誘惑與危險。

「相對說畫」裡另一個有趣的面向，則是藝術家運用複雜的多重對比方式建立臺灣女人身體意識形成的歷史與文化特殊性。作品的媒材以油畫和布上刺繡並列，形成第一層的對比關係；油畫圖像與扇面拼貼又形成另一層對比；而中國仕女圖又與金髮美女形成第三層對比關係。藝術家利用「所謂傳統中西媒材、語言以及歷史情境」的對比關係來建構女性身體意識的臺灣時空。的確，不同社會的女人之間的共通點，主要在於她們都同樣被她們的社會放置在一個叫做「女人」或「女性」的「集體位置」上，但是，這個「女人」或是「女性」的內涵卻有歷史、文化上的差異。儘管在全球化、網路化的趨勢裡，「中」「西」疆界已漸模糊的藝術情境裡重塑傳統「中」「西」疆界的語言未必恰當，但卻是對抗龐大帝國殖民力量滲透／宰制主體性形制的初步嘗試。

(二)打造一個平權的歷史空間

從解嚴之後，重新書寫臺灣歷史早已成為臺灣尋找臺灣化認同以及主體性的熱門再現場域。對於許多歷史傷痛事件的詮釋場域變成了兵家必爭之地，企圖在療治國家創痛的過程當中，打造一個符合自身意識型態、政治立場與利益的臺灣認同以及主體性。而在一個臺灣化的過程，二二八事件的傷痛和悲情開始被承認，受害者也開始被寫入歷史，絕大多數是男人的「暴民」，一個個變成了對於臺灣歷史有卓越貢獻的「烈士」，變成了臺灣父權國家的「命脈」。然而，女人們呢？

圖 7-5　林珮淳，相對說畫裝置，1995
前景陳列架爲有關裹小腳的歷史資料（圖片由林珮淳提供）

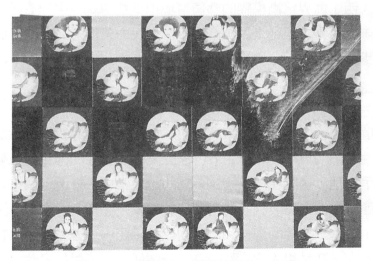

圖 7-6　林珮淳，相對說畫，1995
（圖片由林珮淳提供）

圖 7-7　林珮淳，相對說畫，細部，1995
（圖片由林珮淳提供）

　　從一九九七年二二八紀念美展「悲情昇華」來看，吳瑪悧的「墓誌銘」（1997）（圖 7-8、7-9）則是從女人在國家、歷史、政治中的位置探索主體性形成的難得佳作。吳瑪悧在創作自述中寫道：「男人的歷史改寫了——暴民可以變成英雄，女人的故事呢？」換句話說，在這個打造臺灣主體的歷程中，男人的傷痛經驗被承認了，開始被療治了，也變成了歷史以及政治的主體，但是女人卻被遺忘了。

　　藝術家便從此出發，利用ㄇ字形的半封閉特性，創造出一個深刻而且具有一點點強制力的冥想空間。ㄇ字形的兩翼牆面，掛著從阮美姝「幽暗角落的泣聲」一書所節錄的二二八女性受害遺族的證言（testimony）、反應和經驗。正對觀者的牆面則「呈現不斷撲打岩石的海浪錄影畫面和聲音。於是，作品創造出一個嚴肅經歷二二八女性受害遺族傷痛的空間。

圖 7-8　吳瑪悧，墓誌銘，1997

（圖片由吳瑪悧提供）

圖 7-9　吳瑪悧，墓誌銘，細部，1997

（圖片由吳瑪悧提供）

在這個空間裡，二二八事件以及二二八女性受害遺族的經驗不是以戲劇化的寫實圖像呈現，是以，觀者不會藉著視線的不認同關係消費／窺視女性受害遺族的傷痛經驗，也不會經由視線的認同作用被迫經歷那些造成創痛經驗的暴力。它們以抽象文字的形式呈現，創造出一種歷史的想像距離，透過這個想像的距離，女性受害遺族的創痛經驗被傾聽、被經歷、也被反思了。在觀者反思的時間和空間裡，女性受害遺族的聲音變成了主體的聲音，而不是再次被異化爲一種客體經驗，觀者與女性受害遺族的相遇（encounter）變成了一種平等的雙主體交流過程。於是，療治二二八女性受害遺族創痛主體的過程成爲觀者無法自外的主體經驗，引爆對於觀者個人傷痛，觀者「作爲女人」（虛擬情境）的傷痛以及觀者作爲臺灣人的集體傷痛的經歷過程。佛洛依德曾對一次世界大戰戰士做過創痛經驗的研究，他認爲，當巨大創痛已經完全破壞主體的最後一道防線時，主體的世界便停留在創痛所形成的不可名空間裡。而在主體修復的過程當中，防衛機能有一種強迫性的重複機制（compulsion to repeat），使得受害者不斷的、不自覺的夢見傷痛經驗的片段，而主體可能在這樣的重複過程中遭受二次暴力，也可能在一次次的重複之中瞭解創痛經驗而痊癒[51]。吳瑪悧的「墓誌銘」避開了暴力的重現，以海浪重複拍打的畫面和聲音一次一次沖刷著二二八受害女性遺族以及觀者的傷痛，建立了一個非陽具中心、非宰制性的療傷情境，在那裡，我們看不到父子相傳的父權國家認同，也看不到因爲必須恢復被閹割的男性特質（castrated masculinity）而重塑了父權性別秩序的語言，這正創造了浴火重生之後打造非陽具中心、非宰制性的陰柔主體性（feminine subjectivity）的契機，而這就不只是爲了女人。

---

[51] Sigmund Freud (1991). Mourning and Melancholia and Beyond the Pleasure Principle. *On Metapsychology*, The Penguin Freud Library, vol. 11. London, Penguin Press.

（筆者非常感謝吳瑪悧出借資料、畫冊，以及近年來對於筆者的直言批評和思想啟發。另外，筆者也要感謝王雅各、林珮淳、嚴明惠、王錦華、龍門藝廊、台北帝門藝術中心、台北漢雅軒提供寶貴的資料或圖片。）

參考書目

台北市立美術館（1996）：臺灣藝術主體性——一九九六年台北雙年展。

台北市立美術館（1997）：悲情昇華——二二八紀念展。

台北市立美術館（1998）：意象與美學：臺灣女性藝術展。

台北帝門藝術中心（1991）：女我展——女性與當代藝術對話。

台北龍門藝廊（1998）：女味一甲子。

台南新生態藝術環境（1994）：臺灣女性文化觀察——新生態藝術環境二週年慶活動。

王雅各（1998）：身體：女性主義視覺藝術在再現上的終極矛盾。臺灣大學人口研究中心婦女研究室。

王錦華（1999）：性別政治與美學——九○年代臺灣女性藝術展覽的論述型構（*1990-1998*）。台南藝術學院藝術史與藝術評論研究所碩士論文初稿。

李美蓉譯（1995）：Whitney Chadwick 原著，女性藝術與社會。台北：遠流。

林珮淳主編（1998）：女／藝／論。台北，女書店。

侯宜人譯（1995）：Lynda Need 原著，女性裸體。台北：遠流。

徐洵蔚譯（1998）：與十二位女性藝術家談話錄。台北：遠流。

陳宓娟譯（1997）：穿越花朵。台北：遠流。

陳品秀譯（1996）：化名奧林匹亞。台北：遠流。

游惠貞譯（1995）：Linda Nochlin 原著，女性藝術與權力。台北：遠流。

劉瑞祺（1992）：朱蒂芝加哥之《晚宴》研究。國立臺灣大學藝術研究所碩士論文。

謝鴻鈞等譯（1998）：女性主義與藝術歷史──擴充論述。台北：遠
　　流。

「典藏雜誌」，1995 年 4 月號「女性藝術專題」。

「南方雜誌」，1995 年 4 月號「女性藝術專題」。

「新朝藝術雜誌」，1999 年 4 月號「女性藝術專題」。

「藝術家雜誌」，1995 年 4 月號「女性藝術專題」。

Betterton, R. (1996). *An Intimate Distance: Women, Artists and the Body*.
　　London.

Broude, N. & Garrard, M. (Eds.) (1994). *The Power of Feminist Art: The
　　American Movement of the 1970s*. New York: Harry N. Abrams Inc.

Chicago, J. (1996). *Beyond the Flower*. New York: Penguin Groups.

Deepwell, K. (1995). *New Feminist Art Criticism: Critical Strategies*. Man-
　　chester: Manchester University Press.

Jones, A. (1996). *Sexual Politics*. Los Angeles.

Kelly, M. (1997). *Imaging Desire*. Boston.

Lippard, L. (1976). *From the Center: Feminist Essays on Women's Art*. New
　　York.

Parker, R. & Pollock, G. (1981). *Old Mistresses: Women, Art and Ideology*.
　　London: Routledge and Kegan Paul.

Parker, R. & Pollock, G. (1987). *Framing Feminism*. London: Harper Col-
　　lins.

Pollock, G. (1988). *Vision and Difference*. London: Routledge.

Pollock, G. (Ed.) (1996). *Generations & Geographies in the Visual Arts: Fem-
　　inist Readings*. London & New York: Routledge.

Rice, S. (Ed.) (1994). *Public Bodies/Private States: New Views on Photogra-
　　phy, Representation and Gender*. Manchester.

Spence, Jo (1986). *Putting Myself in the Picture: A Political Personal and
　　Photographic Autobiography*. London.

Spence, Jo (1995). *Cultural Sniping: The Art of Transgression*. London.

Sulter, M. (Ed.) (1990). *Passion: Blackwomen's Creativity*. Hebden Bridge.

Trinh, T. M. (1989). *Woman, Native, Other*. Los Angeles.

第 八 章

明明月照來時路：
臺灣婦運的歷史觀察[1]

游鑑明　著

第一節　前言

　　目前學者研究臺灣婦運史多半以一九七一年呂秀蓮的「新女性主義」爲發端，也有少數學者將臺灣婦運上溯至日據時期或檢視一九五〇年代黨治下的婦女活動，並根據各自的理論架構，建構臺灣婦運史（顧燕翎，1989:92）。惟這些研究僅著眼於具女性意識的婦運，對由政府或政黨動員的婦運不是完全否定便是留白[2]（張毓芬，1998: 3-7；楊翠，1993:603）。事實上，回顧臺灣的歷史，臺灣的婦運應推及至清末西洋傳教士的解纏足言論與興女學活動。儘管這段歷史鮮爲人知，影響也極其有限，但毋可否認的，揭開臺灣婦運的序幕確實是這群外來的男性傳教士。在傳統禮教束縛的時代，女性既無能力也不懂得如何解放自己，因此這種非女性自主的解放運動值得給予關注。至於繼之而來的，日本殖民政府的同化政策、婦女動員以及中華民國政府的婦女工作同樣有特定的意義。

　　由於宗教與國家的概念高於女性意識，西洋傳教士、日本殖民政府或中華民國政府並不標榜這些活動是解放臺灣女性的運動，甚至不視之爲是婦運；而是就既定的目的和政策從事改造臺灣女性的工作。儘管如此，不少臺灣女性是在這一波波的改造過程中成爲新女性，並從中產生自覺意識，再進一步發動以婦女爲主體的臺灣婦運。有鑑於此，研究臺灣婦運顯然應回到歷史，從歷史中瞭解臺灣婦運的來龍去脈。歷史是連續不能中斷的，臺灣的婦運史也是有上承下續的軌道，

---

[1] 本文曾以〈台灣婦運的歷史觀察〉爲題，發表於財團法人國家展望文教基金會主辦：「21世紀人文價值觀研討會」（一九九九年五月十五日），並略作修正。

[2] 楊翠認爲臺灣婦運自一九三〇年代以來，斷層了三十餘年。

雖然新時代來臨前臺灣的婦運是由外國人開啓，而解嚴前的婦運是受政黨支配，但曾經在這不同階段受改造的婦女都應被關照，不應置之於歷史之外。本章以戰前臺灣、戰後臺灣、政府遷臺後與解嚴前後的婦運爲討論重點，即擬透過百年來的臺灣歷史省思這段時期臺灣婦運的發展。

第二節　戰前的婦運

　　戰前的臺灣婦運是由來自兩種不同文化背景的外國人所倡導，即西洋傳教士與日本殖民政府。這些外國人將其國內已實施或正進行中的女權思想帶入臺灣，並根據各自來臺的目的，展開解放臺灣女性的活動。一八五八年中英法天津條約開放淡水和台南爲通商口岸後，西洋傳教士陸續入臺，從事各項傳教事業（游鑑明，1988:31）。在傳教的過程中，加拿大基督教長老教會傳教士馬偕（George Lesile Mac-kay）發現，向臺灣女性傳教的阻力是來自臺灣的社會陋俗，例如溺女嬰、纏足與蓄妾等。他逐決定培養臺籍的女性傳教士，並藉由她們與其他臺灣女性的共同經驗，以便順利進行傳教的工作（MacKay, 1896: 297-304）。一八八四年臺灣第一所女學校「淡水女學堂」的創建，即基於馬偕的構思。其後，英國基督教長老教會也於臺南設立「新樓女學校」並出版《臺灣府城教會報》，該會一方面推動女學、提供現代女子教育的課程，另一方面對臺灣的陋俗進行抨擊，反對纏足、倡導男女平等（游鑑明，1988:32-4）。

　　毋庸置疑的，外國傳教士是解放臺灣女性的先聲，他們較國人先體認到臺灣社會陋俗不利臺灣婦女的地位，故有意改變臺灣婦女的生活。惟傳教士宣揚女權的終極動機是在傳教，其宣傳方式與對象不夠廣泛，無法得到社會大眾的支持，特別是向來關心文教事業且具影響

力的臺灣士紳[3]（游鑑明，1988:35）。因此由傳教士掀起的臺灣婦運並未發揮太大的作用，獲得解放的僅是少數婦女。一八九五年臺灣割讓給日本之後，在日本殖民政府的五十一年統治下，臺灣婦女有了重大的轉變。由於殖民政府視臺灣為其領土的一部分，據臺之後有計畫的展開改造臺灣人民的工作，除透過國家機器運作之外，也借重臺灣社會領導階層的力量從事改造，臺灣的婦運即在此一環境下展開。

殖民政府是以同化兼現代化的政策進行婦運，並從興女學與戒纏足兩方面著手。以興女學言，殖民政府認為女性與兒童的關係密切，教育女性不僅能改造女性本人，且可間接同化臺灣的下一代，因此將女子教育列入殖民教育的體制內，使臺灣女性有讀書的機會。但因殖民女子教育旨在培養賢妻良母，致使教育內容相當狹隘。同時，殖民政府忽視種族歧視與兩性不等的問題，使此期的女子教育呈現偏頗不公的一面（游鑑明，1988:248-54）。就戒纏足言，為運用婦女的人力資源，殖民政府對深入臺灣社會底層的纏足陋俗進行廢除工作，在社會領導階層與公權力的桴鼓相應下，將同化政策推及至一般女性，完成解纏運動（吳文星，1992:252-97）。

興女學與戒纏足運動展開之後，知識份子也不時發出關心臺灣婦女問題的言論，至一九二〇年代到一九三〇年代，有更多受過新式教育的知識份子參與討論，論域更加廣泛，論者分別就女性與婚姻、教育、經濟和參政的關係進行討論（楊翠，1993:169-252）。這類言論固然有不少與以「同化」為目標的婦運互為表裡，但也有部分言論受世界婦運思潮及臺灣社會運動的影響，不僅重視改造女性，更進一步倡導兩性平權。經由政策和輿論的相互激盪，形塑出與臺灣傳統社會不同的新女性。她們不再侷限於家庭，而走進職場或其他場域，體驗多元化的生活；她們也透過輿論，與男性知識份子共同呼籲經濟獨立、

---

[3] 由於當時是藉由《臺灣府城教會報》宣傳，該報的書寫文體係羅馬拼音，傳播的對象主要是教徒，自然不易引起較多的回應。

婚姻自主。更重要的是,隨著臺灣社會運動的興起,有部分女性自組
婦女團體,從事改善女性地位的活動,首開由臺灣女性自主的婦運。
一九二五年至一九二六年間成立的「彰化婦女共勵會」和「諸羅婦女
協進會」曾透過演講或定期例會,傳遞女權思想。惟因經濟、能力與
理論的不足,這兩個團體僅存在一、兩年即相繼解散(游鑑明,1988:
230-1)。

　　除此之外,也有部分婦女依附社會運動團體從事婦運,例如在臺
灣文化協會、臺灣農民組合和臺灣共產黨中提出婦女政策並宣傳女
權。惟這些活動著眼於女性意識的啟蒙,言論勝於行動[4](楊翠,1993:
361)。儘管如此,另有女性以行動爭取權益,包括女工、護士、服務
生和車掌等,其中工廠女工的罷工運動曾達十四件(游鑑明,1995:
234)。這些運動固然不乏激烈抗爭的局面,訴求的內容主要是工資、
工時的改善,並未提出與女工切身權益有關的要求,加以工運領袖的
缺乏、組織能力的不足,女子工運並未達到預期的成果(游鑑明,
1995:242-3)。姑且不論這類由女性自導或被導的婦運成敗,這群由
殖民政府刻意建構的新女性,發展出不是殖民政府期待的女性解放運
動。因此當一九三〇年代,殖民政府加強同化政策後,凡與社會運動
結合的婦運不復存在,續存的僅是與改革社會風俗、提昇女性道德有
關的活動。而這些活動不是出自殖民政府的授意便是殖民政府的主
導。易言之,在殖民政府統治下,婦女的活動必須經由殖民政府的規
畫與策動。

　　政府的婦女動員一般是配合戰爭,但日本殖民政府動員臺灣婦女
的目的是同化。因此中日戰前,即透過日本國內的官方婦女團體以及
臺灣的學校、社會教化機構進行動員,並成立婦女團體。此期動員的
對象是臺灣的上層女性和未婚的知識女性,且以涵養日本國民精神、
陶冶婦德為宗旨(游鑑明,1995:225-6)。迨至中日戰起,殖民政府的

---

[4] 例如臺灣農民組合具有細緻的婦女政策,卻缺乏落實的設計。

婦女動員更擴及至一般女性：利用地方保甲組織將女性與戰爭緊密結
合，要求臺灣女性效忠天皇，以「軍國之母」、「軍國之妻」的角色
支持兒子或丈夫出征，同時也動員女性工作，以補充戰時不足的勞動
力（楊雅慧，1994:56-84）。這種利用學校、地方保甲組織所動員的婦
女團體或婦女無論在經費或人力方面無虞匱乏，因此能有效的發揮動
員力量，這與隨社會運動起浮的婦女團體形成強烈對比。

　　總之，日據時期的臺灣婦運是由殖民政府率先倡導，其後乃有臺
灣男性知識份子與新女性的回應。前者推動的婦運是植基於殖民政府
的國家使命，經由改造與動員將臺灣女性塑造成日本女國民，而後者
倡導的婦運較關心兩性平權或女性問題的解決。平心而論，在殖民政
府統治下，不僅種族平權未受重視，遑論倡導兩性平權。

第三節　戰後的婦運

　　一九四五年八月十五日，日本宣告投降，臺灣重歸中國，此後臺
灣居民進入新情境。為協助政府重建臺灣，全島出現各種社團，臺灣
婦女也相應組織婦女團體。由於殖民政權不復存在，加以臺灣省行政
長官公署未訂定婦女政策，因此各界婦女對臺灣婦運充滿殷望，積極
投入。不僅有一九二○年代、一九三○年代婦運的領導人，也有殖民
政府動員下婦女組織的指導員，更有中日戰爭末期臺灣的女抗日志
士。她們各憑本領組織婦女團體，一九四六年年初高雄首先發起全省
性婦女組織──臺灣婦女協會（民報，89 號，1946.1.7:2；民報，91
號，1946.1.9:2）。隨即三民主義青年團臺灣區團籌備處以聯誼為名，
舉行全省婦女聯誼大會，是臺灣戰後規模最大的婦女大會（民報，90
號，1946.1.8:2；民報，96 號，1946.1.9:1）。

　　其後各地方婦女會陸續成立，但這時各地發起的婦女組織多處於

草創階段,鮮少舉辦活動,唯有台北市婦女會表現較爲活躍。台北市婦女會的凸出表現實與謝娥的積極運作有關,謝因受黨部倚重,又具女醫身分,因此能經由這些有力的條件大力推動台北市婦女會會務,甚至籌畫臺灣省婦女會的建立。一九四六年五月,省婦女會成立,臺灣的婦運正式進入高潮。爲團結婦女力量,婦女會分會不斷向地方基層延伸,透過各縣市婦女分會傳播女權思想,不僅喚醒婦女自覺、鼓動婦女行使政權和保護婦女人格、人權,且呼籲男性理解與協助(臺灣新生報,1948.10.31:4)。此外,婦女分會也展開各項婦女工作,如救濟失業婦女、訓練婦女職業技能,並將關心的對象廣及至一般民眾。更重要的是,爲提昇女權,婦女會以實際行動進行廢除公娼和爭取參政權的工作。省婦女會召開成立大會之日,即將「請政府廢止公娼」,列爲重要決議,期藉政府力量進行廢娼(謝娥,1946:32)。不久行政長官公署也正式頒布「旅館侍應生管理辦法」,且限期廢除舞廳和公娼(民報,271 號,1946.6.21:2)。

在婦女會與政府協力合作下,這項全面性的取締辦法,引發不同的回應,有的妓女爲恢復自由,求助婦女會聲援;但有更多娼妓採取抗爭方式,蓋因部分女招待對政府的措施缺乏信心,惟恐失業後得不到妥善救濟,因此四處投訴(民報,27 號,1946.6.24:2;民報,352號,1946.8.4:2;民報,189 號,1946.7.1:2;新生報,1946.6.23:5)。此外,廢娼所產生的各種流弊飽受各界攻詰,衛生單位又通過侍應生體檢議案,致使廢娼制度實施不及一年即告結束,這對婦女會的努力不啻是一大打擊。

關於參政權的爭取,一九四六年三、四月間臺灣舉行首次選舉,選出各縣市參議員。當選或候補的女參議員,多數是婦女會的創辦人或核心人物,因此她們也藉由婦女會鼓勵女性爭取參政權,並指出婦女參政對提高女權的重要。國民參政員選舉前,婦女會於各大新聞媒體發表<婦女參政問題>一文,文中強調過去臺灣婦女深受殖民政府壓迫,而目前婦運工作又相當艱鉅,婦女應藉機選出女參政員(人民

導報，422號，1946.8.15:2）。終於在補選制憲國民大會臺灣代表時，婦女配得一個名額。除省婦女會之外，全國性的婦女組織也在臺灣設立分會。一九四六年，宋美齡以中央婦女指導委員會委員長的身分派該會委員劉我英至臺，協助古月芳（陳儀之妻）設置臺灣分會，即新運婦指會臺灣省工作委員會（以下簡稱「婦女工作會」）（民報，541號，1946.12.29:3）。與省婦女會最大的不同是，「婦女工作會」的會員匯集自全國各省籍婦女，而非以臺籍婦女為主體。該會的任務，包括推進婦女生產事業、婦女文化事業、兒童福利、社會福利、婦女組訓及婦女生活等（民報，541號，1946.12.29:3）。不過，二二八事件後，該會的工作幾乎停頓；直到鄭毓秀（魏道明之妻）接任，又開始積極活動，先後創辦《婦女週刊》、國語講習班、法律顧問班、婦女縫紉工廠、縫紉講習班及女子寄宿舍等（新生報，1947.7.14:4；葉鶴峰，1949:6）。

　　儘管「婦女工作會」的成立晚於省婦女會，但卻後來居上，領導臺灣婦運。一方面因原居主導地位的省婦女會不再如以前活躍。該會的部分領導人自二二八事件後，逐漸失勢或淡出，而內部的失和也使該會四分五裂；另一方面是經費問題，使婦女會出現捉襟見肘的情形（柯彬，1947.6.5:4；鍾阿嬌，1948:13-4）。反觀「婦女工作會」因係半官方性質，除有部分事業來自募捐之外，主要經費列入政府預算（柯彬，1947.2.26:4），因此在工作的推動上，「婦女工作會」遠利於省婦女會。此外，「婦女工作會」委員固以官夫人居多，但不乏佼佼者，例如鄭毓秀的學識和領導能力，使她取代謝娥，成為此期臺灣婦運的領袖。

　　婦運發展期間，倡導女權的言論也在其間醞釀。為使臺灣婦女走出殖民時期，此期的女權議題以中國婦運言論為根本，並對臺灣婦女問題進行檢討，以發展合於臺灣婦女的女權思潮。但因論者多半來自省外，對臺灣婦女的觀察常流於片面，因此同一問題經常有不同看法，甚至引起論爭。省外論者接觸到臺灣女性時，多半認為臺灣女性

受殖民統治過於順從、缺乏獨立自主的地位。例如韓佐樑指出，臺灣女性的這種性格不僅是「服從」，還是「盲從」。即使是錯誤的指示，也不敢當面反應。他進一步呼籲，喚醒臺灣婦女應不限村姑村婦，知識女性或上層婦女都應設法讓她們覺醒（韓佐樑，1949.1.16:5）。李緞也以省籍婦女的經驗指出，日本殖民政府的「主婦教育」較諸希特勒要求婦女「回歸家庭」更加嚴重，導致婦女終生僅限於服從，這又相當於「三從四德」、「賢妻良母」的舊禮教標準（李緞，1947.12.21:7）。

　　針對於此，提高臺灣女性的人格和地位成為當時的重要話題。其中嚴重影響臺灣社會風氣和家庭和諧的娼妓問題即深受關心。支持廢娼的論者，除有臺灣本地的知識份子之外，更有來自內地的知識份子。但雙方之間常流於意氣之爭，由於有外省籍論者強調臺灣社會泛溢著淫侈繁華的空氣；因此省籍論者指責這種論調過於含糊、偏頗，甚至有辱臺灣女性（青青，1947.7.12:5；土人，1947.7.19:5；楊雲萍，1948:1）。此外，有論者則針對廢娼制度提出較具體的看法，他們多半承認廢娼政策是明智之舉，但也指出政府和婦女會對娼妓的實際境遇缺乏認識，因此提出重視禁娼後婦女的教育和就業問題[5]（何里，1946.3.10:2）。

　　除娼妓問題之外，論者也主張從教育、就業和參政提昇臺灣婦女地位。以教育言，任培道認為日本統治下的臺灣女子教育偏重家庭教育，使婦女忽略國事、忽視大我（任培道，1946:9-10）。有論者則根據臺灣女子教育的實況，建議宜多設中等以上學校，以增強臺灣女性的教育程度；並十分重視女性的語文教育，認為學習國語能清除省籍隔閡、瞭解中國文化，甚至能經由女性傳授給兒童（寶寶，1948.3.28:4；陳儀，1946:5）。以就業言，論者認為戰後臺灣經濟蕭條，鼓勵更多女性參與就業；但這些人也強調女性就業仍應兼顧家務（鵬，

---

[5] 何里提議增設女子職業學校，以提高女子地位，並改良社會風氣。

1945.12.31:2）。以參政言，論者指出有了參政權得以解決女性問題，
故極力爭取參政女性的名額；但張愨言則持不同看法，她指出民意代
表並不能解決所有婦女的問題，婦女應爭取解決多數婦女痛苦的方法
和實際行動，而不是爭取多幾名民意代表（張愨言，1948.1.22:8）。
另外，論者也討論婚姻問題，但不再強調婚姻自主，關心的是女性在
婚姻上是否獲得平等相待，特別是臺灣女性和外省男性的通婚問題。

　　基於臺灣婦運遠落後，國內不少論者提出向國內新婦女學習的建
議。論者不僅介紹國內婦運，也對國內婦運的缺失提出批駁，指出過
去婦運是由知識婦女主導，使婦女運動沒有群眾（臺灣婦女月刊，
1946:2）。李緞也表示臺灣婦女解放應從基本幹部做起，走向農村、
工廠，並與廣大婦女打成一片（李緞，1947.12.21:7）。另外，不少論
者反對強調拋棄家庭、不顧家務，專在社會爭取地位的婦運觀念，論
者期望臺灣婦女認清，婦運要求與男性共享平等權利，並非要爭權奪
利（廖溫音，1946:6；吳恒，1946:18）。這種既主張婦女運動，卻又
將婦運置於家庭、社會和國家之下的論調成為此期婦運的主流。這固
然是承自中國婦運，但與戰前日本殖民政府的婦女動員思想不無相
似。顯而易見的是，這時期論者採低調、保守和平衡兩性的方式倡導
女權。惟儘管戰後臺灣的女權論不夠激進，相較於戰前臺灣的女權思
想，此期的女權論較為廣泛而深入，同時不時出現不同意見的論爭，
這是日據時期所未見的。

第四節　政府遷臺後的婦運

　　一九四九年年底，中華民國政府遷臺，更多長居中國大陸的百姓
隨政府移住臺灣，臺灣地位頓形重要。為配合政局的改變，行政制度
或組織相應調整或更新，臺灣的婦女組織也改弦易轍。由於抗戰以來

中國婦運的領袖宋美齡及其幹部的相繼抵臺,臺灣女界出現新的領導群,並組織中央級的婦女機構主導臺灣婦運。爲推動反共抗俄時期的婦女工作,一九五〇年由宋美齡帶領女界精英成立「婦聯會」,計有二百多名地方代表和學校代表與會,她們分別來自各省和不同階層(錢用和,1976:137)。該會是此期臺灣最大的婦女團體,設有嚴密的網絡,總會是婦聯會的最高領導組織,負責研訂決策和推動工作,由宋美齡和陳譚祥分任正、副主任委員。

婦聯會的組織固然龐大,卻不是領導臺灣婦運的最高機構。一九五三年成立的中央婦女工作指導會議始爲臺灣婦運的最高領導機構(以下簡稱「婦指會」),並由宋美齡爲指導長。嚴格而言,此一組織歸屬國民黨,領導的對象應僅限國民黨員,但在黨政軍不分的時期,各種組織都受政黨控制,「婦指會」自然成爲臺灣婦女組織的領導。不過「婦指會」僅是決策機構,不負責行政,其下所設的執行機構——中央婦女工作會(以下簡稱婦工會)因負責實際行政工作,成爲婦女工作的總樞紐。爲發揮輻射性的組織功能,該會透過四大部門建立鞏固的外圍組織,並與其他婦女團體緊密結合,特別是組織龐大的婦女會更是婦工會聯繫的主要對象。此種上下一貫、縱橫聯繫的整體工作網及龐大的組織人員,將國民黨的婦女工作深入基層,不僅掌握臺灣婦運的方向,且使臺灣婦運充滿黨化色彩,直至一九八七年七月戒嚴法廢除後始有顯著的變化[6](游鑑明,1980:15-40)。

針對國民黨婦女機構的重新組織,宋美齡於一九五三年婦指會的第一次委員會議中特別說明:

---

[6] 這種具黨化色彩的婦運是國民黨領導下婦運的特色,據筆者的研究,自一九二四年國民黨改組以來,國民黨的婦女組織即以政黨目標發展婦運。

　　　　過去本黨所設立的婦運機構，僅是推行婦女運動，運動
　　是一時的，不能奠定工作的基礎，現在組設的婦女工作機
　　構，和運動就不同了（中央委員會，1956:61）。

　　婦工會主任錢劍秋則強調過去發動婦女參加婦運，是以爭取平等
地位為號召；而現在發動婦女發展組織，乃以參加復國建國的任務為
號召，並從工作表現中增進地位（錢劍秋，1956:15）。事實上，這種
以婦工取代婦運的說法承自抗戰時期。當時是為達成抗戰建國使命，
而此期是為反共復國，因此強調婦工是有歷史軌跡可循。一九五四年
婦工會根據國民黨訂定的婦女工作領導方針，展開組織、訓練、輔
導、服務、調查、研究和宣傳等工作。由於婦工會是女界的領導，婦
聯會與婦女會也相應強調婦女工作。

　　這三大婦女團體的工作大體不出四個方向：⑴協助國策的推動；
⑵達成政黨目標；⑶改進社會道德和家庭生活；⑷慰問救濟軍眷和貧
民。同時，在各組織相互奧援下，活動的範圍普及全島，頗有利婦工
的推動。影響所及的是，部分婦女的生活因這些活動產生變化，較明
顯的是增進婦女謀生的能力。此外，各種托兒所的成立，不僅減輕工
作婦女的負擔，讓她們全心工作，且讓幼童獲得照顧。至於造就國民
黨籍的女性菁英投入政治舞臺，也是婦工會的重要成就。由於婦女團
體積極投入國民黨輔選工作，致使解嚴以前，國民黨籍的女性當選人
佔絕大多數；當選人大半為婦工會、婦聯會或婦女會的重要幹部。

　　儘管婦女工作改變部分婦女的角色地位，但在組織發展、人力動
員與思想教育上也相繼出現流弊。問題的癥結是，此期的婦女活動偏
重工作的推展及國民黨政策的落實，而不強調兩性平等的問題。同
時，長期以來，婦工的內容始終一成不變，形塑出的婦女是典型忠黨
愛國的賢妻良母角色，無法與現實需求配合。因此，當一九七〇年代
非黨統下的婦女團體出現後，這種以「婦工」取代「婦運」的策略面
臨挑戰。為配合婦女工作，這段期間的婦女言論是透過各種文宣呈

現。但由於一九四九年以來,政府以維護國家安全為由,宣布全省戒嚴,所有的言論思想受到嚴格控制,因此婦女言論也同樣受到限制,以統一論調宣導婦女思想。此期因重視婦女工作的表現,而非婦女權益的爭取,女權問題鮮少受到關注,甚至大多數的論者認為女權的極致是男女平等,經由黨國的努力臺灣婦女的各種權益均已無異於男性,並可與其他國家媲美(中央日報,1966;1969;1970;1976.3.8:3)。基於論者對臺灣的女權抱持著樂觀和自足的態度,婦女議題的論述空間集中於兩性平等後女性對家國的責任問題,而這類論調事實上也是反共抗俄政策下的產物。

一九五四年宋美齡在婦聯會舉辦的婦女節慶祝大會中表示,在反共抗俄的時代,婦女應負起治理家庭和服務國家的雙重責任,並以成為「良母賢妻救國保種良好公民」為目的(婦女節,1956:67)。而各界對女性的期待也是家庭角色勝過社會角色,特別是中國大陸推行「人民公社」和文化大革命期間,為對抗中共對家庭倫理的破壞,婦工會不但發起「幸福家庭」運動,且加強選拔「模範婦女」的宣導工作,同時透過輿論和文宣一再呼籲婦女的家庭責任(自立晚報,1967.3.8:1)。這類國鞏於家、家庭為社會中心、治家為治國基礎的說法,幾乎是千篇一律的出現在一九五○年代、一九六○年代的各種期刊報紙中,主宰著婦女言論。毋可否認的,這與此期言論趨於一統及反共復國思潮蓬勃有關。然而至大環境急劇變化的一九七○年代,黨統下的女界仍執著於同樣的宣傳。一九七七年婦工會又倡導「齊家報國運動」,所不同的是該運動關心社會轉型所導致倫理道德日趨式微的問題,而不是不斷重申齊家與反共大業的關係 [7](中央日報,1982.3.8:2)。

事實上,除婦聯會、婦工會與婦女會之外,此期尚有其他婦女團

---

[7] 齊家報國運動的主旨是「促進家庭幸福,端正社會風氣,鞏固國家建設基礎,切合當前需要」。

體從事各自的活動,包括學術文化、外交、職業和社會服務等[8]。惟儘管這些團體在臺灣婦運中各有角色地位,其組織或動員均不及國民黨規畫下的婦女團體。同時,受戒嚴法規範,發揮的空間相當有限。迫至一九七〇年代因臺灣經濟明顯成長,政治、社會也日趨開放,加以受西方女權思潮的影響,出現黨治系統外的婦女團體。最早伸出觸角的是呂秀蓮,因受限於戒嚴法,呂經過四年的努力,始於一九七六年以「拓荒者出版社」的名義成立組織[9](呂秀蓮,1990:221-3)。然而該社僅成立半年即告解散,一方面是當時社會的兩性觀念仍十分保守;另方面是情治單位的介入和出版社本身經費的短絀,導致該社難以維持,而這段另類婦運也因此倉促落幕[10](范碧玲,1990:47-8)。

　　黨統外婦女團體的活動自主性較高,呈現另類風貌。例如「拓荒者出版社」成立後,積極出版提昇女性意識書籍,這類書與婦工會偏重女德或家庭教育的出版品顯著不同(呂秀蓮,1990:231)。另外,又於高雄設置婦女口才訓練班、「愛、婚姻、性」講座和「保護妳」電話專線,這些別開生面的活動,在當時引起各界關注(呂秀蓮,1976:24)。儘管如此,呂本人的言論思想卻在一九七〇年代帶來不小衝擊,顛覆以家國爲中心的論述空間。在出版社成立前,呂即透過言論發難,有鑑於當時大學聯考擬保障男生名額以平衡女生多過男生一事,呂於一九七一年十月發表〈傳統的男女角色〉一文,期重塑男女

---

[8] 如臺灣省保護養女運動委員會、聯合國中國同志會的婦女委員會、中國婦女福利協會、中國婦女政治研究會、中國婦女問題研究會、中國婦女服務互助社、婦女文化社、中國婦女服務社、中國婦女政治學會、中華民國女童軍總會、女青商會、國際崇他社、基督教女青年會、臺灣省護士公會、臺灣省助產士公會、中國護士學會、臺灣省婦女寫作協會、中國婦女寫作協會等組織。

[9] 一九七三年五月社會局的回覆是:「其宗旨與婦女會之宗旨頗多雷同。」

[10] 據呂秀蓮表示,當時該出版社的職員或義工中有不少來自調查局和警總,他們從中破壞該社發起的婦運形象。

社會角色（呂秀蓮，1977:1-11）。該文連載期間引起熱烈的回應，而呂也以敲響「女界鐘」的宣導者身分，繼續挑戰「無才是德」、「賢妻良母」的論調，呼籲臺灣需要婦女運動，並倡導「新女性主義」以「先做人、再做男人或女人」爲「新女性主義」的中心思想（呂秀蓮，1977:147-51）。由於呂的女性形象不同於當時社會所期待的女性，造成兩極化的反應。其中反對者以男性居多 [11]（呂秀蓮，1976:17；呂秀蓮，1990:154-61）。

平情而論，相對於「賢妻良母」、「齊家報國」的言論，呂這種鼓勵女性「走出廚房」的論調確實「驚世駭俗」。但與當時西方的女權論和臺灣日後的女權論相較，她的觀點並不激進，誠如徐佳士所言：「用的語言有時候很尖銳，甚至潑辣，而主張卻是溫和的，甚至是妥協的——相當女性的。」（徐佳士，1976:216）呂也表明，爲闡揚新女性主義的內涵，它將以最溫和、最平易的步驟，一方面爭取男士的諒解，另方面喚起婦女的自覺、自愛和自強（呂秀蓮，1977:31）。無論如何，在女性言論一元化的時代，呂倡導的「新女性主義」爲女性開啓另一扇窗。儘管一九七九年呂因美麗島事件被捕入獄，不再論述「新女性」，但這些論調已引起注意。同時，這些關懷女權的聲音成爲奠定此後婦運發展的基礎。

第五節 解嚴前後的婦運

至一九八〇年代，臺灣的政治面臨重大變革，社會更加開放。儘管解嚴之前，民間的集會結社仍受到限制，但政府的控制已不若以往

---

[11] 據呂秀蓮表示，儘管男性反對激烈，「但支持起來倒很積極。好幾次在高雄演講，若干男士可謂每講必到，每到必問」。

嚴密，因此不斷有法外社團藉其他名義產生，並進行各種活動。一九八二年，李元貞等人以出版刊物《婦女新知》為名義成立雜誌社（一九八七年改為「財團法人婦女新知基金會」，以下簡稱「新知」）。由於「新知」是根據呂秀蓮「女人先做人再做女人」的主張發展婦運，因此該社的走向也在喚醒女性，建立平等和諧的兩性社會[12]（李元貞，1986:53-5）。「新知」成立後兩年，又有婦女團體踵繼成立。從成立的時間觀之，解嚴前一年設置的團體最多，占三分之二，顯示這段期間的政治氛圍頗影響婦女團體的成立。這些團體的組成多半受諸其他機構的支持，並以單一訴求的方式發動婦運，分別是協助婦女就業、處理婦女婚姻、救援雛妓、保護環境、幫助婦女成長和參與社會運動等[13]（李元貞，1989:125-35；李元貞、徐慎恕，1988:19）。

　　此一時期的婦運大體是以「新知」的活動為主體。由於「新知」成立後，即有計畫的推動婦運，加以受言論日趨自由、社團日漸活躍的影響，「新知」有較大的發展空間。該社以多面向的方式展開活動。除透過《婦女新知》期刊廣泛介紹和討論女性主義和婦女問題之外，同時著重實際行動，不斷利用婦女話題造勢或介入國家立法，將臺灣婦運帶至高潮。其他婦女團體也根據各自的功能進行婦運，但不若「新知」多元。這些團體的活動空間主要是室內，至解嚴前一年，受一連串街頭運動的激盪，有的婦女團體也走向街頭。一九八七年一月新興的婦女團體「彩虹婦女事工中心」在長老教會的策畫下，聯合婦女、原住民、人權和教會等三十幾個團體，以「抗議販賣人口——關懷雛妓」為議題，至華西街遊行。這項大規模的抗議行動，固然針

---

[12] 呂秀蓮表示，「新知」提出「女性自覺」的觀念，是說明「一個現代女性必須了解現代社會不停變遷的情形，只有訓練自己具有獨立自主的能力，才能適應社會潮流，解決自己切身問題」。

[13] 這些團體有婦女展業中心、拉一把協會、臺大婦女研究室、彩虹婦女事工中心、新環境主婦聯盟、現代婦女基金會和進步婦女聯盟。

對雛妓問題，事實上，深具政治色彩，而參與聲援的有不少是反政府團體。不過，這是臺灣女界首次以遊行方式來表達對社會現象的意見，對臺灣婦運不啻是一項挑戰（梁雙蓮、顧燕翎，1995:125）。其後，不斷有婦女團體進行街頭活動。

由是觀之，此期的婦運團體不僅單獨出擊且採聯線方式相互聲援，這與婦運團體間部分理念相同、人脈互疊有關。除此之外，婦運團體也與其他團體串聯，因此訴求的內容，包括婦女議題，也涉及對社會或政治現象的回應。在政治運動十分活躍、婦運環境又受到限制的情況下，婦運團體很難避開這種合作關係；同時，也惟有透過此一方式較能凸顯婦運。針對婦運的自主性問題，有婦運領袖曾指出所有的婦女團體應有「超黨派和現實主義」的要求。不過，此期婦運團體的問題不僅於此，在經費或場地方面顯現捉襟見肘的情況，而成員方面不僅人數不多，又多集中於中產階級（李元貞，1989:125-35；李元貞、徐慎恕，1988:19）。儘管如此，此期的婦運團體確實爲臺灣社會造成衝擊，除鼓勵婦女自覺、幫助婦女成長並爲婦女爭取權益之外，也使部分男性重新檢討兩性關係，並調整自己。惟過度強調女性意識的活動常使女性止步，甚至有男性自認是受害者[14]（李元貞、徐慎恕，1988:18；張曉春、薄慶容，1987:29）。

一九八七年七月政府正式宣布解嚴，終止動員勘亂，並對各種相關法規進行修訂。其中人民團體法和集會遊行法的放寬限制，使自發性婦女團體大幅增加，活動也更加頻繁。環觀婦運環境的劇變，黨治下的婦女團體不得不相應調整措施。此外，國民黨黨內也出現不滿的聲浪，於是在十三全會修正的國民黨政綱中列有五條與婦女相關的條文（黃玲娜，1988:6、8）。其後國民黨又更換婦工會主任，由救國團主任李鍾桂取代錢劍秋的職務。

---

[14] 徐慎恕不諱言，主婦聯盟若向參與的家庭主婦聲明該組織與新知有關係的話，很多婦女便不肯參加。

　　此期國民黨的革新政策固然讓僵化的婦女團體漸合時潮。但各種政治社會的壓力仍紛至沓來，婦工會和婦聯會被迫做更大幅度的調整，其中婦工會的變化最大。一九九二年人民團體法的修正，國民黨成為人民團體之後，婦工會再也無法在臺灣的婦運中執牛耳。又因各界要求政黨退出黨政軍界，婦工會的伸展空間顯著減縮。一九九三年林澄枝接任婦工會主任一職後，遂成立婦女政策研究發展中心，聘請專家學者為顧問，期推動落實兩性平等的婦女政策；並不斷舉辦研討會、聽證會，接受各界批評，力圖使婦工會的工作方向和婦女需求或社會脈動一致，不再僅從事組訓或國際交流等工作（梁雙蓮，1995:414；梁雙蓮、顧燕翎，1995:127）。不過，為配合黨綱行事，婦工會的各種活動或表現不及其他婦女團體活躍或勇於顛覆，而這也是黨營婦女組織的共同問題。

　　相對於黨營的婦女團體，這段時期的民間婦女團體反倒能迎刃有餘的發展。新興的團體也如雨後春筍般的不斷成長，並伸入校園及工廠。有的團體更擴大地緣的發展，紛紛於中、南部設置分會，加強婦運的支援網（梁雙蓮、顧燕翎，1995:124）。這種百家爭鳴的局面至一九九〇年代更加顯著，臺灣婦運因而走向多元領導。解嚴後婦女團體仍採室內和街頭交互運作的策略，由於更著力於體制的改造以及女性私領域的探討，婦女團體刻意突破禁忌並利用媒體造勢，致使活動方式呈現多樣風貌，深受各界注意（梁雙蓮，1995:414-5；梁雙蓮、顧燕翎，1995:126）。這段時期，婦運組織先後針對雛妓問題、婦女工作、選美及色情、教育平等、政治改革與家內平權等政治性議題造勢。

　　除關心公領域的議題之外，婦運組織也將觸角延伸至性騷擾、性侵犯等私領域，有的組織甚至企圖將情慾一類的個人私密問題轉化成公共政治論述（梁雙蓮、顧燕翎，1995:131）。一九九〇年代初期因國內外性騷擾事件陸續曝光，導致一九九一年起臺灣的校園和社會展開一連串反對性騷擾運動。一九九四年五月，由「新知」、「女學

會」與各校女研社發起的「女人連線反對騷擾」大遊行,更將婦運帶至高潮。這項遊行是首次未借重其他社運團體,而以女性議題爲訴求的大規模行動。訴求的內容相當廣泛,包括要求兩性平等教育、校園安全、強暴改爲公訴罪、儘速通過男女工作平等法(顧燕翎,1997:109)。詎料,遊行中途,何春蕤發出「我要性高潮,不要性騷擾」的驚人之語;接著一九九五年「臺大女學生看A片」的事件,又使女性情慾成爲熱門話題。儘管何或觀看A片的女學生是企圖藉此營建女性身體自主權,但卻引致大眾的曲解,也對婦運組織構成衝擊。這種一反婦運向來策略的行動,促使婦運組織必須重新檢討婦運的方向,然而對僅爭取女性在政治、經濟、教育、法律等公領域中的地位,或兼及情色、女性身體等私領域的處理,婦運組織的看法始終莫衷一是。

這段時期不僅婦運的發展呈現多元,女權議題也相當廣泛。由於一九八〇年代以後,臺灣政治社會的快速轉型、婦運組織的積極運作、世界女性主義和婦女研究的廣泛流傳,豐富臺灣女權思想的內容,使論題走向多元,一統式的婦女言論幾成絕響。此期婦運是以喚醒女性自覺和促使體制改造爲主要策略,女權論述也多半圍繞著這類主題。一九九四年之後,復出現女性情慾自主的言論,使女權議題更加分歧,爲臺灣婦運史上前所未見[15](梁雙蓮、顧燕翎,1995:134)。隨著傳播媒體和學術活動逐漸普遍,女權論述不僅發表於期刊報紙,也出現在演講、座談會、公聽會、研討會及廣播電視節目中。一九八〇年代首開論述女權的《婦女新知》,承續一九七〇年代「新女性」的觀點,繼續發揚女性意識,認爲人類個體間的差異大於兩性間的平均差異,不能因兩性間的差異而否定女性發展的能力(薄慶容,

---

[15] 顧燕翎指出自覺和改造並進是世界性第二波婦運的主要策略,蓋女性政治意識的覺醒是體制改造不可或缺的思想基礎,而體制改造不僅是婦運的主要目標,在體制改造過程中所遭致的挫敗往往反過來刺激女性的反思,甚至衍生動員和激化女性的力量,而從臺灣婦運的發展也可以看出此兩股力量的辯証關係。

1983:5）。這種要求女性自我成長與男性共享人權的觀點於一九八〇
年代之後已不再驚世駭俗，儘管一九九二年仍有論者提出定位於家庭
的反潮流論調，卻無法抵擋眾人對女性於家庭之外的關注 16（自立晚
報，1992.3.8）。

　　從事女性研究的學者更從一九八五年起，陸續透過相關會議討論
新女性的角色問題，其中對女性議題是否應有女性意識，曾引起長期
的論辯。有些女權論者，對缺乏女性意識的論述不表同意，認為因媒
體與學界對女性主義深具戒心，不少論者避開女性主義，甚至貶抑婦
運（顧燕翎，1996:246）。部分論者認為婦女研究與婦運沒有必然的
關聯，主張婦研應採中立客觀的態度和方法，不標榜任何主義；而部
分論者則指出婦研是婦運的歷史產物，也是婦運的延伸，強調婦研、
婦運女性主義血肉相連，婦女研究者應回饋婦運 17（顧燕翎，1996:
253、255-6）。

　　抱持中立態度的學者多半不希望過於凸顯女性角色，導致兩性對
立，進而影響婦運；但女性主義者反對採自我壓抑的態度進行婦女研
究（顧燕翎，1996:256-8）。經由不斷的對話和思考、女性學在國際學

---

16 一九九二年三月八日《自立晚報》的＜社評：婦女與女權＞曾指出兩性在生理和天
　性上的差別是無法改變的事實，並強調：「一個現代婦女，除了要有各種配合時代
　的新觀念和新知識之外，更應該明白自己的定位所在，就是把家庭理好加上教好子
　女，仍舊在絕大多數婦女心目中佔有最重要的地位。」

17 一九九一年七月在高雄醫學院舉辦的「一九九一年現代生活適應與心理健康學術研
　討會」中，「新知」的李元貞指出：「必先有社會上的男女不平等，才產生婦女運
　動，促成婦女研究的風氣。臺灣的婦女研究要關心社會背景，否則，所謂的學術研
　究，很可能走進象牙塔。」，臺大婦研的姜蘭虹則謂「她不願意被強迫接受所謂的
　『新女性主義』，婦女問題不能怪罪男性架構，研究工作力求客觀，也關心社會，
　希望做個社會人，不是守在象牙塔裡」。此後，《婦女新知》又於當年八月刊載黃
　淑玲、顧燕翎和李元貞挑戰婦女研究的三篇論文，經由媒體轉載，引起學術界議
　論。

術界的聲望日增以及國內婦女研究會議的頻繁舉辦,以女性主義爲觀
點的議題日益普遍。一九九五年,女性學學會舉辦的「臺灣婦女處境
白皮書」研討會、國民黨婦工會的「婦女政策白皮書」研討會和臺大
婦女研究室的「婦女研究十年——婦女人權的回顧與展望」研討會
中,批判父權體制、強調女性經驗或關懷女性福祉的言論處處可見。
因此有學者曾對這種現象做了歸納:「……臺灣的婦女研究已逐漸從
過去單純的研究婦女(add women and stir)」到婦女立場的研究。」
(周碧娥,1996:13)

　　此一顛覆父權、強調女性主義的女權思想不僅影響婦女研究的觀
點和方法,更成爲批判兩性不平等制度與政策的理論基礎,並與婦運
桴鼓相應。論者討論的範圍相當廣泛,其中教育、工作、參政和法律
更是論述的焦點,此由一九九五年女學會、婦工會的「白皮書」及臺
大婦研的研討會中即見一斑。就教育言,論者不否認政府遷臺後的各
項教育政策,並指出兩性教育機會在量的方面已經趨近均等。不過,
論者也提出一些課題供教育單位省思,例如因教育目標和制度的設
限,致使女性總是集中在低聲望的職業學校或私立學校,同時,課程
設計、教學活動和教材內容中不時出現性別偏見(游鑑明,1998:
221-4)。

　　就工作言,論者認爲雖然參與工作的女性與日俱增,但與其他國
家相較,臺灣女性並未充分發揮工作能力,工作權益也未獲保障。此
固然與雇主的態度有關,政府政策的不夠具體更不容忽視。因此論者
不斷從政策面提出建議,並著重立法,諸如訂定兩性工作平等法、反
性騷擾法、育兒休假法和擴大勞基法的適用範圍等(游鑑明,1998:
224-6)。

　　就政治言,女性對政治事務具有影響力,必須是參與公職競選或
者進入政府機構擔任公職。自政府遷臺後,受各種因素影響,臺灣婦
女中有興趣從政者日漸增加,中央或地方級的女性民意代表因而逐年
成長。然而論者認爲女性於參政過程中有不少限制,例如歷年來多數

女性參選人的選前政見或選後問政內容雖廣及各層面，卻未特別關心女性權益（游鑑明，1998:227-9）。至於提供給女性的政務官職務固然上及中央單位，惟分配有限。

就法律言，其中民法親屬編牽涉的女性權益較廣，深受各界關注。由於一九八五年頒布的新法無法貫徹兩性平等的精神，論者遂就此文逐條研究並提出建議。例如論者建議將兩願離婚改為申請離婚，並由家事法庭或社工人員適度介入，給予較公平、妥適的安排。此外，論者認為應改善不合理的列舉原因，將「不分擔家庭費用與家務育兒勞動者」列為離婚原因，以確保兩性權益（劉毓秀，1995:37-92）。

在討論公領域的兩性問題之外，女性情慾和性解放等問題也受到關注。一九八〇年代末期反對色情和選美是這類論述的焦點，論者認為這兩者都在出賣色相，供男性挑選、品評，其差異只在參與女性的階級屬性（顧燕翎，1997:101）。至一九九二年女性主義者開始主動的討論女性情慾問題，這類向來由男性代言的女性隱私問題逐轉為熱門的公共議題。不過，女性情慾的論述內容不侷限於性慾望和性活動，廣泛的包含個人內在能量、熱情、能力的無礙發揮[18]（顧燕翎，1997:105）。這期間因反性騷擾運動的陸續展開，這類以女性身體自主權為主的課題，深受重視。一九九四年性解放論述的出現促成更多的討論。儘管有的論辯迄今仍無定論。但自一九八〇年代以來，臺灣的女權思潮呈現多元發展是無庸置疑的。

值得注意的是，上述論述並不完全停留在批判與論辯的層面。由於與婦運組織的桴鼓相應，迫使政府不得不正視婦女問題，婦女團體、選舉期間的候選人、民意代表以及公營機構也試圖調整方針，發

---

[18] 這期間，參與女性情慾討論的論者，多半引用奧菊羅特（Audre Lorde）的情色論，認為女人自身的情慾（蘊涵性愛、生理、情感、心靈和知識的內在動能）為慾望、創造力與快感的來源。

布或訂定與婦女權益有關的言論或條文[19]（梁雙蓮，1995:415-6；婦女新知，1986:2；婦女新知，1987:7；婦女新知，1988:12）。一九九五年三份「白皮書」的發表，更促使與制度或政策有關的討論受到重視，部分議題獲得相關機構的回應；一九九六年最高法院指出「單身條款」的契約無效，而由政府發起的「就業歧視評議委員會」也於該年成立；一九九七年教育部設有「兩性平等教育委員會」；一九九八年司法院大法官解釋「妻從夫居」違憲，立法院三讀通過「夫妻結婚以各自保有本姓為原則」和「家庭暴力防治法」。這類組織與條款出爐後，隨即反映在學校教學中，例如規定各級中小學校每學年至少進行四小時的兩性教育課程，台北市各級學校安排「家暴防治」課程。這段時期，因「性騷擾」事件層出不窮，婦女人身安全問題更是備受關注，除成立組織協助婦女之外，地方級教育機構也相繼透過學校推動「性侵犯防治」的教育[20]。毋可否認的，女權議題不再是紙上談兵，決策單位也力求配合，但仍有不少兩性平權問題未獲改善，因此婦女團體、婦女工作者與女性民意代表等繼續不斷召開各式研討會，檢討兩性問題，期供決策者參考[21]。這種民間與政府共同關懷兩性權益的

---

[19] 婦工會於一九八九年發表黨籍女性候選人「八大婦女聯合政見」，一般候選人相率將提昇女性權益的議題列入政見中，以獲得女選民的好感。至於當選後的民意代表也巧於迎合婦女團體的需求，例如一九八六年台北市議員郁慕明促請改善仁愛醫院女工待遇，一九八七年台北市議員吳碧珠要求市府提供女性擔任市府主管的機會。此外，在女性工作權方面，公營機構逐漸訂定保障女性員工權益的條文，例如一九八八年高雄第十信用合作社打破不成文規定，同意九位已婚女職員繼續任職，華航也放寬女性空服員條件限制等。

[20] 以上資料詳見一九九六至一九九八年《婦女新知》的「婦女新聞看板」、「碎嘴新聞」、「婦女新聞」、「业新聞」及「性別新聞」。

[21] 一九九六年以來，除由婦女團體或學術機關召開研討會之外，另有兩個以「全國性」為名的會議積極關懷兩性問題，一是全國婦女國是會議，另一是全國婦女政策高峰會議，前者已召開四屆（一九九六年至一九九九年）。

互動關係，確實爲臺灣婦運開啓新局面。

（第六節） 結論

　　百年來，婦女運動進入臺灣歷史，與各地的婦女運動一同登上世界舞臺。由於婦運的發展與其所處環境息息相關，這段時期臺灣經歷的三個政權以及政經社會的巨大變局，不僅影響臺灣婦運的發展，同時建構出臺灣婦運的特有型態。婦運的類型大致有自發和被動兩種，臺灣百年來的婦運便是循著這兩種型態交錯發展。日本據臺到臺灣戒嚴法廢除前的近百年期間，無論日本殖民政府或中華民國政府都採威權體制，並對言論思想和社團組織進行控制和不開放的手段。受此環境影響，帶有抗爭傳統以及反權威的婦運很難植根。然而爲配合政府現實利益而發展的婦運卻是被容許的，無疑的，這類婦運是屬被動型態。影響所及的是，此期的婦運著眼於動員婦女或婦女工作的推動，並形塑政府期待的婦女角色，而不在爭取女權。

　　儘管如此，這段期間仍有自發性的婦運，而這類婦運不是在政治鬆綁或社會經濟較具活力的時期醞釀，便是在政府尚能接受的範圍內產生，然而一旦言論思想或活動方式違反政策，這類社團也會遭到禁止。至於採抗爭手段的婦運組織，大多產生在臺灣社會運動勃興的時代，例如一九二〇年代的後半期以及臺灣解嚴前十年。毋可否認的，抗爭型婦運的發展空間較有限，但能否續存端視當時政治環境而定。一九二〇年代的婦運因殖民政府的強力壓制至一九三〇年代初期便完全不復存在，但解嚴前的婦運則能在解嚴後繼續發展。

　　戒嚴令廢除後，臺灣的婦運進入另一個發展時期，爲因應新變局，政府或政黨規畫的婦運組織不斷求變，以合於婦運潮流。惟因這些組織仍需遵循政策或黨綱行事，活動的空間仍受到限制。相對的，

自發性的婦運組織因自主性較高，以顛覆權威、打破禁忌的策略進行婦運，這種現象可謂是臺灣婦運史上前所未見。婦運主要在解決婦運團體與社會大眾所關心的婦女問題，有些議題是始終不輟的，例如教育、就業、參政和家庭婚姻。被動型的婦運組織多半著眼於內省和改善的工作，並從社會禮教或習俗進行反思；但自發型的婦運組織多半呼籲體制改革，甚至採取罷工、走向街頭等較激進的手段。值得一提的是，百年間討論臺灣婦女問題的不僅有政府，也包括群眾，有女性亦有男性；但是愈至當代，婦女議題的處理多由女性本身主動出擊，論述主題也由公領域進入私領域。

綜上所述，百年來無論是何種型態或目的的婦運，均使臺灣婦女走出傳統，與男性一樣以「人」的立場為自己或家庭、社會乃至國家服務。這期間固不免有問題被無意或有意忽視，但為讓婦女有更好的生存空間，婦女運動的策略始終不斷的在修正。在回顧過去一百年臺灣的婦女運動之餘，如何營建兩性關係和諧的前景顯然是當前婦運團體所共同努力的方向。為有更積極、宏觀的表現，有五個方向值得思考：一是婦女運動應注意臺灣各地區、階級、文化及族群之間的分殊，而不能以一致性的概念從事「全民」婦運；二是婦運應主動挖掘婦女問題，而非隨者政治或社會事件起伏；三是一味反父權或過度伸張女權的婦運固然有助於受虐或弱勢婦女，但也容易招致兩性衝突，甚至引來未曾有受害經驗的女性或施害男性的懷疑；四是婦研應採女性觀點或性別意識進行研究，並為婦運提供理論基礎，但婦研是否應賦與價值判斷需視研究的主題、內容及歷史時段而定；五是婦運可以採不同策略，而婦運團體也應相互尊重與包容，惟婦運策略必須建立在社會環境漸臻成熟時期，否則會有被誤導或誤用之虞。

參考書目 —————————

任培道（1946）：今後臺灣的女子教育。臺灣婦女月刊，1卷，1期。

吳文星（1992）：日據時期臺灣社會領導階層之研究。台北：正中書
　　　　局。

吳　恒（1946）：談男女平等。臺灣婦女月刊，1卷，1期。

土　人（1947）：讀「臺灣姐妹在臺灣」之後。新生報，1947年7月
　　　　19日。

呂秀蓮（1976）：數一數拓荒的腳步。台北：拓荒出版社。

呂秀蓮（1977）：新女性何去何從？。台北：拓荒出版社。

呂秀蓮（1990）：新女性主義。台北：前衛社。

李元貞（1986）：婦女運動的回顧與展望。婦女新知，53期。

李元貞（1989）：從婦女組織的功能論婦女的社會參與。馬以工編，
　　　　當今婦女角色與定位。台北：國際崇他社臺北三社。

李元貞、徐慎恕（1988）：「婦女運動蓄勢待發」座談會。中國論
　　　　壇，299期。

李　緞（1947）：婦女解放與政治民主。新生報，1947年12月21日。

李瓊月（1988）：一九八七年國內婦女新聞回顧。婦女新知，70期。

何　里（1946）：婦運上的兩點意見。民報，151號，1946年3月10
　　　　日。

周碧娥（1996）：婦女＼性別，臺灣＼ 1995 (一)。婦女與兩性研究通
　　　　訊，37期。

青　青（1947）：臺灣姐妹在臺灣。新生報，1947年7月12日。

柯　彬（1947）：本省婦運概況。新生報，1947年6月5日。

范碧玲（1990）：臺灣婦女體制形構的解析（1949~1988）。國立清
　　　　華大學社會人類學研究所碩士論文。

張愍言（1948）：婦女應爭取的是什麼？新生報，1948 年 1 月 22 日。

徐佳士（1976）：寂靜中的號音：談呂秀蓮的「新女性主義」。數一數拓荒的腳步。

張毓芬（1998）：女人與國家——臺灣婦女運動史的再思考。國立政治大學新聞研究所碩士論文。

陳　儀（1946）：臺灣婦女應有的認識和努力。臺灣婦女月刊，1 卷，1 期。

梁雙蓮（1995）：婦女政治參與政策篇。中國國民黨中央婦女工作會主編，婦女政策白皮書。台北：中國國民黨中央婦女工作會。

梁雙蓮、顧燕翎（1995）：臺灣婦女的政治參與——體制內與體制外的觀察。女性學學會主編，臺灣婦女處境白皮書，1995 年。台北：時報。

張曉春、薄慶容（1987）：婦女團體的功過。婦女雜誌，237 期。

游鑑明（1980）：中國國民黨改組後的婦女運動。國立臺灣師範大學歷史學報，18 期。

游鑑明（1988）：日據時期臺灣的女子教育。國立臺灣師範大學歷史研究所專刊，20。

游鑑明（1995）：日據時期臺灣的職業婦女。國立臺灣師範大學歷史研究所博士論文。

游鑑明（1998）：婦女。國史館主編，中華民國史社會志（初稿）上冊。

黃玲娜（1988）：國民黨如何回應另一半人口的聲音？寫在十三全會之後。婦女新知，75 期。

楊雅慧（1994）：戰時體制下的臺灣婦女（1937-1945）——日本殖民政府的教化與動員。國立清華大學歷史研究所碩士論文。

楊雲萍（1948）：文化時言：「婦女」與「婦女」。臺灣文化，3 卷，3 期。

楊　翠（1993）：日據時期臺灣婦女解放運動：以《臺灣民報》爲分

析場域（*1920-1932*）。台北：時報。

葉鶴峰（1949）：看！今日臺灣底婦女運動。徹底評論報，5 期。

廖溫音（1946）：臺灣婦女應有的認識。臺灣婦女月刊。1 卷，1 期。

臺灣婦女會（1946）：婦女參政問題。人民導報，422。

劉毓秀（1995）：男人的法律，男人的「國」與「家」，＜民法親屬編＞的意識型態分析。臺灣婦女處境白皮書，1995。

錢用和（1976）：半世紀的追隨。

錢劍秋（1956）：自由中國的婦女。台北：婦女社。

謝娥（1946）：工作報告：本省婦女工作報告。臺灣婦女月刊，1 卷，1 期。

韓佐樑（1949）：雜寫臺灣婦女問題。新生報，1949 年 1 月 16 日。

薄慶容（1983）：特刊詞──回顧與前瞻。婦女新知，13 期。

鍾阿嬌（1948）：臺灣婦運領袖攪些甚麼。臺灣春秋，2 期。

鵬（1945）：男女同權不要跑錯人道。民報，83 號，1945 年 12 月 31 日。

寶　寶（1948）：如何解放臺灣的婦女。新生報，1948 年 3 月 28 日。

顧燕翎（1989）：女性意識與婦女運動的發展。女性知識份子與臺灣發展。

顧燕翎（1996）：從移植到生根：婦女研究在臺灣（1985-1995）。近代中國婦女史研究，4 期。

顧燕翎（1997）：臺灣婦運組織中性慾政治之轉變──受害客體抑或情慾主體。思與言，35 卷，1 期。

中央委員會婦女工作指導委員會第一次委員會議訓詞（簡稱「中央委員會」）。指導長蔣夫人對婦女訓詞輯要，1956 年。

社評：婦女與女權。自立晚報，1992 年 3 月 8 日。

婦女節慶祝大會訓詞（簡稱「婦女節」）。指導長蔣夫人對婦女訓詞輯要，1956 年。

婦女節與「幸福家庭」。自立晚報，1967 年 3 月 8 日。

MacKay G. L. (1896). *Far Formosa*. New York: Fleming H. Revell. Com.

第　九　章

同志平權運動

王雅各　著

　　民國八十二年十月二十八日在立法院，民主進步黨籍的立法委員顏錦福舉辦了一場史無前例的「誰來關懷同性戀人權公聽會」[1]。雖然在公聽會之後，任何政治人物沒有任何後續動作，且迄今同性戀人士在臺灣的各種待遇並沒有顯著的改善，但這個公聽會的本身卻是同志人權現象的一個極具歷史意義的里程碑。因為這是到目前為止，臺灣唯一的一次，在公領域中探討同性戀人權的相關議題。

　　雖然「人權」（human rights）是一個西方的觀念，但這並不表示東方沒有類似的想法——或許用不同的觀念來表達。比較值得深入討論的是「人權」的本身是否有一套普遍性（跨越時間、空間和文化等面向）的標準。而且在尊重異文化和文化相對主義之下是否不同的社會要追求一個普同的衡量標準。這些問題雖然極端重要，但它們並不是本章的主題。我們所關心的是在臺灣的同性戀，如何運用各種手段以求改善自身在社會中處境的過程和歷史。

　　我們不打算討論「人權」的定義和內容，也對此一觀念是否為一「本質的存在」的爭議沒有興趣。我們所關心的，很單純的只是有鑑於生存在社會中的一群人，因為她／他們的性偏好而受到和異性戀人士不一樣的待遇，故而試圖爭取同等對待的動員企圖。更精確的說，我們其實更為關懷的是同志的「平權」（equal right）爭取過程。站在一個人文精神和人道主義的立場來說，人都有相同的價值（和意義）。因此，基於任何生物（生理）或社會不同，所施行的差別待遇就是歧視（discrimination）——也就是違背「平權」（或「人權」）的作法。由這裡出發，我們以一種極為寬廣的社會運動架構，探討和分析自一九九〇年開始在臺灣所發生的同性戀社會動員。

　　在本章中，我們首先由描述異性戀人士，對同性戀所有的一些刻板印象（stereotype；又可被成為「偏見」，prejudice）著手，以建立

---

[1] 原來在構思時，公聽會的名稱是「促進同性戀人權公聽會」，後來在許多因素下改成了這個溫和許多的名稱。

論述一種不平等權力關係的基礎。在介紹了家庭、兵役和一般社會中男同性戀所遭受的歧視之後，我們會比較詳細的剖析公聽會的前因後果和它所造成的一些效用。第三節對臺灣的一般社會運動作整體的介紹，除了變動的背景之外，也會穿插一些有關國外社會科學界社會運動理論的運用，和提出作者的分析架構。

第一節 臺灣異性戀眼中的同性戀

　　即使在實踐和文獻之中，同性戀在人類社會的開始就存在，但大多數的臺灣異性戀人士對同性戀（的人和事）是極端無知的。這些無知最後常常轉化成為對同志的偏見，而且形成一種植基在不平等權力基礎上的壓迫，造成了同性戀人士在社會中的痛苦、不滿和挫折。說穿了，這完全是異性戀人士把同性的性取向，看成是一種「異類」所造成的。總之，對於一般異性戀的人來說，同性戀是一個——正如早期美國婦運者貝蒂佛瑞丹所說——無以名狀的問題（a problem that has no name）。在我認識的許多同志中，她／他們的父母親就是說不出（同性戀）這個字眼，而以「那個」代替。不僅如此，一般人即使勇敢的說出「同性戀」這三個字，也不言自明的將它和違反自然、病（變）態、濫交和愛滋病等刻板印象連在一起。

　　有趣的是，對同性戀有著各種刻板印象的人，竟然有百分之九十以上，是從未認識或有同志朋友的。如果進一步詢問她／他們，有關同志的種種印象是從何而來，在抓頭搔耳之後，通常的回答就是媒體的報導和傳言。同時，對同性戀有許多負面想法的人，通常也對此有著極高度的害怕——恐懼同性戀症（homophobia，恐同症）。恐同症的攣生兄弟是「強迫異性戀主義」（compulsory heterosexism）或「異性戀沙文主義」（heterosexual chauvinism）。這種疾病的症狀是畏懼

任何和同性戀有關的人、事、物，像是不敢和同性戀的人在一起，把所有的人都當成是異性戀，並且認為同性戀是一種「疾病」和需要「治療」。

經常問別人有沒有親密的異性朋友，或每逢參加婚禮就問周遭認識的人「什麼時候輪到你／妳？」，就是兩個最典型的「強迫異性戀主義」的症狀。簡單的說，大多數異性戀的人對同性戀的種種是無知的，而這些無知造就了一種畏懼的情感。這時若再加上旁人和傳播媒介的繪聲繪影，最後就成了相當典型的「遇見同性戀，就嚇得歇斯底里，和表現一些非理性的行為」。

也有些人在聽說（或遇見）了同志之後，才會開始思考一些問題。通常最先被考慮的，就是「到底同性戀是天生的？還是學習的？」大體來說，認為同性戀是先天（遺傳）性的，大多把重點放在同性戀的人在腦細胞、下視丘、各種腺體或者內分泌激素上和異性戀人的不同。特別在醫學和神經醫學上，幾乎每隔一陣子，就會有研究成果號稱找到重要的差異。但事實上一直到目前為止，還沒有任何一位科學家能夠拿出絕對可信的證據，說明同性戀有它的遺傳生理基礎。

至於相信同性戀是後天學習結果的說法，也有著極多的信徒。這些人多半相信在諸如有許多單一性別的姊妹（兄弟）的家庭中、一個人缺少和異性相處的機會（如在幫派、感化院、軍隊、精神病院等），或者在異性關係上，受過嚴重的創傷（我常聽有些人說，從事色情行業的女性，因多在工作上常常有不愉快的經驗，因此最後就發展出同性戀的行為模式——因為她們發現和同性來往，比較不會受傷、比較快樂）等，比較容易產生同性戀的行為。

在現時的臺灣和許多其他社會，不論是「專業」的醫學和生理學探討，或者是一般的常識性的議論，都會對同性戀產生不利的結果——不論一個人是相信上述的先天或後天說的哪一種。試想，當一位科學家如果能夠說服社會中的人，相信同性戀的人腦結構和異性戀的人

不同，並且如果科技的發展能夠在胚胎或成形嬰兒時偵測這種差異，結果很可能會造成許多異性戀的母親和父親，在孩子出生之前就結束孩子的生命。

我一點也不認為這是妄想或杞人憂天。羊膜穿刺和絨毛穿刺這兩種科技，原來是被用來檢驗胎兒的健康情形；但它的發展卻變成了母親（和父親）用來檢查子女性別的工具。學者的研究發現，在臺灣近年出生的男嬰，有高於正常水準的肢體殘障現象（甚至四肢均無），就是濫用絨毛穿刺的結果。

另外，我國第三胎嬰兒出生的性別比率，是一百位女嬰對一百三十位男嬰（專家推測臺灣地區每年至少有兩萬個女嬰「蒸發」掉）——遠高於正常（沒有人為干預）的一百對一百零六。這兩種情形都是科技對強化性別歧視所造成的結果。我有很好的理由相信，若真的先天論成了大家普遍所相信用來解釋同性戀的說法，那麼會有很多小孩（不見得真的會成為同性戀）會成為恐同症下的受害者——就像是絨毛穿刺下男性／女性嬰孩的受害者一樣。

相信後天論，也一樣不會替我們帶來任何好處。許多恐同的學者盲目的相信，性別混合教育體制的好處[2]。而一般人——特別是最近——所表現出來認為「同性戀的人好像愈來愈多」的看法，一樣是意味著同性戀行為，是一個經由學習所獲致的結果。因為這樣，她／他們對於在公共領域中談論同性戀——特別是那些比較正面談——的人，有著極大的恐慌和反感。他／她們認為，這些以正面方式介紹、分析（「將它正常化」是這類人通常的說法）的學者，間接的鼓勵了原來對自己性取向並不明確的人，成為同性戀者。

將同性戀視為是社會化結果的人，多半會提議改變那種社會化的情境。多年來被談論許多的合法化同性戀結婚、打破男校的性別隔

---

[2] 有關女男應否同校、同班有許多正反並存的研究結果，我沒有篇幅在此詳述，但重點是性別隔離是否有益於女學生，是一個尚未有定論的爭議。

離、主張女性服兵役等，都是由相同價值觀所發展出來的看法。在畏
懼合法化同性戀婚姻，會造成更多的同性戀人士的前提下，反對同性
戀結婚權；專門以強暴女同性戀，企圖改變她們的性傾向；或者根本
避談任何有關同性戀話題的想法和作法，都是基於相信同性戀學習論
的想法所發展出來的。它一樣會造成歧視、迫害同志的結果。

很簡單的說，在一般人還沒有辦法真正的以正常人（即和我們一
樣）看待同性戀人士之前，任何針對同性戀成因的探討──讓我再強
調一次──不論是先天論或者是學習論都會有不好的後果。種族屠殺
（genocide，藉由科技的方法以便找出同性戀的嬰兒）和強暴（以暴
力改變她人的性偏好）可能是比較極端和誇大的想法（和作法），但
以經驗法則來判斷，這都是極恐同的異性戀人士所做的事。

異性戀人士對同志的第二個最普遍的成見，就是認為她／他們都
是性慾很強的人或／和性關係很隨便的人。在西方的歷史中，最先被
拿來用在同性戀族身上的字，就是 homosexual（ity），這個字不僅有
將同性戀視為是一種生理和心理上疾病的傾向，同時它也有將同性戀
應用在以男性為主，和集中在性行為上的意涵（connotations）。也因
此一般異性戀的人，在談論（或思想）到愛情、婚姻、交往、戀愛這
些字眼的時候，很少會直接聯想到性。但是「同性戀」這個字則是被
污名化了，到一般異性戀的人在看到這個字眼的時候，就只能想起
「在進行性行為的兩個同性的人」。姑且不論任何兩個在戀愛中的
人──不論是否為同性，都絕對不可能一在一起就性交。就以常理的
判斷來看，彼此相愛的同性戀人士，也會有許多類似一般異性戀人的
生活細節，但這些都在一般異性戀的眼中消失了。

隨著歷史的演進，有許多不同的字，被發明出來描述同性戀人，
dyke、 fag、 queer、 lesbian 和 gay 就是其中的幾種。不論好壞，至少
在美國的精神醫學協會和心理衛生學會（1973; 1974）已經將同性戀去
病化，並把它從診斷手冊（DSM）中剔除。反觀我國針對同志族群做
最多研究的醫學界，卻還是不言自明的（implicitly）將同性戀看成是

一種疾病。同時同志們也在極力努力的將自身去標籤化。怪胎
（queer、變態、酷兒）此一概念的歷史，就是最好的證明。

異性戀在性關係上混亂的人數和比例，都遠超過同性戀人士——
特別是男性戀。這就像是男人嫖了幾千年的妓女，都沒有人說不好或
不對，但對只有二十多年歷史的星期五餐廳（牛郎），卻一再的有人
擔心世風日下、人心不古、道德低落、社會敗壞一般。父權社會中不
僅壓迫同志而有性偏好的不平等，它也壓迫婦女而形成性別的不平
等。在指責同志族群性關係混亂、性態度隨便的人，事實上是極為霸
道、扭曲、缺乏自省精神，和極為矯飾、偽善的異性戀人。

有關同志的第三個（也可能是最嚴重的）刻板印象就是「愛滋
病」（AIDS）。一九八一年所出現的第一名愛滋病患者只是一個不幸
的歷史巧合。因為異性戀人士在罹患此一病症的人數早在一九八○年
代中期就超過了同性戀，但straight（意指異性戀人士）一直把同志看
成是傳染愛滋病的族群。到目前為止，雖然有許多研究和探討的成
果，但愛滋病成因和治療依舊是一個謎。

就已知而言，「愛滋和不安全性行為——而非同性性行為——有
關」可能是最重要，也是值得我們大聲疾呼的重點。將愛滋病和同性
戀畫上等號是相當落伍的看法。不幸的是，臺灣不僅是一般人，甚至
政府官員和負責防疫的公共衛生界人士都有這種傾向。因此在愛滋病
防治的各種計畫中，就不自覺的把同志當作工作重點，而忽視了其他
面向的作為。

舉個例子來說，在平行感染的個例中，許多保持單一性伴侶關係
的異性戀婦女，是從先生那兒得到感染。因此提倡在性交易時必須有
防護措施、教育國民如何從事安全性行為，以及避免多重和婚姻外的
性關係，都可以是工作項目。在這其中，每一件事都並非全然（或必
然）和同性戀相關。不論如何，怪罪同志是愛滋帶原和傳染者的本
身，是一個非理性而且沒有根據的指控。再怎麼說，同志所占的比
例，也大多在總人口的百分之五到百分之十之間。對於流傳如此廣泛

的重大疾病（有人稱之爲世紀末的黑死病），看成是天譴──如同某些宗教中的基本教義派看法，和把它只看成是某個族群的疾病，不僅不公平，同時也太荒謬和無知。

除了以上所提到的三個偏見之外，一般異性戀的人其實還有許多攸關同性戀的錯誤看法。像是有些人總覺得同性戀的人都娘娘腔（如果是男同志），或者她／他們都很有才氣，或者她／他們充滿著藝術和創作的細胞，或者她／他們都集中在一些特定的行業中。另外和這些連在一起的，也包括了她／他們性慾很強，都是從一些特定的科系（特別是文學院）出身，或者都有破碎家庭、父母不和、母強父弱等背景。

整體而言，人傾向於接受熟悉的事物和耽溺於習慣。同性戀的相關現象，是太多異性戀人不知道且畏懼的，因而在缺乏瞭解下，產生許多誤解和偏離事實的想法。又因爲社會中異性戀的人是多數，使得她／他們的這些成見，對同志變爲強烈的壓迫和歧視。這種情況的改變就有賴於同志人權運動的努力。

第二節　異性戀的性偏好歧視和公聽會

上一節所提的異性戀偏見，如果只停留在理念和想法層次可能不會造成太大的影響，但通常異性戀的刻板印象會變成實際的恐同行動，因而造成對同志的傷害。在這裡我們先分成家庭、兵役和社會三個部分來簡單的描述這些迫害；然後介紹一九九三年底的立法院公聽會。

家庭一直是同志們最不容易面對的問題。雖然有極少數的父母在知道了子女的性取向之後是全心接納的，但大多數的父母親是憤怒而歇斯底里的。即使有些父母經過了漫長的心路歷程後終究接受孩子，

但雙方在過程中常常是傷痕累累。一般的情形——在同志向父母現身時——是引來後者的憤怒、責難（或自責）、絕望或一頓毒打，接著就是父母要求子女改變、停止（同性戀）或接受治療，最後在子女的堅持之下，父母只得無奈的接受現狀。

在以上的過程中，有些同志有知心伴侶，或有交情深厚的圈內朋友和尊重此種情感的異性戀友人（直同志），以至於生活豐富、人際關係圓滿。甚至在這些人當中也有兩情相悅、願意相訂終身、長相廝守，但在我國的民法和體制中卻容不下這種同性婚姻。根據戶政司長簡太郎表示：同性戀結婚並無前例，有違我國傳統善良風俗，也非常態，因此內政部無法同意。但對同志而言，則非如此。具體的說，異性戀的婚姻體制不但出現了許多問題，同時也對其中的某些人形成極大的壓迫。同性婚姻可以重新定義和詮釋婚姻，使各種性偏好的人都可以經驗更為平等和自由的世界：

> 兩情相悅，雙方願以結婚方式來鞏固感情，進一步確立彼此的關係，應是一種最基本的人權，而無關於性別與性傾向的不同。婚姻制度在現代社會所具有的目的及意義是多面的，而非只是為了生物性的繁殖後代，其在情感及精神方面的重要性甚至更大於前者。因此同性戀的婚姻亦不因無法生育小孩即被視為殘缺的狀態。然而筆者雖贊同婚姻應為同性戀者之基本人權，同性戀者絕對該擁有結婚的權力，卻反對以現存法律以及民間「善良風俗」規範下的異性戀婚姻為唯一出路，因此在發聲要求像異性戀一樣擁有結婚及其一切附屬權力的同時，其實更值得我們思考的是，同性戀可以建議一個完全不同於異性戀對於「婚姻」一詞的定義。
>
> 李文弘(中國時報，一九九四年七月二十二日，十一版)

其實，同性結婚的議題不是只侷限在「同性」的部分而已，其他

的相關討論如構成要件、權利義務、社會福利、公共政策等也都是該注重的要點。同性戀的結婚「權」本身就是一個有趣的字眼，因為異性戀的人非但不將結婚視為是一個「需要去爭取」的權利；反而把它當成是一件「大家都該做的事」（「自然而然的」）。因此，在強調家庭和婚姻的種種面向時，同志結婚是在要求同性戀的人可以有選擇不同型態生活組織──就像異性戀的人一般──的權力。

對男同性戀的人而言，「服兵役」是另一件相當令人頭痛的事情。一方面在憲法中規定男性的國民有服兵役的義務，但實際上軍中卻有許多駭人聽聞的迫害同志事件。因此，面臨兵役的男同志有極大的壓力和焦慮。而在同志社團從一九九三年開始，向服役同志所收集到的許多案例中有新生遭學長輪暴，申訴後又被毆打，最後被害人以退役以及在長官和同袍的言語和行為暴力中投訴無門的慘狀收場。

美國總統柯林頓在競選連任時，曾提及開放同性戀者服兵役的政見──因而贏得同志選票的支持；但在國外媒體的報導熱潮下，卻在引進臺灣之後引發了──同性戀可以成為逃避兵役的緣由或管道──相當不同方向的討論。一般異性戀的人把同志對於服兵役的畏懼和顧慮（以及訴求）錯誤的認為是「逃避兵役的特權」。一方面美國所實施的募兵制的確使當兵成了一種權利，但在臺灣的徵兵制下，當兵是一種「義務」──而非權利；另一方面，男同志並不是擔心服役與否的問題，而是擔心從軍後因性取向曝光所遭遇的後果。

其實對大多數的男同志而言，當兵沒有任何問題，但是同袍（和長官）對於同性戀的歧視、攻擊和傷害是他們極為顧慮的嚴重問題。就算是「心存善念」的要求他們去接受（通常是精神病的）治療都是一件很痛苦的事。因此有關服兵役的種種討論也是男同志們極為關切的議題之一。

在社會中，恐同的情結無處不在。從新公園的遊客經常性的被警方騷擾，同志學生在性偏好曝光之後被退學（或退宿），工作升遷和待遇的歧視，房東對於同性戀房客的刁難，到媒體中種種不利的刻

畫,在在都說明了同性戀在臺灣社會中所遭受的「二等公民」待遇。而人權團體慣常性的人權指標和探討,也從來沒有把同性戀族群的人權情況引入考量。說得嚴重一些,臺灣在一九九〇年代之前似乎是沒有「同志人權」觀點的。

在一九九三年秋天,臺灣大學的校園裡出現了國內第一個男同性戀學生社團「台大男同性戀問題研究社」(Gay Chat)。接著臺灣電視公司便針對此一學生團體作了一個報導(「熱線追蹤」)。民進黨立委顏錦福在節目播出之後就主動找上了社團發言人台大社研所的學生 WW,在後者的串連下集結了七個同志社團和六位專家學者、兩位政府官員進行一場有關同性戀人權探討的公聽會。

「誰來關懷同性戀人權公聽會」的原始構想可能僅在於表達一位政治人物對某一特定弱勢族群的關心,但在因勢利導的發展下,竟成了臺灣同志平權史上的一件大事。參與公聽會同志們的訴求是想將性取向的保障納入反歧視法草案之中。

根據民國八十三年一月四日自由時報第六頁,由記者林潛修所做的報導:

國內第一部反歧視法草案由四十人連署,並經去年十二月十日於立法院院會以臨時提案提出獲得通過。

反歧視法的法源依據是憲法第七條所稱「中華民國國民,無分男女、宗教、種族、階級、黨派,在法律上一律平等」,經草案引伸再定義所謂「歧視」為「因人民之性別、血緣……語言、種族、年齡、容貌、殘障等,而予以不公平之差別待遇」。

草案並主張國家應於本法公布後一年內就各款保障分別完成立法,並「得依情形給予原住民、婦女、殘障者優惠待遇」,同時行政院應設「反歧視委員會」,其中「女性、原住民、殘障者、勞工」為委員保障名額。

　　就同性戀團體的觀點，不論憲法條文、刑法、民法，甚至這部為落實人權保障的反歧視法草案，都僅就「性別」、「男女」等自然特徵差異明文加以保障，實際佔相當人口比例，但礙於道德壓力不願公開承認的同性戀者，在一旦性偏向曝光後，無法在法律保障下免於歧視。

　　同性戀行為雖非「外來產物」，但在國內人權法令制訂大幅落後歐美國家的現況下，欲在立法過程保障同性戀者，仍須參用先由西方學術界定義的用語，目前較為廣泛使用的有性偏好（Sexual Preference）及性傾向（Sexual Orientation）兩個用語，代表人類選擇性愛對象的行為。

　　簡言之，若「性偏向」的觀念可以得到國內輿論及法界的承認，並進而落實立法保障，則若異性戀男子不應為其「性偏向」為男性，並選擇男性為伴侶而受歧視，女同性戀者亦然。

基於上述精神，六個團體發表聯合聲名要求：

　　同性戀身份及合法行為絕不得列為警察取締之行政裁量，且不得予以拘捕、言詞污辱等侵犯人權之行為。取消刑法第二三四條有關公然猥褻中，將同性戀為猥褻之認定。並需明訂保障同性戀之工作權及受教育權。

　　他們特別指出目前官方愛滋病防治文宣品中極盡醜化同性戀者，將其與愛滋病、性濫交劃上等號，他們要求衛生署重新檢討愛滋病防治之經費分配，避免集中於大型醫療單位，並資助自發性防治愛滋病之同性戀團體。

但在公聽會中，政府官員有的堅持愛滋防治中強調同性戀是必要的，否認文宣中有醜化同志和經費分配不當等官方辭令；有的則宣揚

政府的善意並在口頭上敷衍同志的要求。最奇特的是有一位參與者竟然以吸毒、偷竊和污染等字眼描述同性戀，並自況「以悲痛的心情來參與……」。因此在可想而知的情形下，結束了這創造歷史的公聽會。

對於這個公聽會所引起的媒體關注是很容易被理解的，比較特別的是許多的報導不僅在標題、內容或甚至是語氣上都顯的和以往不同──比較真實、比較正面（這當然是我個人的觀察）。因此我們認為即使這破天荒的公聽會，並沒有造成同志境遇的實質改善，它至少開啓了「接近」正常報導同志活動的新頁。因而它對強化同志的自我認同、提昇意識和凝聚社群力量是有著相當貢獻的。

在前面的描述中，我們發現了異性戀思潮的普遍和強迫性。一般人在成長的過程中，往往會被灌輸許多不利於同性戀的觀念。尤有甚者，許多同志在人格發展的過程中，也常都有因為內化了這些觀念而歷經很痛苦的掙扎──一種通常被稱為「自恨」（self-hatred）的情緒。這種對同性性取向的排斥，直接或間接的引發了同志的不滿和反抗。若此抗爭演變成為對異性戀霸權的挑戰，以及平等待遇的追求，就符合了我們所稱的「同志平權運動」。

第三節　臺灣社運回顧和文化變遷論

本節的目的有三：首先我們回顧臺灣社會運動的歷史，其次介紹在西方的社會科學傳統中，幾個主要的社會運動探討架構（和理論），最後提出本章的觀點以做為分析臺灣同志平權運動的依據和歷史。第一個部分的重點主要在說明解嚴對臺灣社會──特別就社會運動而言──的影響。就同志運動而言，它所出現的時機其實有著多重的意義；第二個部分的理論概要，是想指出西方社會的運動理論在探

討臺灣的──特別是同志──運動時的適用（和不適用）處；第三部分主要在提出本章所發展出來的文化變遷探討架構。除了強調其本土性的著重之外，這裡也包括了作者對於西方運動理論的初步檢討（反省）。

就社會運動的參考架構來看臺灣社會是一件頗為有趣的個案探討。若從比較傳統的理論如古典和修正的集體行為（Park & Burgess, 1921:865-952; Blumer, 1946:165-220; Turner & Killian, 1957; Lang & Lang, 1961; Smelser, 1962）、相對剝削（Osanka, 1962; Bwy, 1966; Masotti & Bowen, 1968; Gurr, 1970; Jierney, 1982:33-47）、結構變遷（Merton, 1957; Hagen, 1962; Moore, 1963）、（各類）馬克思的階級鬥爭（Carnoy, 1969; Wilkinson, 1971; Weiner, 1981）、古典和修正的資源動員理論（Tilly, 1973; McCarthy & Zald, 1973, 1977:1212-41, 1978; Oberschall, 1973, 1979; Gamson, 1975）來看，我們可以說在一九八七年的解嚴之前，臺灣是沒有社會運動的。之所以如此，一方面是因為在這些理論之中明確的定義：「一群人有意識，有目的的一種組織行動，其目的在於改變現有的（社會）秩序或要求資源的重新分配。」[3]（王雅各，1992:14）另一方面，這些「傳統的」理論──儘管有不同的重點──卻也有著必須注重外顯、有形且具體可見的共同缺點。

---

[3] 這是我融合了所有傳統社會運動理論的重點之後所提出的一個定義。當然若以不同的探討框架（如新社會運動理論）來看，則此定義不見得能夠成立。另外即使在傳統理論之中，不同的觀點也會對於定義中不同的元素有著差別待遇的考量。以最為人們所熟悉的古典／修正資源動員理論為例：古典資源動員比較強調社會運動組織（Social Movement Organizations, SMOs）的本身，因此相關的人事、規則、領導者（和領導統御的技術）以及組織的各面向就是社會運動探討的重點。但在修正（新）資源動員理論之中，構成組織的各種「資源」，如成員、媒介關係、演說能力和動員力量等，卻成了考量主角（請參考我的引文）。重點是──這也是我在後面會提到的──相對於「新」社會運動理論而言，本定義涵蓋了所有傳統社會運動理論的要素。

　　不論如何，自民國政府於一九四九年來台開始頒布到一九八七年取消戒嚴的三十八年間，就一般性的社會運動定義而言，臺灣是沒有社會運動，即使在此期間有幾個顯著的運動，例如殷海光、雷震、彭明敏等事件，大學雜誌的（以及其他非主流刊物）發行，（兩次的）保衛釣魚台列島運動，和中壢、高雄事件，都在執政黨國家機器的高壓和媒體的扭曲、抹黑下消弭。基於這一個事實，臺灣在戒嚴時期的社會動員比較是接近集體行為中的暴動（riots）騷動（insurgencies, uprisings, insurrections）和暴眾（mobs）而不是可依尋常社會運動理論探討的社會運動（social movements）。

　　白色恐怖的實施，不僅禁止了憲法所賦予人民的最基本──宗教、居住、遷徙、言論、集會、出版和結社等權力──的自由；它更造成了一種肅殺的社會氣氛，使得許多在學術領域中的探討和研究──如以臺灣為名的各種學術努力，當然也包括了「臺灣的社會運動」在內──染上了一層不祥的陰影。在這種社會氛圍之下，即使有人對政治社會學和社會運動相關的討論有極大的興趣，也會在各種考量下卻步。

　　在一九八七年的解嚴其實並沒有立即把臺灣變成一個真正民主、自由的社會，同樣重要的是，解嚴也並不是一九八七年七月十五日突然發生，而是長時期醞釀的結果。這其中最具衝擊力的，當然是歷史悠久的政治改革運動（又稱「黨外」）。我們無法在此詳細敘述「黨外」的林林總總，只須強調「黨外」的政治改革運動不僅催生了臺灣第一個合法的反對黨──民主進步黨──它同時也替所有的社會改革提供一個動員的基礎。

　　總之，在社會風氣快速的變遷和反對黨成立的壓力下，國民黨不得不在一九八七年宣布解除了實施近三十八年的戒嚴令。而在此之後臺灣進入了一個百花齊放的「社會運動風潮」年代。如果說，是國民黨的高壓政體（state）綑綁了臺灣豐沛的民間社會勢力；那麼解嚴的措施（當然也配合了日益增強的經濟力）是造成一九八〇年代末期，

臺灣「無人不運動」的最重要原因。這樣說,並不是把戒嚴的實施當成是抑止臺灣社會的唯一(或決定)因素,毋寧是在於強調——從合法性,到最基本的金錢籌措等面向來看——戒嚴令對於臺灣社會運動整體的強制性壓抑影響。

　　我們可以從各種通俗和學術性的刊物中看到一九八七年之後的熱鬧景象。張曉春在<知識份子與社會運動>中談到了知識份子在社運之中的作用和扮演的角色,除了引介社運的意義、性質和階段之外,他也以消費者和環境保護運動為例來說明臺灣社會運動的特徵(1986:93-9)。孫清山則以資源動員論的觀點描述當前(1988)的臺灣新興社會運動。他並且以十個項目(環境保護、消費者保護、勞工、農民、婦女、老兵、校園殘障、宗教、原住民人權)為臺灣的社會運動分類。除了提出集體行動的邏輯之外,他也介紹了資源動員理論探討的要點(1988:9-16)。

　　南方朔則以性質區分:社區的「公民不服從運動」、生態運動、學生運動、新都市運動、宗教運動和消費者保護運動等多種運動,並且以新社會運動的鉅型理論展現這些運動的特性,他除了提出「民間社會」主體性的創造與呈現的觀點之外,也重申了對臺灣民間社會出現(發)的期許(1986:36-40)。

　　蕭新煌則將眾多的說法歸成「經濟發展的外溢」、「政治權力本身轉化」和「民間社會的出現」三類以比較它們對臺灣社會運動的分析(解釋)力,除了批評三者的外來性和侷限性之外,他也強調臺灣的社運風潮可以被看成是民間社會力的集結以便對國家進行「反支配」的抗爭過程(1989:60-4);他也在一年之後另外一篇討論社會與國家關係重組的文章中,比較了解嚴前後(蔣經國—後蔣經國時代)所產生的不同社運,藉著將解嚴前所出現的七種(消費者、反污染自力救濟、生態保育、婦女、原住民人權、學生和新的教會抗議運動)、解嚴時的七種(勞工、農民、教師人權、殘障及弱勢福利團體、老兵自救、政治受刑人人權和外省人返鄉運動),和解嚴後所出

現的四種（臺灣人返鄉、反核、客家母語文化和無住屋團結）運動推論之間的三個重要意義和四個質的發展趨勢，他也在結論中表達了對由一九八〇年代的「破」到一九九〇年代國家和社會力「立」的重組期望（1990:68-80）。

這些和其他的個別努力（顧燕翎，1987:37-59；張茂桂，1989；王雅各，1992:14-9；鄧丕雲，1993）等反映了在當時的社會氛圍和許多團體的努力──如同反映在《臺灣新興社會運動》（徐正光、宋文里，1989）一書中的。但眼尖的讀者，可能會有個立即的感觸──「看不見」同志──不要說「同性戀」這個字眼，甚至「性偏好」（sexuality）或者「性取向少數」（sexual minorities）的字眼都自始沒有在這些文本中出現。事實上一直要到一九九〇年代中期，有關「性取向」的討論才在臺灣的文字和符碼版圖中出現。而有關同志族群的社會運動學術探討大概是要在一九九六年末的「拓邊扣邊社會學研討會」（十一月十日也是許佑生先生結婚的同一天）中才正式出現[4]。

簡單的說，在風起雲湧的解嚴後臺灣社會，在「從冒泡的沸騰」的一九八〇年代末期，在「無人不運動」的激烈變動的歷史場景中，同志又缺席（和無聲）。在以上所有提到的（以及沒有提到的）社會人士──不論她／他們以任何概念、命題、理論框架和研究方法──中沒有人看到（很可能也沒有人知道）默默的、正待努力破繭而出的「同志人（平）權運動」。

我們曾經強調，如果引用傳統的社會運動定義，那麼在解嚴之前臺灣並沒有社會運動；事實上在前面我們所提到的運動之中，許多也並不全然符合一般的社會運動定義（婦女解放是很好的例子）。不論如何，性偏好少數──包括同志在內──始終無法在一九九〇年代之前現身，本身就說明了同志在臺灣社會的境遇。而在學術界中的探討始終看不見同志，也充分顯示了以開明自詡的學者是極端「性偏好

---

[4] 請參考《臺灣男同志平權運動史》第二章。

盲」（sexuality blind）的。

在本章作者多次的努力（王雅各，1992:103-31；1995a:137-40；1995b:106；1996a:188-9；1996b；1997a:84-9；1997b:7）、同志社團的出現和眾多個別明星（celebrity）及個人同志的現身和努力之下，有關同志生活（和文化）的各面向討論逐漸從一九九〇年代中期浮現。而在其他社會運動逐漸淡出臺灣的一九九〇年代，同志族群的政治（和社會）動員遂成為此時臺灣社會在世紀末最重要，也最值得記錄的政治社會學研究。

傳統探討社會運動的理論有著許多的缺點，不論它們所強調的是怨懟（grievance）、挫折（frustration）或剝削（deprivation）這些社會心理學的現象，或者把重點放在組織、環境和資源等結構性因素，它們都無法具有全然令人信服的解釋力。然而，另外兩個最大的問題卻是使得不同理論能夠出現的主要原因。許多傳統的學者，企圖把社會運動分成不同的階段，Briton（1975）、Mauses（1975）、Smelser（1962）是其中的幾個例子。但階段的畫分相當困難，且綿延、重疊以致於問題重重。

傳統社會運動理論探討最嚴重的缺陷，其實是它無法對運動的「成果」做有說服力的評估。若運動的目標在於設立新的組織、建國（如甘地）、修（立）法，則運動的成效評估是明確和無異議的，但絕大多數社會運動的目標並非完全在此，因此使得學者在衡量社會運動的成果就遭遇了極大的困難。在此情形之下，「新社會運動理論」就應運而生了。

新社會運動有極多樣和異質的面貌，但大體上它們是針對傳統理論的缺失所做的補充。因此它們幾乎都不分階段，而且也把運動成果的評量相當的放在考察運動對個人認知狀態和價值觀念的改變上。以下我以幾個理論做例子來說明新社會運動的特色。Morris（1984）在針對黑人民權運動的探討中，融合了神才（Charismatic）運動和集體行為的典範創造出「本土化運動」（indigenous movement）的模型，

他並在研究中強調了教會的重要性。

同樣探討對黑人民權運動的參與過程，McAdam（1982; 1988）則提出了意識轉換和認知激進化的「政治過程模式」（political process model）。Snow 等人（1986:461-81）則將學生對社會政治的認知框架分成輻輳、擴大、延伸和轉換等四個部分；並且在以社區運動的參與學生中，看她／他們的「架構轉換」（frame alignment）。Melucci（1985; 1989）則以批評他所謂的結構的（以 Habermas 為例）徑路、資源動員取向（以 McCarthy 和 Zald 為首）和政治交換理論（由 Pizzorno 等人為代表性人物）等模型入手，提出他的「新集體行為理論」，雖然聲稱並不喜歡「新社會運動理論」的標籤，但他卻不反對將自身置於此一理論陣營之內。

同時他也提出此一陣營的四大特色：(1)並非全然專注在物質（財貨）的生產和重新分配，(2)社運組織並非僅將自身定位在奪取目標的工具性位置上，(3)社會運動和可見／不可見運動面向的新關鍵點是水乳交融的，(4)當代運動清楚的明白社會中生活世界的多面向性。Melucci 的理論也是相當強調個人在運動的各種探討。

法國社會學家 Touraine（1981; 1985:77-92）認為社會是由行動者體系和結構性關係互動的結果，而社會運動是在變遷的社會中，針對社會行動所做的探討。他依據運動者及其所爭取的目標，將社會運動分成社會運動、歷史運動和文化運動三種。雖然三者的界限有時很難畫分，但 Touraine 讓它們均朝著一個緩慢文化變遷的方向轉移，且運動的範圍在擴散的過程中幾乎有造成整個生活方式改變的效果。

以上所提到的這些社會運動探討徑路，都有異於傳統社會運動的理論，特別在於社會運動組織策略和參與個人更多樣化並置於快速變遷的社會脈絡中，新社會運動理論有了更廣泛和深入的解釋力。更重要的是，若我們將個人的轉變看成是運動的主要目標的話，則新社會運動理論是特別具有說服力的。因此，在許多一九七〇年代之後熱烈發展的運動像是廣泛的環境主義（environmetalism）和認同政治

（identity politics）——特別是婦女解放和同志人權——就很適用這個新的理論取向。

在一個一九九二年所完成的學位論文中，我提出了「文化分析」的架構以探討包含婦女解放、黑人民權、同志平權、反戰、環境保護等的學生運動（Wang, 1992）。援引此一架構，我將臺灣所發生的同性戀人士對政治的社會動員做分析並應用在本章之中。我認為（至少在現階段）最近這十年來在臺灣所發生的同志相關現象，是一個「文化形貌轉換」（the transformation of cultural configuration）的社會運動過程。

臺灣同志平權運動的文化形貌轉換企圖，主要呈現在以下三方面。第一，原來（運動之前）同志是不可見、不可聞的。基於多重且複雜的原因，同志自一九九○年代開始在臺灣社會出現。異性戀社會對同志是無知的，而大多數認為自己知道同性戀的異性戀人是透過媒體。在一九九○年代之前媒體有關同性戀的報導，充斥著醜化、扭曲、片面和偏差。而在同志平權運動的努力下，使得一般異性戀的人開始有機會接觸到中立（性）、客觀和持平的報導。

不僅對於同志，大眾傳播對許多弱勢強群（婦女、原住民）都帶著有色的眼鏡，但媒體對同性戀族群態度的改變卻是最晚和緩慢的。從某些角度而言，現階段在臺灣的同志運動，幾乎就只是針對著大眾傳播媒體。不僅僅因為直人（straight，即異性戀人）大多是透過媒介瞭解社會，更重要的是在缺乏大量明星（celebrity）和個人現身的場景中，許多同志也是先藉著媒體的力量逐漸轉化和導正一般人對同志族群的看法。另外有些同志本身就是媒體工作人員，故而可以在工作環境當中，滴水穿石的導引對同性戀相關現象的再現形式。

總之，和十年前相比，大眾傳播對於展現同志有了相當不同的方式。我們絕非宣稱現在傳媒已經完全可以「客觀、公正、均衡」的報導同志（大概永遠不會），但比較看來，各種媒體對同志相關現象的報導的確已有某些改善。因此，由大眾傳播所顯現的文化領域中，同

志已不若十年前那麼被污名化了。其實，水能載舟，亦能覆舟。若同志能夠針對媒介動員，在此一場域所能獲致的成果，可以發揮極大的作用。換言之，在大眾傳播媒體中的文化形貌改變，相當有助於同志在其他日常生活領域中的抗爭和平權要求。

第二，在平權運動之中，有許多同志社團出現。「團結就是力量」是一句老掉牙的話，但在一九九〇年代之前，臺灣並沒有同志社團。不論是否以運動為目標，社會組織是任何族群的重要資產。在平權意識興起之前，眾多的同志都是以個別的狀態存在，即使有親密的網路和人際關係，大多數的同志必須是以單打獨鬥的方式面對家庭和社會中的異性戀霸權。在「分而治之，逐個擊破」的劣勢下，同志無法以集體（組織）的力量替自己爭取權益。

任何人所形成的社會組織都有多重的目標（功能）。對同志而言，同志社團最主要有兩個作用：社交和運動。前者可以說是集合同志，進行交流和聯誼，在此過程之中強化同志的性取向認同、證成（justity）同志身分的正當性和凝聚（solidify）同志對組織和族群的向心力；後者則是運用各種手段以挑戰異性戀沙文主義和霸權，教育異性戀社群，並提出同志平權的合法性（legitimacy）。

雖然我們把同志組織的功能區分為社交和運動兩者，但經常此兩者是互補而非互斥的。特別從教育的角度來看，強化個別同志的自我認同和挑戰異性戀中心的思想都是同志社團教育的內容。前者大多以社交和聯誼的方式進行；而後者，則是「運動」的重要項目。如此說來，同志社團同時肩負者「內政」和「外交」的大任，而社交和運動也可以並行不悖的。

從一九九〇年三月的「我們之間」開始，臺灣進入了「有同志社團」時代，短短的八年之間有不計其數的同志團體在校園內和社會中出現。透過許多的活動和串連，同志社團改變了社會中（包括校園內）一般組織和同志組織的關係。由同志團體所舉辦的各種活動（影展、書展、藝術週、遊行、文學獎……）不但吸引了許多非同志族群

的關注，它們也往往成爲同志教育異性戀社會的重要工具──深刻的改變了社會中大眾文化和組織環境的文化形貌。

第三，個別現身的同志，也在相當範圍之內改變了一般人對同志的看法和社會中同志論述的氛圍。個別現身的同志有極高的異質性和多元的樣貌。最早以小說現身並在文學圈內極負盛名的白先勇先生是以創作帶動同志議題的討論。雖然他極早就移居國外，但他的作品到現在都是許多同志議題（其實也外溢到性別、國族等現象，見朱偉誠，1998:47-66；葉德宣，1998:67-89）探討的焦點。更不要說，被臺灣男同志社群視爲「聖經」的《孽子》了。

祈家威先生是另一位極早「現身」的同志明星。以「愛滋病義工」爲名的他，在一九九○年代之前是唯一可以在媒體中見到的個人同志。祈家威相當有主見且行事特異，因此也是同志圈內相當引起討論（和爭議）的人物。在一九九三年由同志工作坊所舉行的問卷調查中，發現他同時是同志最喜歡／最不喜歡的發言人物。有趣的是，女同志多半對他甚有好評；但男同志則比較給他負面的評價。宣布要結婚並質問戶政司長有關民法中的條文，到地檢署按鈴申告帶原同志散布病毒，和提出同志在軍中人權等議題是他做（並引起極大爭議）的幾件事。他也獨力的維繫一個愛滋病患中途之家。

許佑生先生是最近現身的個別同志，身爲文化的文字工作者的他有著特殊（但又不那麼特別）的同志背景。而工作和創作也使他有異於其他同志的現身機會。兩年前的一場婚禮使得他成爲全世界都知名的人物。和白先勇的世代差異以及長住在臺灣，使得許佑生可以在在的發揮更大的作用和（經由創作所產生的）影響力。

不論好壞，個別現身的同志也在不同的社會領域中，發揮他們的作用並改變人的想法。即使有世代、背景、專長、職業、學歷、運動策略、目標和其他的差異，這些個別現身的同志都也是爲了改善臺灣同性戀族群的境遇在努力。而透過他們的人和所做所爲，逐漸的轉化了一般異性戀人士對同性戀相關現象的看法──而造成微觀和個人認

知上文化形貌的改變。

　　總之，我們在此處所提出的分析框架是把臺灣的同性戀平權運動看成是一個「文化形貌轉換」的企圖。不論是個別的現身或者形成同志團體，同志運動所做的就是「現身」（come out）和「發聲」。使得原來不可見和不可聞的同志形（影）像，在動員之後成為一個清晰可辨的「社群」。更精確的說，我們把「文化形貌轉換」分成三個部分：大眾傳播媒體、組織和大眾文化、微觀和個人的認知。從此處，可以申論作者不援引西方社會運動理論的原因，主要在於臺灣所具有的歷史、政治、文化和社會特性。而流派眾多的新社會運動理論也並不全然適合。

　　在本節的末了，我們要提出一些議題和實際的研究成果以說明在臺灣有關同志論述的現況。首先在同性戀文化的表意上，黃道明（1998）提到了渾名和污名的現象。這個主題其實是重要且在同志圈外引起眾多討論（李文，1996:48-53，林賢修，1997；同志公民行動陣線「常德街事件專案業小組」，1997:28-37）。同志污名化是一個檢討同志社群和異性戀社會關係的主要話題，從污名的變遷和程度也可以看出同志族群社會地位的變化。

　　另一個和名稱相關的主要議題是「現身」。從個別、集體的對照到如何現身和名人現身之後的結果，同志都有充分的討論（林賢修，1996:14；李文，1997:20-5，120-3；趙彥寧，1997b，1997c:59-64；朱偉誠，1997；簡家欣，1997a，馬嘉蘭，1998:130-49）。以在臺灣的情形而言，強大的家族和異性戀中心主義使得個別的現身極為困難。因此，臺灣（至少以現階段而言）的同志平權動員必須特別針對集體現身的面向做相關和深入的探討。

　　最後，則是一般化的運動論述和探討。主要的項目有女同志的身體政治學和日常生活（鄭美里，1997:101-23）、同志運動和論述的主體（倪家珍，1996；簡家欣，1997b:66-9，1997c:145-209，朱元鴻，1996:109-41）、運動史和路線（白佩姬，1996:52-7；周倩漪，1997:

38-42；林賢修，1997:62-5），以及對抗異性戀霸權的抗爭策略和方法等（許佑生，1997:92-3；鄭文，1997a:26-31，1997b:38-9；胡來安，1997:21-31，林恆立、林潛修、韓森，1996:23-33）。

　　整體來說，從出版、文學、大眾文化、政治和經濟與各個層面來看，在一九九〇年之後臺灣的同志族群已然成為清晰可辨的一個社團，而個別和具體的同志也在日常生活中的每一個層面現身、發聲。藉由這些努力多元化了臺灣社會的文化形貌，也有了驚人的改變，而這些改變事實上就是同志平權運動的具體成果。

第四節　結論

　　人們對於同性戀的刻板印象，都是由對於女性和男性的錯誤認知而來。因此同志人權運動的目標，除了在爭取同性戀者和一般人的同等待遇之外，也有著打破男、女刻板印象的效果。事實上，人是極端複雜的生物，而對不同的人而言情緒（包括愛意在內）也不可能有著固著或普同的模式。僵固的異性戀心態已然成了一個破壞人際關係，和人們和平共處的霸權。在多元開放的現代社會中，同志平權的努力也是我們打破性別歧視企圖中的重要環節。

建議書目

王雅各（1999）：臺灣男同志平權運動史。台北：開心陽光。

安克強（1995）：紅太陽下的黑靈魂──大陸同性戀現場報導。台北：時報。

林賢修（1997a）：看見同性戀。台北：開心陽光。

林賢修譯（1997b）：Eric Marcus 原著，當代同性戀歷史。台北：開心陽光。

性別與空間研究室（1998）：同志空間專輯，國立臺灣大學建築與城鄉研究所性別與空間研究室通訊，5 期。

參考書目

丁文玲（1996）：同志網路上身：網際網路入門資訊。熱愛，4，57頁。

水瓶天子（1996）：你絕不能錯過的十大網站。熱愛，4，54～56頁。

王雅各（1992）：學生運動與社會改革。社區發展，59，14～19頁。

王雅各（1995a）：你如何看待同性戀者，王雅各解讀異性戀。行動大學，2，137～140頁。

王雅各（1995b）：國民小學美勞教材中的性別意涵：一個多文化觀點視覺藝術教育的實例研究。多文化與跨文化視覺藝術教育國際學術研討會論文集。

王雅各（1996a）：大學社團中男性成員的女權意識對組織和個人的影響。國科會研究成果報告。

王雅各（1996b）：我看「原型」。本土心理學研究，5，188～189頁。

王雅各（1996c）：在校園中成立同志學生社團所遭遇的困難和議題。臺灣和美國的比較，拓邊、扣邊研討會論文集。

王雅各（1997a）：愛同志有多深，異性戀對同性戀的認「同」心態。申齊，100，84～89頁。

王雅各（1997b）：美術館發展的回顧與前瞻。現代美術，75，7頁。

王雅各（1999）：臺灣婦女解放運動史。台北：巨流。

白佩姬（1996）：文化與政治的雙曲線：淺談九〇年代中葉臺灣同志運動的轉折。騷動，2，52～57頁。

同志公民行動陣線「常德街事件專案小組」（1997）：解嚴十年台北市開始戒嚴？熱愛，9，28～37頁。

朱元鴻（1996）：從病理到政略：搞歪一個社會學典範。臺灣社會研

究季刊，24，109～141頁。

朱偉誠（1997）：臺灣同志運動、文化的後殖民思考，兼論「現身」
　　問題。第二屆四性研討會論文集。

朱偉誠（1998）：（白先勇同志的）女人，怪胎，國族，一個家庭羅
　　曼史的連接。中外文學，312，47～66頁。

李　文（1996）：你是背叛同志的同志：十個同志最要不得的負面行
　　動。熱愛，4，48～53頁。

李　文譯（1997）：E. Marcus原著，對家人現身實戰，技巧篇：如何
　　向父母開口說「我是」。熱愛，7，20～25頁（上），8，
　　120～123頁（下）。

李文弘（1994）：重寫「婚姻」的定義，請給同性戀者選擇的空間。
　　中國時報，7月22日，第11版。

林恆立、林潛修、韓森（1996）：用希望照亮世界：面對愛滋，你需
　　要的不是恐懼。熱愛，4，23～33頁。

林潛修（1994）：同性戀人爭取權益，高喊「反歧視」。自由時報，
　　1月4日，第6版。

林賢修（1996）：美國總統柯林頓同志刊物「現身」。熱愛，2，14
　　頁。

林賢修（1997a）：同志運動的無頭公案。騷動，4，62～65頁。

林賢修（1997b）：看見同性戀。台北：開心陽光。

周倩漪（1997）：絕地關係，終極運動：同志伴侶經驗，主體建構與
　　運動思維。騷動，3，38～42頁。

南方朔（1986）：臺灣的新社會運動。中國論壇，269，36～40頁。

洪　凌（1998）：差異化過程以及再疆域化的欲望：電化情慾／政治
　　的邪液／酷異交感。中外文學，26(12)，109～129頁。

紀大偉譯（1998）：F. Martin 原著，衣櫃，面具，膜：當代臺灣論述
　　中同性戀主體的隱／現邏輯。中外文學，312，130～149頁。

胡來安（1997）：同志當兵，好鐵打釘。熱愛，6，21～31頁。

徐正光、宋文里（1989）：臺灣新興社會運動。台北：巨流。

孫清山（1988）：從資源動員觀點論社會運動。社會福利，61，9～16頁。

許佑生（1997）：1997年金馬影展同志電影專題掃描：打開心頭的牢籠，同志有話要說。熱愛，10，92～93頁。

張茂桂（1989）：社會運動與政治轉化。台北：國策中心。

張曉春（1986）：知識份子與社會運動。中國論壇，265，93～96頁。

葉德宣（1998）：兩種「露營／淫」的方法：〈永遠的尹雪艷〉與〈孽子〉中的性別越界演出。中外文學，312，67～89頁。

黃道明（1998）：召喚同性戀主體，渾名，污名與臺灣男同性戀文化的表意。第三屆心理研討會論文集。

趙彥寧（1997a）：形塑臺灣女同性戀的身體文學，性／性意識及身體建構。台北：元尊文化。

趙彥寧（1997b）：面具與事實：同志運動的一個反思。文化展演與人類學研討會論文集。

趙彥寧（1997c）：出櫃或不出櫃，這是一個有關黑暗的問題。騷動，3，59～64頁。

鄭　文（1997a）：同志絕地大反攻：破解同性戀恐懼症十大武器。熱愛，7，26～31頁。

鄭　文（1997b）：勇敢作自己！喬絲提站出來，著書拉同志一把。熱愛，9，38～39頁。

鄭美里（1997）：女兒圈、臺灣女同志的性別、家庭與圈內生活。台北：女書店。

鄧丕雲（1993）：八十年代臺灣社會運動史。台北：前衛。

顧燕翎（1987）：從週期理論與階段理論看我國婦女運動與女性意識的發展。中山科學譯粹，2(3)，37～59頁。

簡家欣（1997a）：喚出女同志：九〇年代臺灣女同志的論述、形構與運動集結。國立臺灣大學社會學研究所碩士論文。

簡家欣（1997b）：書寫中的現身政治：九〇年代同志言說戰場的流愛。聯合文學，148，66～69頁。

簡家欣（1997c）：九〇年代臺灣女同志的性抗爭文化。思與言，35（1），145～209頁。

蕭新煌（1989）：民間社會的「反支配」性格：社會運動本質的界定。中國論壇，331，60～64頁。

蕭新煌（1990）：解嚴後社會與家庭關係的重組。中國論壇，354，68～80頁。

Anderson, B. (1983). *Imagined Communities: Reflections on the Origin and Spread of Nationalism*. London: Verso

Blumer, M. (1946). Collective behavior. In A. M. Lee (Ed.), *A New Outline of the Principle of Sociology*, 165-220. New York: Barnes and Noble.

Briton, C. (1975). National history of a social movement. In A. L. Mauses (Ed.), *Social Problem As a Social Movement*. Philadelphia: J. B. Lippincott Co.

Bwy, D. (1966). *Social Conflict: A Knowledge-in-Context Bibliography on the Literature of Developing Areas, with Supplementary References from Latin America*. Evanston, IL: Northwestern University Press.

Carnoy, M. (1969). *The State and Political Theory*. Princeton, NJ: Princeton University Press.

Gamson, W. A. (1975). *Strategy of Social Protest*. Homewood, IL: Dorsey.

Gurr, T. R. (1970). *Why Men Rebel*. Princeton, NJ: Princeton University Press.

Hagen, E. E. (1962). *On the Theory of Social Change*. Homewood, IL: Dorsey.

Hunter, A. (1954). *Symbolic Communities*. Chicago: The University of Chicago Press.

Jierney, G. (1982). Relative deprivation and social movements: A critical look at twenty years of theory and research. *The Sociological Quarterly*, *23*, 33-47.

Lang, K. & Lang, G. (1961). *Collective Dynamics*. New York: Cronwell.

Masotti, L. H. & Bowen, D. R. (Eds.) (1968). *Riots and Rebel, on Civil Violence in the Urban Community.* Beverly Hills, CA: Sage.

McCarthy, J. D. & Zald, M. N. (1973). *The Trend of Social Movement*. Morristown, NJ: General Learning.

McCarthy, J. D. & Zald, M. N. (1977). Resource mobilization and social movement. *American Journal of Sociology*, *82*, 1212-1241.

McCarthy, J. D. & Zald, M. N. (1978). *Social Movement in an Organizational Society*. New Brunswick, NJ: Transaction Books.

Melucci, A. (1985). The symbolic challenge of contemporary movements. *Social Research*, *52*, 789-816.

Melucci, A. (1989). Nomads of the present. In J. Keane & P. Mier (Eds.), *Social Movements and Individual Needs in Contemporary Society*. Philadelphia: Temple University Press.

Merton, R. K. (1957). *Social Theory and Social Structure*. New York: The Free Press.

Moore, W. E. (1963). *Social Change*. New York: The Free Press.

Morris, A. (1984). *The Origins of the Civil Right Movement: Black Communities Organizing for Change*. New York: The Free Press.

Oberschall, A. (1973). *Social Conflict and Social Movements*. Englewood Ciffs, NJ: Prentice Hall.

Oberschall, A. (1979). Protracted conflict. In J. D. McCarthy & M. N. Zald (Eds.), *The Dynamics of Social Movements*. Cambridge, MA: Winthrop Publication Inc.

Osanka, F. M. (Eds.) (1962). *Modern Guerrilla Warfare: Fighting Communist Guerrilla Movements, 1941-1961*. New York: The Free Press.

Park, R. E. & Burgess, E. W. (1921). *Introduction to the Sciences of Sociology*. Chicago: The University of Chicago Press.

Smelser, N. J. (1962). *Theory of Collective Behavior*. New York: The Free Press.

Tilly, C. (1973). Does mobilization breed revolution. *Comparative Politics*, *5*, 425.

Touraine, A. (1981). *The Voice and the Eye: An Analysis of Social Movements*. London: Cambridge University Press.

Touraine, A. (1985). Social movement and social change. In F. O. Borda (Ed.), *The Challenge of Social Change*, 77-92. Beverly Hills, CA: Sage.

Turner, T. & Killian, L. (1957). *Collective Behavior*. Englewood Cliffs, N J: Prentice-Hall.

Wang, Y. K. (1992). *Rebel with A Cause: Student Political Activism in Catholic Higher Educational Institutions*. Ph. D. Dissertation Department of Sociology, Loyola University of Chicago, pp. 103-131.

Weiner, R. R. (1981). *Cultural Marxism and Political Sociology*. Bevery Hills, CA: Sage.

Wilkinson, P. (1971). *Social Movement*. NY: Praeger

第 十 章

雛妓救援運動

紀惠容　著

「雛妓救援運動」是一項民間自發性的運動。它由抗爭遊行到殘補式收容工作，乃至嘗試立法，到第一線倡導式工作。短短十幾年歷史，已立法成功、改變政策，並創下多項歷史記錄：

首先，民間機構自創中途之家，服務收容雛妓，有別於政府大型收容所之服務模式。

第二，民間機構率先發起立法運動，立法院以最短不到二年的時間，居然通過民間「勵馨版本」的兒童及少年性交易防制條例，打破必須有官方相對版本才能審查之慣例。

第三，最先建立民間相關團體結盟，持續監督政府落實法令之模式。

「反雛妓」運動誠屬國內較罕見的成功社會運動。本章將分源起、反雛妓華西街慢跑、兒童及少年性交易防制條例、反雛妓vs.公娼論戰、結論等分別論述。

第一節 源起

一、廣慈博愛院與斗南習藝所

廣慈博愛院與斗南習藝所均是由政府所創辦的收容所。廣慈博愛院創於民國五十八年，原先設立收容老人，後見於從娼少女無處收容，乃闢其中一棟房舍，名為婦職所，於民國七十八年起開始收容從娼少女，但這些少女於收容期滿，必須離開婦職所。由於當時大部分少女是被賣無家可歸，或是與家人親子關係不佳，人口販子於是常於孩子收容期滿後，利用各種方式，又把孩子帶走，讓其重操舊業。這也是後來宣教士高愛琪發願成立民間中途之家，以彌補婦職所與社會

間的落差之由來──勵馨基金會也因此需要誕生。

位於雲林縣斗南習藝所成立於民國五十九年,這也是專門收容從娼婦女的服務單位。在民國八十五年七月「兒童及少年性交易防制條例」尚未通過之前,這是南臺灣唯一收容不幸少女的地方。目前,它也收容智障的孩子,予以職業訓練。

以上兩所政府的收容所,是早在民間發起救援雛妓運動之前即已成立的服務機構。但由於它的功能只限於收容,並不能真正解決雛妓問題──尤其是潛藏在雛妓背後的共犯結構,包括嫖客、老鴇、人口販子、保鏢、皮條客、掛勾的不肖警察及至於漂白民代等。於是乎民間自發性的救援雛妓運動,在臺灣基督長老教會創立「彩虹專案」之後,逐漸形成。

二、彩虹專案

「彩虹專案」是由臺灣基督長老教會總會成立,附屬在其社會服務發展委員會之下的彩虹婦女事工中心。創辦人廖碧英表示,當時鑑於政府無力也無意願處理雛妓問題,尤其黑白掛勾、利益輸送非常嚴重,乃要求其所屬長老教會正視雛妓問題;遂於民國七十五年六月成立「彩虹專案」,集結民間力量,成為壓力團體,予以政府極大壓力。

在這之前,民國七十四年九月、十月,廖碧英已著手進行一項田野調查,發現在華西街高達一千六百多名妓女裡面,約有四成為原住民。而在這四百餘名的原住民從娼婦女裡,又有百分之六十三為未成年少女。

廖碧英的報告指出,在華西街賣淫的婦女大多來自農村家庭,經濟狀況也非常不好,家中男性沒有負擔家計者,幾達一半。每個妓女的身後,平均都要負擔四個人的家計。她們開始賣淫的年紀,十四歲開始者有 33.3%,十五歲開始者 26.6%,合起是 60%。換句話說,有

60%是國小畢業不久，即到華西街來賣淫，可見這應不是在自由意志下的選擇。

當年十一月，廖碧英爲長老會社會服務發展委員會主持了一項「亞洲觀光與賣春」研討會。共有十三個國家與會並提出報告，大家共同發現由於經濟上的極端需要、婦女就業機會的缺乏、再加上觀光業的推波助瀾之下，亞洲經濟弱勢國家的婦女朋友，被迫賣淫養家，甚至被輸送至經濟強勢的日本賣淫，令人扼腕。也因此隔年廖碧英在長老會之下開始了「彩虹專案」，爲臺灣原住民少女成立「都市中介站」，同時搜集了許多人口販子買賣的資料。

「彩虹專案」首次出擊，是在民國七十六年一月，當時尙未解嚴，但它勇敢集結了國內各式社會運動團體，包括了人權、婦女、教會、原住民等三十一個團體共兩百多人，到華西街遊行抗議。由廖碧英與李元貞兩人領頭，遊行最後還到管轄華西街的萬華分局，抗議掛勾。這算是國內社運團體首次爲婦女議題的結盟行動。當然，它引起了媒體的大幅報導，也給了政府極大的壓力。

次年一月「彩虹專案」再次集結社運團體，到華西街遊行抗議。這次聲勢更浩大，並以婦女團體爲主體。包括了婦女新知、主婦聯盟及新成立的婦女救援基金會等婦運團體，並結合了臺灣其他的人民團體，爲救援雛妓而走上街頭，遊行最後仍然到萬華分局遞交抗議聲明。

目前，「彩虹專案」已正式命名爲「臺灣基督長老教會彩虹婦女事工中心」，並擴大深入至原住民社區。除了設置工作站之外，事工中心並進行訪調，及幫助推動原住民少女生涯規畫營等多項服務。最難能可貴的是，這些工作站的工作人員均爲原住民。「彩虹專案」從創辦至今，一直堅持使命，不斷在防治原住民少女從娼而努力。如今進入部落進行深度的教育、宣導工作，著實令人感動。

三、婦女救援基金會

第一次救援雛妓華西街遊行之後的同年，緊接著在臺灣宣布解嚴的民國七十六年八月，一個專為救援雛妓的律師團——婦女救援協會，在廖碧英與沈美真律師多方奔走下，終於成立。後者並被眾多會員們推舉為協會的第一任會長。

當時，婦援會設置專線，專事救援雛妓。由於當時法令的不足，人口販子僅能以違警罰法，或是流氓管制條例處置，再加上黑白掛勾嚴重，許多被通報救援的少女，等警察趕到，早已被人口販子移至他處；為此，婦援會多次以媒體批露方式，人口販子才放人。民國七十八年「小惠案」，即是在媒體批露下，人口販子才放人。當時婦援會的律師們並未想要立法，因為解嚴後的臺灣，立法院吵吵鬧鬧，諸多法令被延宕，律師們均認為立個新法談何容易！

如今，婦援會已正式成為財團法人「臺北市婦女救援基金會」，隨著立法院「兒童及少年性交易防制條例」的通過，諸多救援雛妓工作已還給公權力。婦援會除了加強救援慰安婦外，並展開婚姻暴力下的受害婦女服務工作。

四、勵馨基金會

婦女救援協會成立後的次年，也就是民國七十七年二月，勵馨基金會跟著誕生。在這之前，一位曾在廣慈博愛院婦職所任義工的美國宣教士高愛琪，心中早已開始構思中途之家的藍圖——一個安全處所，讓女孩得以擁抱新生活；一個能讓女孩學會愛自己、愛別人的地方；一個她們會學著原諒自己、原諒他人加諸於自己身上之不公平的地方；一個需要她們自己勵志上進的地方；一個她們能像平常人一樣，綻放青春之美的地方。

她的夢想逐漸感動許多教會人士與團體，大家有錢出錢，有力出力，終於湊足一百萬元，向台北市政府登記為財團法人社會福利機構，並租屋開始收容工作。大家並為基金會取名為「勵馨」，亦即有希望的園地，它提供這樣的機會給那些願意擁抱希望的女孩。因為，這些女孩需要一個能給予她們希望、滋養她們、鼓舞她們、喚醒她們行動力的地方，讓她們的生命能滿溢馥郁馨香。這不是垂手可得，而是需要許多人，更需要女孩自己勵志上進，也因此勵馨基金會的英文名稱被取為 The Garden of Hope Foundation。

勵馨基金會創立後的四、五年間，幾乎默默的工作。為了因應剛入園女孩的適應問題，勵馨的中途之家於是又分為短期與長短二個家，也讓此收容模式更細緻化，當時的董事兼執行長梁望惠功不可沒。但是，勵馨的董事們並不以此為滿足，她／他們開始反省此種「公益事業」做得愈多，有可能愈讓社會增加對雛妓問題的容忍度，反而降低徹底解決此問題的衝勁和動力。於是勵馨除了繼續原有的少女重建工作之外，民國八十一年也開始邀集相關團體從事「反雛妓」運動，盼望「讓臺灣不再有雛妓」這個夢想早日實現。

臺灣當時的社會，除了有少女被賣外，社會上充斥未成年少女坐檯陪酒，大家見怪不怪，認為這是交際應酬不可避免的，而不願面對最複雜、最難對付的「社會正義」問題。其實，每一位從娼少女身後都反映出一大串複雜的問題，牽涉到父母、警察、老鴇、保鏢、嫖客，甚至老師、家庭、學校、社區、公權力等等，絕不是只將少女輔導走入正途，問題就可解決。這就像有人在河的上游不斷將女孩往河裡丟，而婦女或社會公益團體卻拚命在河的下游撿孩子、救孩子，一樣不能解決問題。

雖然這個問題糾葛交錯，要改變或搖動它，看起來幾乎不可能，然而在民國八十一、八十二年間發生一連串事件，迫使政府與社會大眾不得不正視這個問題（詳情請參閱下節）。目前，勵馨基金會已從單純的關懷雛妓工作，擴展深化服務性受虐與逃家、輟學的孩子，因

爲勵馨認爲這些孩子都是雛妓的高危險群。同時,勵馨在台中市、高雄市、高雄縣設立工作據點,期待將服務即時送到孩子手中。另外,勵馨也承接北市公設民營龍山婦女服務中心,開始嘗試多介面服務婦女朋友。

第二節 反雛妓華西街慢跑

一、「反雛妓」運動逐漸成形

當勵馨基金會決定開始從事「反雛妓」運動時的八十一年間,首度推出一系列行動,包括買雛菊救雛妓、戴面具禮拜、公聽研討會,呼籲「讓社會做她們的母親」、簽署「反雛妓」公約等。八十一年六月,勵馨在立法院舉辦「雛妓防治公聽研討會」,邀請學者共思解決之道,同時公布由梁望惠所做的一項研究「雛妓問題大小之推估」,其中的研究結果推估臺灣有六萬多名雛妓。這個研究像一顆炸彈一樣,引起許多討論,政府否認這樣的說法,情治單位甚至把勵馨列爲黑名單,認爲勵馨醜化政府形象。但是,勵馨接著於九月推出反雛妓公約,邀請社會上各層各界的人簽署。

八十二年三月內政部長吳伯雄率同當時的警政署長莊亨岱,在立法院內政、外交、教育、司法、衛生委員會之聯席會上,專案報告政府如何處理雛妓問題。當時民主進步黨籍的顏錦福立委拿著勵馨的反雛妓公約,要求政府官員互相簽署。此後警政署頒訂「主動取締色情防處雛妓執行計畫」,通令各地警局全面落實清查取締,大大有別於過去之漠視。

八十二年三月底,勵馨再度聯合「中華民國終止童妓運動協會」

性屬關係(下):性別與文化、再現

等相關團體前往立法院，請求立法院訂定「雛妓防治法」，這是民間團體首次到立法院解決雛妓問題。巧的是，八十一年底到八十二年間，臺北縣市發生一連串KTV重大火災，死傷上百人，這也促使警方加強違規營業場所之查緝，間接遏阻了少女從事色情之現象。

二、「反雛妓」運動經濟策略

基本上，勵馨的「反雛妓」運動並非宗教慈悲心腸，或強烈道德控訴，更不是女性主義的「反色情」論調。勵馨認為，雛妓背後的黑勢力共生體包括人口販子、老鴇、保鏢、皮條客、嫖客，乃至不肖關說、包庇的民代與警察等所謂的「白道份子」。他們根本不會在乎社會的道德控訴。他們看到的是利，利之所在，何來良心譴責？道德約束對他們而言，根本不能擊中要害。而談「反色情」恐怕只是擴大打擊面，卻模糊了訴求焦點，因為雛妓問題牽涉到未成年孩子的成長權利。我們要正視的是這些孩子的人權。

所以，勵馨「反雛妓」運動策略，最先著重的是經濟層面的考量。勵馨認為：如果大量增加這些黑勢力共生體的經營成本與風險，例如，法令加重處罰、全民監督、檢舉、抵制「青蘋果性產業」，警察擴大臨檢，業者在沒有什麼利潤可求之下，自然而然會萎縮。社會就可順理成章的剪斷這種危害未成年少女人權的不正常「供需臍帶」關係，進而監督其重新組合的生態平衡關係。

其實，「青蘋果性產業」有著極大的利益：他們不用繳稅，不只從少女身上剝削、賺取金錢，其賣的酒錢也很可觀。若以六萬位雛妓推估，每位一天平均接客五次，一次一千元計，不計酒錢，一年下來這個產業營業額上達兆元；所以，經濟策略應屬正確有效的。勵馨指出，為了這個經濟策略，民國八十二年五月，她／他們開始草擬了「雛妓防治法」、舉辦公聽會、汲汲於立法院遊說工作，並在各層各界推展並落實「反雛妓」行動綱領，如高雄、台北市旅館業界開始懸

掛「支持反雛妓運動之旅館」壓克力牌於旅館門口，要求警界落實「主動取締色情防處雛妓執行計畫」，邀請企業界加入拒絕下一ㄊㄨㄚ運動，教育部也頒布了「輟學方案」，民眾開始檢舉。

　　以上的行動還是比較如鴨子划水，並沒有大幅動作，直到八十二年十一月，勵馨號召民眾到華西街慢跑，共集結了一萬四千多人參與「反雛妓華西街慢跑」，這些檯面上、檯面下的組織動員，確實讓共犯有了極大的壓力。勵馨基金會透露，當時她／他們經常接到恐嚇、猥褻電話，甚至黑函，但是她／他們不予理會。勵馨執行長紀惠容表示，這些黑勢力只敢在暗處叫囂，社會善良人士如果害怕了，不正好中了計，讓他們得逞嗎？

三、首次向共犯結構宣戰

　　八十二年十一月，勵馨基金會舉辦了「反雛妓華西街慢跑」。這種運動策略有別七十六年、七十七年的幾百人華西街遊行抗議，因為它改變宣戰手段，而以一般人較能參與、接受的「慢跑」形式，進行一種深沈的宣戰儀式。果然，十四日當天出乎意外的集結了一萬四千人，這包括了臺北縣民眾過了華江橋，也加入了慢跑行列。大家穿上自行購買的「read my heart」勵馨T恤，加入了慢跑行列，甚至行動不方便的殘障者，坐著輪椅也來了，當天華西街的小巷被擠得水洩不通。許多官員或社會各界的重要代表，幾乎都是首次進入華西街小巷，看到小巷裡不人道的居住環境，衝擊相當大，當場都宣誓願意為「反雛妓」運動盡份心力。

　　勵馨基金會表示，能集結一萬四千人其意義不凡，它象徵長久以來的社會禁忌瓶塞被拔起來。過去大家不願意碰觸它，因為掀開黑疤之後，就得面對下面惡臭的黑勢力。既然社會大眾把這個「千斤鼎」挪開，「反雛妓」運動成為大家認同的社會運動，其勢力將不可阻遏。

　　果然，「反雛妓」話題，一夕之間成為熱門話題，媒體紛紛製作專題探討報導之。它不再是「不名譽」、「不乾淨」的話題，大家開始關心這些孩子的人權。最令人高興的是慢跑之後，勵馨所草擬的「雛妓防治法」，在立法院獲得一百多位立法委員聯署，並一讀通過，交付內政、司法委員會聯席審查。內政部隨後也召開了全國性的「不幸少女追蹤輔導聯繫會報」；法務部也傳出開始草擬「雛妓防制草案」。這些發展在在顯示「反雛妓」運動已是不可阻擋的社會運動，它與過去勵馨孤軍奮戰，截然不同。

　　在反雛妓華西街慢跑之後發生的二件小故事，值得一提。勵馨基金會透露，慢跑後一位男士打電話來，表示他的女朋友身分證掉了不知該如何？經過旁敲側擊才知，原來他的女朋友十四歲，原是在華西街裡的紅牌雛妓，只因勵馨要去慢跑，才被人口販子挪到別處去；但因那個地方控管較鬆，所以在這位男士幫忙之下逃了出去，但是這位女孩被改造的成年身分證，被扣押在娼寮館，也因此她過得躲躲藏藏，也不能找工作。最後，在勵馨基金會的社工多方奔走之下，終於取得真正十四歲的身分證。這位女孩，九歲被母親賣給人家當養女，十一歲養母就要她接客，她表示，她小學只念了一、二年，她的世界就是華西街的娼寮館，也因此當勵馨發動慢跑時，她與老鴇、保鏢一齊破口大罵勵馨，認為勵馨很無聊，影響她們的生意，但是，出來之後，才知世界長得怎樣。

　　另外一位住在勵馨中途之家的女孩，也參加了「反雛妓華西街慢跑」。事後她寫信給勵馨執行長紀惠容，表示她很感動，感受到社會大眾的參與關心。因為過去她在黑街裡，覺得世界遺忘了她，她父親因賭債把她賣了，她認為自己沒有希望，世界是冷漠的；但在看到一萬四千人的參與宣誓，她哭了。這樣的感動給了她很大的力量與鼓舞，如今她已在大學裡就讀。

二、監督聯盟成立

勵馨表示,雖然「兒童及少年性交易防制條例」快速通過,但它並不保證政府會確實落實。尤其徒法不足以自行,它是需要有人去執行、去監督的。為此,勵馨在慶祝「兒童及少年性交易防制條例」通過的八十四年八月的記者會上,聯合了婦女救援基金會、中華民國終止童妓協會、花蓮善牧中心、彩虹婦女事工中心等相關團體,立即宣布成立監督聯盟。

當年年底,勵馨舉辦了北、中、南的「搶救少女、雛菊行動」等十二場踩街,與各三天二夜的守夜行動。勵馨以行動藝術走入群眾,告訴大眾「兒童及少年性交易防制條例」通過了,請勿觸犯法令。隔年二月情人節,勵馨特別以「鵲橋」行動劇,至行政院請願要求儘速依法召開聯繫會報。

八十五年八月,前述五個相關團體分為政策、救援、安置保護、媒體等四項執行成果,發表此法之監督報告。隔年八月,又以救援專線、嫖客破獲人數、中途學校、新聞媒體之色情陷阱廣告為監督重點。八十七年八月,相關團體再次以中途學校、網路色情、嫖客、關懷中心等議題提出監督報告。

相關團體表示,每年的監督報告均很辛苦,因為政府不太願意把執行成果提供給民間,深怕「露出馬腳」被批評。她／他們只好透過立委們索取,而索取的政府資料,又非常的零散,無統一規格,令人不知從何下手。但她／他們堅定的表示,監督將持續下去,直至政府落實法令。

三、第一次修法通過

在「兒童及少年性交易防制條例」通過不到四年的時間,立法院

又於八十八年五月通過了「兒童及少年性交易防制條例」修正草案。

修正的法條重點包括：加重人口販子、嫖客等加害者之刑度，並且把嫖客列入公布照片、姓名之列。這在修正條文中是非常重要的一環，當初爲求立法通過，各婦女團體所做的妥協，今天得以平反。另外，在第九條通報人員處特別加入「觀光從業人員」，以爲增加旅行業者之通報責任，防止海外嫖雛妓行爲一再發生。

科技日新月異，爲因應「電子訊號、電腦網路」之色情氾濫情況，修正版特別於二十九條、三十三條中，將「電子訊號、電腦網路」列入，並且修正「使人爲性交易者」，爲「促使人爲性交易之訊息者」，使原條文容易誤爲「結果」論處，明定只要散播「訊息」，致人有從事性交易之「企圖」者，即可依法判決。

第四節 反雛妓 vs. 公娼論戰

「反雛妓」運動一直把焦點放在孩子的人權上，鮮少談及成娼的問題，但八十七年台北前任市長陳水扁因斷然廢公娼，引發公娼論戰。婦女團體也因此紛紛跳入，不少婦女團體因此分裂。公娼問題延宕了一年多，直至八十八年馬英九市長，承諾緩廢，才告一段落；但是，歷史的經驗、政治的角力，公娼問題應還有得「瞧」。其實，「公娼事件」只是性產業的冰山一角，臺灣要走向全面開放？或有條件的禁止？在這種節骨眼國家必須要很有智慧，放眼未來，千萬不能假情慾解放之詞，縱容黑白利益輸送；而在法令上又假道德之說，嚴懲娼妓，縱容嫖客。

「反雛妓」相關團體由於長期關心雛妓問題，看到性產業對性工作者生命的嚴重傷害，實不願女人因經濟需要，進入性產業工作，淪爲最底層的賣春者。因爲在這個產業裡真正賺錢的，並非賣春者，而

是在上的人口販子、業者，乃至掛勾的民代、警察。反雛妓的相關婦女團體認為，絕大多數的臺灣性從業者，應不是為了部分女性主義所言的情慾自主而進入性產業——她們大多是為了生計不得已才選擇的；更何況有許多的成妓，是由雛妓升格上來的，而當時的雛妓有許多是被迫的。

綜合以上之說詞，勵馨認為，國家公權力應拿出魄力，透視性產業，大刀闊斧切開黑白掛勾，割斷剝削，才能談性產業的合法化。另外，要談性產業的合法化，也必須修改「社會秩序維護法」中的罰娼不罰嫖法令，畢竟性產業合法化的代價，應是全民共同承擔的，而非全歸罪給娼妓。另外，不管性產業是否要合法化，政府應本著照顧弱勢的立場，嘗試照顧鮮少享受社會福利的性從業者。例如設立「性從業者關懷基金」、轉業庇護方案、關懷外展方案、性從業者團體諮商方案等等，以便給她們多一點的機會與照顧，相信有了這些方案，她們的選擇與出路將會多一點，希望也會多一點。

第五節　結論

民間的雛妓救援工作自「兒童及少年性交易防制條例」於八十四年七月通過之後，理應還給公權力，而告一個段落。但是，「反雛妓」婦女相關團體表示，政府雖有進步，卻如嬰兒學步，其間相關部會的協調工作「督導會報」功能極其不佳。而且，臺灣在社會較深沈的應酬文化、功利價值都非一朝一夕即可改進。

也因此，勵馨基金會認為「『革命』尚未成功，同志仍需努力」。雖然雛妓救援工作從過去殘補式收容工作，到跨出以經濟策略，成功的立法，向黑勢力宣戰，增加共犯結構不少的風險與成本；但是，臺灣社會最根本的文化與價值問題，卻仍不見改善，它應是

「反雛妓」運動下階段的主要工作方向。

欲改變根深蒂固的文化與價值觀,諸如粉味應酬文化,有錢有勢的成功價值、笑貧又笑娼的虛偽觀念、不平等的兩性關係,均需長期耕耘,並落實於教育工作。這些惡質的文化與價值觀,在臺灣長期追求經濟成長的目標下,已碩壯如恐龍,正大肆「吞食」下一代年輕人。

臺灣到底要走到哪裡?我們這一代的大人,用什麼樣的價值與態度在教育下一代?孩子就像水耕蔬菜,如果大人用有「顏色」的水餵養他們,他們就會長成有「顏色」的蔬菜,也就是說「染色」是必然的。

最近,世界各地媒體,不斷報導日本大量的青少女賣淫的事實;聯合國也於一九九七年在瑞典舉辦「反兒童商業性剝削世界大會」。因為世界各地已注意到商業化對下一代孩子的傷害。雛妓問題不再是貧窮國家的問題,它已發展到商業性的性剝削;例如,臺灣的雛妓問題也由被賣問題逐漸轉為非被賣,越來越多的孩子是因被誘惑「自願」淪為雛妓。據廣慈博愛院的調查,這兩年所輔導的不幸少女,百分之九十以上均為非被賣。但是,大人們千萬不能因為這樣,而譴責孩子自甘墮落、愛慕虛榮。其實,雛妓問題真正的根結在於大人,換句話說,雛妓問題是大人製造出來的。

有許許多多大人喜歡嫖雛妓,另有許許多多的大人為了賺大錢,製造陷阱誘拐孩子進入色情行業,並以懷柔溫情或毒品控制孩子,提供嫖客、應酬男人的需求。這些大人才是真正的元兇。

雛妓救援運動已進入另一個階段,國內婦女救援團體已成功的完成第一階段,下一階段勢必面對文化與價值觀的問題,尤其在國內走向高度商業化的同時,如何保護兒童免於商業性剝削,勿步入日本的後塵,改造臺灣社會應酬文化與功利價值,恐怕是當務之急。

第十一章

以女性思維經營的
高雄縣婦幼青少年館[1]

吳麗雪
孔昭懿　　著
蕭淑媛
吳幸蓉

走進婦幼青少年館，我懷疑當真來到的是公家單位？
環境的氛圍裡溢洩出來的，不是閒散、沈悶、怠慢、
目中無人等對公家機關的刻板印象，反而是一種甚
至連民間機構也未必有的積極、明快、活絡、朝氣
蓬勃的工作情緒。

——新觀念雜誌，1997 年 11 月

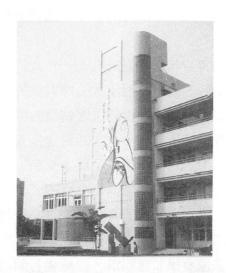

第十一章　以女性思維經營的高雄縣婦幼青少年館

第一節　前言

　　是的，正如前言：南臺灣正有一群積極尋找生命意義、不畏艱難、不怕做事的有心人，守著婦幼青少年館偌大的空間，時時刻刻努力的想著、做著「為社會所需的事」。儘管仍有許多不足、亟待努力的地方。

　　高雄縣婦幼青少年館成立於八十一年九月間，全省堪稱首創。當時亦無所謂可參觀、模倣的對象，工作人員純然就著社會的脈動來思維當下民眾之需求，猶以女性為主體關懷對象。憑藉著工作人員集體豐富的實務工作經驗，經過一次次的討論修正後，決定各項空間規畫及設施設備。思考的是，如果我是民眾來到一個公共空間，我希望如何友善的被對待，我希望能看到什麼樣的資訊、書報、雜誌以滿足心靈上知的需求，當我有幼小子女必須帶在身旁時，又能否兼具己身之成長？所以我們自許做為一個公共空間管理者，需具備敏銳的觀察力，時時刻刻去體察民眾之需求，並檢視各個空間規畫之妥當性及民眾使用之情形，務求使冷硬的空間充滿生氣以吸引更多的民眾前來使用，而絕非滿足於現況，墨守成規而不去做更完美的改變。

　　而我們也希望能藉由營造吸引民眾的建築物及完善的服務品質來推銷我們所建構的理念。包括：

　　*1.*喚醒女性自覺，推展兩性平等教育，爭取婦女權益。

　　*2.*促進婦女成長，培養女性領導人才，參與社會服務。

　　*3.*提供婦幼新知，建立婦幼資源網絡。

　　*4.*結合婦女團體，推展婦女福利。

　　*5.*建全托兒制度，推展婦幼福利。

　　*6.*提昇幼兒師資，推動人性化、社區化及本土化的幼教理念。

在下面的章節中皆可窺見理念轉換實際方案的設計及操作。

第二節 組織文化及經營原則

高雄縣婦幼青少年館自民國八十二年九月十九日正式開館啓用以來，即以其活躍的活動力及高度使用率，成爲全省相關機構在規畫婦女福利及設施時取經學習的地方。根據《遠見》雜誌在八十七年十一月所做的一項民意調查結果：高雄縣是全國十六個縣市當中對婦女的友善度最高的縣市！這樣的成績及結果除源於首長的支持及工作團隊的努力外，最重要的應歸因於運作背後的組織文化與經營理念，讓人的努力與投入能夠找到一個正確的方向！

本章基於引介臺灣婦女解放運動的理念，認爲這樣一個組織成立、運作和多人所知的過程在相當程度上是兩性平等訴求的一個重要成果，更重要的是在多人的努力經營下，《遠見》的調查也說明了這種類型的社區活動中心對地方社會的重要性。因此我們在這裡分析婦幼青少年館的組織文化及經營理念應可分列說明如下。

一、以女性思維考量婦女處境，活化空間之經營與管理

婦幼青少年館力求破除公家機關一貫予人沈悶單調刻板、多一事不如少一事的工作心態。在服務的態度上極力與民眾——尤其以婦女的最佳利益爲設想出發，故其與一般公共建築物最大的不同除了被動的硬體設施提供外，更主動的規畫豐富的軟體與活動。讓原本硬冷的建築物因爲人的投入而熱絡，增加其可利用性及內涵，如利用兒童圖書室辦理虎姑婆說故事。此外我們也多了更貼心的設計：如臨時托育

服務、婦女圖書室與兒童圖書室之空間合併以方便婦女帶著孩子一起進修，一起成長。

二、打破專業門戶之見，重視工作者的意願態度與專業實質

專業固然重要，但我們更重視人對這項工作的認同與投入，及在專業與工作角色上，不斷自我學習與開放探索的態度與意願，努力為有成長意願的人創造機會與空間。而這樣的想法是從專業人員、業務助理（臨時人員）、志工、工讀生一脈相傳，並延續至對服務方案的規畫，永遠相信人的價值、生命的潛能與豐富的可能性。

三、發揮女性優質特質，強化組織個人關係及團隊關係的建立

婦幼館在經營上認為：對於人與人之間的關係與對工作生涯的價值觀，並非建立在有形的金錢或物質報酬，而是因著個人的投入及互動關係中的真誠與交心所得的回饋。在婦幼青少年館內，非常注意工作人員間的分享，每月固定一次的分享工作經驗、理念，是被大家所一致認可。透過分享，建立工作人員的個人關係與團隊關係，而那樣的回饋像是一種無盡的甜蜜報酬和吸引力，讓人願意在這條助人的路上不斷堅持再堅持！

婦幼青少年館在組織編制上雖分為行政管理組、活動推廣組、幼教資源組、諮詢輔導組，而這些單位又各有職掌，但在服務的整體提供上卻互相為用；如透過活動推廣組活動的宣傳與推廣，提高館的行銷，吸引更多的民眾及婦女使用館內的硬體設施及相關資源。尤其是需要被幫助的婦女，從活動的推動中更希望發掘真正需要求助的個案群。而透過諮詢輔導組輔導工作的接觸，鼓勵案主從課程或成長團體

獲得觀念及認知的改變，釐清、強化個人問題處理及解決的能力！在團隊橫向之間能互相支援及溝通，須以對彼此間在運作角色上的認同及瞭解為基礎。

四、為高品質服務奠基，視每一位同仁就是我們的　服務對象

助人者必先能自助，助人的專業是一項必須不斷追求成長的歷程，所謂的成長不只是專業知能的提昇，更是個人探索及人際互動能量的裝備與增強。婦幼青少年館鼓勵同仁努力為自己投資無形的資產，並且在服務對象的需要上看見自己的責任。婦幼館內有百分之九十的工作同仁是女性，而每位同仁背後的經驗都是一段女性生命歷程的故事，那樣的經驗是需要被了解的。

五、強調溝通、尊重與包容，從互動中學習與成長

由於看重人的價值與生命的質感與內涵，使我們在業務的推動中更能接受人的軟弱與限制。原先由個人基於各種差異所造成的隔閡，因著溝通與瞭解，可以得到尊重與包容，而在人際的碰撞中有機會看見自己，發現別人，並且相互支持！

六、重視過程而非結果的團隊文化

婦幼青少年館的理念，從同仁的專業養成、志工的培育訓練到服務方案的設計與規畫，成為組織固有的文化。重視操作的結果，更重視方案形成過程中理念的思考與激盪，及方案執行過程中關係的衝撞與凝結。因此這種人性化的團隊精神樹立了一個獨特的助人專業運作模式。

七、注重創意行銷，服務供給多元化

　　公部門通常予人刻板僵化之印象。婦幼館則發揮女性巧思細膩的特質，不是考量有多少經費做多少事，而是採用逆向思考，注重有多少事應該要做，才去尋找募集相關經費。為了讓服務的利用最大化，和避免資源的浪費，增加其有效利用，婦幼青少年館不斷透過活動的辦理、資源的吸收與結合，提供豐富創意與多元的服務內涵以符合不同對象的需求與需要。

八、注重女性經驗的體驗與集結，發展女性互助與 支持

　　從服務的過程中不斷的體驗到社會結構對女性的限制與不利，然而卻也不斷看見屬於女人的生命力。更深刻的看見女性處境的改變需要透過女人的互助與支持！故婦幼青少年館體認到，要幫助女人改變社會結構與處境，除了女性意識的教育與提昇外，應積極注重女性團體的扶植與女性領導人才的培育。除了女性潛能的開發與成就感的建立外，更需要鼓勵婦女關心公共事務與社會議題，讓女性的成長不再侷限於養兒育女、家庭照顧等傳統的角色與認知。

第三節 婚姻學校

一、從女性生命發展特性規畫婚姻教育課程

　　婚姻學校的課程規畫雖有不同運作架構，但整體而言乃基於人類生命發展的各階段規畫不同需要的課程。如為準婚階段的未婚青年提供成長性及聯誼性的活動，以滿足其尋偶及婚姻準備的需要及發展任務。各課程中尤其著重讓未婚之男女兩性對女性成長特性有所瞭解，甚至對於單身生活的預備。進入婚姻後對於準備育兒或已懷孕的準媽媽提供準父母新鮮人工作坊，協助其生理、心理及角色調適上的預備及教育。面對婚姻當中的挑戰及成人階段的過程，更有一系列含括自我發展、夫妻成長、親職角色及養生保健、休閒藝術等相關課程。至於面臨婚姻關係危機或破裂的對象，除提供輔導服務外，另辦理春蝶成長團體，組織向日葵聯誼會，協助其情緒的支持及自我成長與社會網路的建立。雖如外界所言，女性參與成長教育的意願普遍高於男性，但我們也意識到家庭關係的經營要男女兩性共同攜手，故對於男性成長的「大丈夫俱樂部活動」也不遺餘力的在推動！

二、預防與處遇並重，輔導與教育並用

　　如前所述，未婚青年的相關課程及活動即是為減少因錯誤認知及期待而產生的危機預防。對於婚姻的危機除協助其處理改善，也協助其接受與面對，由於補救性的輔導與預防性的教育都囊括在服務方式及範疇內，更能收實質之效。

三、從個人問題處理到女性意識的自覺

坊間許多教導婦女經營婚姻生活的課程，常強調注重培養婦女處理婚姻生活中各種事情的能力，或與他人相處的關係建立，而沒有把要點放在女性意識的覺醒上。殊不知僅透過個人的努力並無法完全解決婚姻中的種種問題。個人的努力只能用適應、妥協來暫時解除痛苦，也就是說一個人無法以個人力量解決一個性別歧視社會裡，所建構的婚姻生活及其所發生的種種問題。

許多的婦女或由於角色上的需要，或由於問題解決的需求而接觸婦幼青少年館的相關資源。但服務的最終目的，是希望能引導及教育婦女意識到個人問題的產生不單是個人的因素，制度文化和社會結構的因素常是幕後那隻黑手。故也唯有透過對社會現象的關心與改造才有可能真正改善婦女的處境，而社會的改造需要女人先發現自己的需要與能量，並用實際的行動影響之。因此課程中採小團體的分享、對話是需要的，而講授者是否具有女性意識也是聘請的要件之一。

四、從個人成長到社會行動參與

婦幼青少年館不僅被動的提供教育與相關資訊資源，更主動的為婦女、兒童及青少年的福利與權益倡導與辯護；企求從社會意識的覺醒，從社會結構與制度的重新思考，徹底改善弱勢族群的窘境，例如在臺灣外籍新娘的議題上，透過社工人員從行動研究中去思考她們在婚姻關係中的處境。將她們在社會中的弱勢處境，轉化並為其爭取相關福利措施。例如外籍新娘在取得中華民國國籍前，若發生婚姻暴力，往往因無戶籍而不能享有各項補助，因此會透過媒體、公聽會或行文相關單位呼籲社會大眾對此現象的關注。

五、提供臨時托兒，方便女性的成長與進修

　　婦女因為傳統性別角色的分工常需扮演哺育幼童的角色，致其在生命發展歷程中，呈不連續現象。在追求自我成長上，婦女同胞常會因家有幼童而被迫停止進修，因此婦幼青少年館特別與高縣褓姆協會合作，為追求成長的婦女朋友提供臨時托兒的服務。凡來館參加各種研習課程或活動者，可將幼童交由褓姆協會所派的專業褓姆照顧。此舉不僅讓孩子玩的開心，媽媽也能學的放心又安心。本政策於館內實施三年深獲民眾好評，為能嘉惠更多婦女參與學習、休閒或公共事務，特別更進一步與高縣褓姆協會鳳山區之會員合作，共同推展社區臨時托育服務，目前正積極宣傳中。我們希望透過這個制度可提供婦女喘息服務。

　　在附錄一中我們提供一份八十八年度的活動實施計畫供讀者參考。

第四節　婦女學苑

一、婦女學苑辦理沿革

　　高雄縣婦女學苑於民國七十九年成立，目的為鼓勵有心向學之婦女，提供再擴充知識領域管道，提昇婦女思想層次，發揮婦女潛能貢獻社會。第一期於民國七十九年九月一日正式開課，開設社會教育系、家政系及幼教系三個科系，共招收學生一百五十名、旁聽生二十名。自民國八十一年九月開始為因應白天婦女的需求，而增設白天的

課程。另考慮多讓部分年輕失學的婦女朋友也能有進修的機會，特別將原先僅有高中高職畢業的婦女朋友才能具有報名資格的規定，修正為先修班、進修班及研究班的進階研習方式，以利滿足更廣大的婦女朋友需求。又因婦幼中心（婦幼館之前身）也負責承辦高雄縣保育人員研習，幼教系之設立已失其意義，為避免資源浪費乃將原先的分系打散，另訂立以進階分班方式進行（王淑英，1993）。民國八十四年宗旨為：為加強婦女福利工作，提供婦女進修園地，充實婦女自我技能，提昇婦女思想層次，擴充婦女知識領域，將課程分為幼稚教育系、生活應用管理系、生活藝術系、共同科目等，詳見表 11-1。

表 11-1　婦女學苑課程沿革表

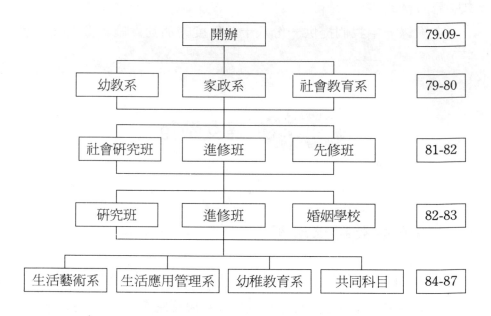

二、以女性觀點設計婦女學苑課程

除了有幫助婦女成長、增進女性意識的各種課程，婦幼館也提供協助婦女二度就業的實用課程，例如電腦、茶藝班等。在每門課程之外，並安排固定的專題演講，談論有關社會、福利等議題。我們深信唯有女性能意識到自己的處境，才能走出傳統依附的角色，而後施以就業訓練才能發揮具體成效（吳麗雪，1998a）。因此，在課程設計上盡量扣緊女性觀點。例如：女性創作賞析課程內容就會包括女性創作者的心路歷程，或分析作品中的女性觀點，而不僅只是創作的賞析。同時也盡量避免傳達強化傳統女性的性別角色與期望，讓學員不斷的在課程中意識到自己內在的覺醒，體驗到自己的成長與角色地位，甚而發展出行動的能力。除此之外，課程的設計也融入了建立女性自主性精神的要領，使得婦女在修習完畢之後得以重獲自信重新投入職場，將所學運用在自身家庭中，或選擇自己關心的議題加入社會參與的行列。

三、從私領域的課程到公領域的課程安排

在每一階段的課程設計，除婦女成長的課程以外，都會有社會議題的相關課程，以及在課程之外的固定專題演講，包括社會問題探討、婦女福利初探、生死學、生命研究班、生態環境等課程。例如在社會問題探討課程中探討族群、青少年問題、宗教、迷信、民主運作等議題，扣緊現在社會各種議題發展的現況與趨勢，讓多數婦女學員開始接觸社會的脈動，並發展家庭以外議題的思考能力。這樣的安排和運作方式可以有效的讓婦女的關心層面從私領域擴大到公領域，也因此有學員開始加入社會參與的行列，如此的課程內涵不僅只是彌補性的和自我充實的教育，更是自我開展的活化教育的教育（education for empowerment）（蔡秀美，1997）。

四、以建立學員支持網絡來經營班級

在課程帶領上，婦幼館希望每個班級都可以發展成爲學員彼此支持的人際網絡，因此會有班級幹部，講師會設計相互認識的上課方式。例如：社會心理學採用小組討論、小組報告的方式來體驗社會心理學的理論；自我探索課程採團體方式上課，透過與他人的對話與分享看見自己。另外安排的固定專題講座，其實也是讓所有班級的學員有一起上課的機會，一方面肯定婦女的生活經驗，一方面也透過分享讓學員建立彼此的關係網絡。婦女會因爲朋友的關係相互支持而堅持到課程的最後，就如第一期的隨班人員所說：「學員由早期的腼腆不安經由熟捻進而到侃侃而談的階段，當初一個個的個體，逐漸形成有組織的團體，每個班級各有其內閣人員運籌帷幄著。」（郭美華，1993）

婦女學苑的授課內容也不斷隨著高雄縣的婦女狀況做課程修正，以便跟得上時代變遷的腳步。這其中的意義，就如創辦的王淑英博士所言：「這幾年來，婦女學苑的學員不論白天晚上，不管是空著肚子或是匆忙的洗過碗，有的帶著先生、孩子關愛的眼神，有的則靜悄悄的溜了出來以防被家人嘮叨甚至指責……，無論如何，她們跨越了家中的那道門檻，步入了更寬廣的社會大道，值得令人驕傲和讚許的不是那紙畢業證書，而是比那更珍貴、一顆代表熱愛終身學習、尋求自我成長的心，這種學習的耐力、毅力和決心遠超過教育部認可的文憑所能代表的。」（王淑英，1993）

附錄二詳細說明了婦女學苑實施的情形。

第五節　婦女志工

　　婦幼館內一向是活力充沛且忙碌的，婦女志工成長組帶領參加電影讀書會的民眾，分享著大家對電影中人物的感受。活動組則在圖書館進行精彩的虎姑婆說故事，與小朋友遨遊在充滿幻想的童話世界中。環保組在餐廳藉由環保私房菜強調環保理念。這群就是投入婦幼館志願服務的婦女志工！

　　婦女志工從八十年成立以來，就活躍於婦女福利服務工作中。目前婦女志工有八十人，分有三個工作組：環保組、成長組、活動組，分別辦理館內環保、讀書會、說故事的活動。同時也支援館內各櫃檯工作，與民眾做最直接的接觸；並且不定期支援婦幼館大型活動。熱心的婦女志工提供本館許多的人力來支援行政庶務性工作，也協助本館創造了多樣活潑的活動方案。

一、以婦女成長的觀點來訓練運用婦女志工

　　婦女志工每月要辦理一次虎姑婆說故事活動。在開始實施之前許多婦女志工其實是膽怯的、焦慮的，因此館內曾聘請說故事專家為其訓練。至今在全組志工的努力下，志工親自縫製、彩繪道具，彼此揣摩演技台詞，甚至嘗試創作自己的故事。婦女志工這才發現自己是如此的有潛能，也顯出了自信；虎姑婆說故事因而成了館內具有特色的活動。同樣的，在其他組別進行不同的活動方案時，館內都會針對活動進行主題培訓。「電影讀書會」、「環保私房菜」也就是在這種模式下，順利的開展著。婦女志工不僅在館內付出時間處理庶務性工作，也在館內尋找到自己的信心與潛力。

二、以社會參與為婦女志工的發展方向

當婦女志工在館內獲得力量後，會再進一步鼓勵她們參與社會。就個人的層面來看，加入志工團其實就是一種社會參與。但是館內會鼓勵志工回到自己的社區，將婦幼館的經驗推展出去，或是參與更多、更深入的社會福利工作。因此有婦女志工回到社區組讀書會、組織社區媽媽，一方面協助社區媽媽自我成長，一方面也推行社區環保工作。也有志工開始進入社區發展協會擔任理事，善用社區的資源。有些志工開始意識到自己擔任大廈委員會的一員，是否要做一些事？於是一家一戶開始了她的社區工作。更有志工進一步的參與學校認輔工作，或參與了諮商輔導的志願服務工作。如此慢慢的累積，雖無法馬上看到多大的效果，但是館內給予志工的承諾是，只要她們願意，館內一定給予支援，也一定尋求更多的資源管道讓她們可以做更多的嘗試；讓志工尋找她的方向，同時有更多的女人願意、也有能力參與社會。

三、以婦女參與志願服務工作發展婦女二度就業

女性主義者認為組織使用婦女志工是社會再度剝削婦女勞力，因此如何在有限的工作人力下，要兼顧協助婦女成長為二度就業準備訓練，而又能協助提供人力推展各項活動方案，是館內的重要措施（吳麗雪，1998a）。

女性自覺與社會參與是婦女志工團發展的兩大主軸。從志工開始要加入的培訓課程設計，就設計了自我成長團體與社會福利、婦女福利等兩種系列課程。這明白顯示了志工團存在的意義，尤其自我成長是整體訓練過程最被強調的，期透過此過程將女性長久以來深深被烙印的犧牲形象，變成共同普遍的意識，並在團體的信任過程中，再建

構出女性新經驗，學習新的女性語言、行動及抱負。

我們深信除非經過此過程，婦女加入志願服務不是為了勞力的剝削，而是為了展現婦女的力量，以及加強其從私領域走入公領域的必要性及決心。在志工加入後的運作過程中，也不斷提醒志工進一步發展的可能性。婦女志工常常笑說：「我們好像在婦幼館上班！」其實服務只是一個和自己也和群體對話的機會，或許標榜志願服務，或許不斷在付出，可是婦女志工感受最深的卻是自己的改變，從不知表達自己，到清楚的捕捉自己內在聲音；從一個只有先生、孩子，到發現自己潛能、發展自己空間的家庭主婦；從一個退休人員到發現生涯第二春的婦女，這都是成為婦女志工的最大收穫。而館內更是期待這批志工可以走出婦幼館，到社區、到社會，將自己成長經驗以及服務的理念，隨著志工到社會各個角落。透過對公領域的積極參與，喚醒婦女在重視關係建立上，不只是關心自己和自己的關係，也應關心和別人、家庭、朋友、團體、社團到更大活動範圍的關係歸屬及參與，同時強調對這些團體或個人，不只是要接近，更要參與──一種非階級性的參與。

詳細情形請參考附錄三中所列婦幼館在民國八十六年所提出的第五期志工招募計畫書。

第六節　另類的婦女節──以「女人・社區・故事情」1998 婦女節活動為例

婦女節是婦幼館每年必須要辦理的大活動。而如何讓這個似乎已成了例行的活動不流於大拜拜，是要絞盡腦汁來設計的。因此從為什麼、選定什麼主題、如何辦理、對高雄縣的女性有什麼幫助、對參與的人有什麼意義，到如何精緻化，這些都是本館想要呈現的特點。

三、在活動操作過程

(一)建立與民間團體合作方式

邀請高雄縣民間團體參與活動,包括:籌備會,以及透過活動手冊的資料蒐集,從團體組織緣起、過程與現況做詳細的瞭解。本館活動組組員與各團體建立關係,同時整體活動方式是以呈現各團體爲主體,讓活動當天完全以各團體爲主角,讓女人在正式大型的活動上秀出自己的理想與努力成果。而本館只是提供一個舞臺、空間,讓女人體驗當一個主角,體驗大聲說出自己的想法。

(二)傳達女人訴求爲活動包裝

在活動行銷包裝上我們希望傳達出女性訴求與意識提昇的特性。例如以女性裝置家蔡瑛瑾的作品爲活動 logo:「身爲一個女人,深受大男人主義的傷害,爲了丈夫、孩子受盡委屈,又得面對不講理、事事干涉的婆婆,世界上偉大的是女人,自私的是男人,但,女人啊!妳別洩氣,別輕視自己的能力,我們將會共同努力發奮圖強,找出我們的天空!」或是選定紫色爲活動主要顏色,即要表現女性的韌性、柔軟與內在醞釀的力量,這皆是要傳達女性不同於男性的特色。

一次大型活動並不能解決婦女問題,但是卻是給予女人宣示理想與夢想的機會。透過三八婦女節的活動,高雄縣的婦女團體每年一次的聚在一起,發現在這塊土地上的女人原來不是只有自己,仍有和自己一起努力的伙伴。但改善婦女處境的努力是一個持續的過程,且需要許多人共同的努力。因此,就如婦幼館主任經常宣示的:「我們知道草根基層組織經營的辛苦,更不認爲每個團體現階段的工作已畫上完美而成功的句點,但也因此我們更需要聚在一起。」(吳麗雪,1998b)

　　我們在本章末了舉出婦幼館在八十七年婦女節所設計的故事活動，有興趣者請參考附錄四。

1999.3.6

「跨世紀的約定～尋找高屏溪的溫柔」

婦女節系列活動主題分享：在婦幼館停車場進行一場戶外的經驗分享與交流

1999.3.6

「跨世紀的約定～尋找高屏溪的溫柔」

婦女節系列活動之「編織女人夢」：參與的團體正在組合三十六面被單，將女人對家庭、社區、社會的夢想編織在被單上

第七節 不幸婦女之支持網絡

一、我們的希望

　　我們希望透過個案工作讓我們更充分的掌握目前臺灣婦女所處的婚姻困境，及發現整個婦女政策及整個社會體制的問題。並在適當的時機能將各個層次婦女的心聲反映出來，也將現行法令措施及制度問題做披露。

二、我們的協助

　　我們協助有需要的婦女心理、醫療、法律上的診治，並在事件發生時給婦女提供一個緊急、溫暖的避難所，支持婦女面對她遭遇的不幸，陪伴她渡過這段復原的黑暗期。進而希望能結合相同或類似經驗之婦女，行有餘力之同時，用她個人的經驗來協助遇到問題的婦女，給予更適當的建議及相互之扶助。

三、我們的作法

(一)設立婦女保護專線，提供婦女申訴管道

　　透過基本的電話諮詢，了解案主的狀況並針對案主的狀況安排相關的轉介工作，並視案主需求安排面談輔導予以更進一步的協助。建立完善的個案記錄系統，以得知該階段不幸婦女之處境及社會現象，

做為館內辦理預防性課程（如婚姻學校、婦女學苑之課程）及開創服務項目之向度參考。

(二)設立法律諮詢服務

開辦免費的家庭婚姻法律諮詢，聘請律師針對不幸婦女所面臨到的法律問題做相關的免費諮詢服務。為協助案主釐清問題所在，社工人員協助案主在洽談律師之前先將問題做澄清，並同時給予其他的服務，如心理諮商、親子問題諮商、協助申請各項生活補助及協助轉介等。務求讓每一位前來求助的案主能得到最優質的服務。

當然律師是否具有女性意識？是否能覺察女性在社會、家庭中處境而提供必要之法律觀點及服務，是非常必要的聘請條件考量。

(三)設立婦女庇護所，提供不幸婦女緊急安置

於八十四年一月開辦，服務對象為遭受丈夫或同居人虐待而需緊急庇護的婦女。在安置期間不但提供食、衣、住、行、育、樂的服務，還安排心理輔導、法律諮商、就業服務、醫療服務等必要協助，另外配合社工人員的家庭訪視，協助婦女及其配偶接受婚姻治療，改善婚姻品質，重整家庭功能。當個案重返家庭時，工作人員依她們的需要給予追蹤輔導並適時予以各項協助。當個案選擇結束婚姻關係時亦給予必要的協助。

(四)提供不幸婦女緊急生活扶助

協助不幸之婦女在生活發生困難時，能及時得到政府相關的補助，以渡燃眉之急。

(五)單親女性輔導

根據本館於八十五年四月七日所舉辦之「婦女福利需求公聽會」中，「貧窮女性化」一再被提起並引國內外學者專家一致的重視。就

其形成原因而言，除了制度性的不公平和性別差異待遇造成女性經濟成就較低之外，單親家庭逐漸增加是其原因之一。臺灣單親家庭中女性為戶長者也有逐年增加趨勢，依據王麗容（1995）於「邁向二十一世紀婦女政策系列研討會」所發表之<婦女福利權益之檢視>報告中指出，單親女性戶長目前已佔全部單親家庭的60%；而低收入戶的女性單親家庭約是男性單親家庭的五點五倍（引自女性學學會，1995）。單親家庭與貧窮逐漸產生密切關聯，再加上貧窮女性化之趨勢（王麗容，1995），故本館對單親女性之扶助亦有積極之措施：

1. 組織向日葵聯誼會

「單親家庭是一個重生家庭，而非問題家庭」。期望透過聯誼會的運作讓單親家庭及不幸之婦女自成一個支持網絡。會員的招收亦包括面臨婚姻危機或處於抉擇邊緣之個人，並鼓勵過來人勇於面對及分享其走出重生的經驗，肯定其值得「初遇」之人所借鏡，並作為其走出桎梏之實證。並經由團體動力協助會員習得運用資源解決問題的方法。其服務項目包括：

(1) 電話諮詢及面談輔導。

(2) 法律諮詢。

(3) 針對單親生涯規畫、人際溝通交往、情緒管理、理財規畫、法律常識、親職教育等特殊境遇婦女所需要之議題辦理講座。

(4) 辦理成長團體，藉小團體的方式促使成員自我探索，藉由團體互助使成員互相支持，重建快樂生活。

(5) 辦理各項聯誼活動，增加成員熟識及互相關懷的機會，藉此擴大生活領域及社交範圍，形成非正式的支持性資源網絡。

2. 單親家庭處遇原則及方向

根據婚姻關係存續之不同可分為：

(1) *針對婚姻關係失調家庭*

包括分居、婚姻面臨危機之家庭或個人等，著重於個人及夫妻雙

方心理層面提供諮商輔導並透過成長團體課程、專題講座、戶外聯誼使其得到情緒的紓解及支持，致力重組家庭之和諧並提供法律諮詢予以協助。

(2)針對失婚問題之處理

對於離婚或面臨離婚處境之對象，除提供其相關之法律諮詢及經濟問題之輔導及協助外，並透過相關課程及提供其心理支持及情緒紓解，積極走出失婚之陰影及傷害。

(3)針對單親家庭問題

包括離婚、喪偶、未婚媽媽等，除了著重單親父母個人問題之解決與處理，並包含單親子女的教養輔導問題等，期望透過親子成長營及親職效能課程幫助單親父母及子女建立良好的互動及溝通關係。

㈥相關學術研討會之辦理

針對個案工作實務之所需辦理相關議題之學術研討會及工作坊。例如：單親家庭福利需求之公聽會、受暴外籍新娘行動研究後辦理記者會，並針對相關議題行文相關單位尋求解決之道。辦理第二屆全國婦女國是會議探討婦女與健康、婦女與教育、婦女與法律、婦女與工作等相關議題。除藉此提昇工作人員對社會變遷之關注及敏感度等訓練外，更希望藉此喚起社會大眾對特殊境遇家庭正向之看待，一起來關注及防範此等社會問題。

總之，我們期待透過各類型學術研討會、公聽會之辦理，在婦女議題上能扮演更積極的倡導性角色。

第八節 結論

很多外縣市的朋友來參觀高雄縣婦幼青少年館後，都會被這棟佔

課程內容	第一期	第二期	第三期
夫妻成長系列	兩性性愛情勢團體	家庭危機	兩性交往成長工作坊
休閒藝術系列	家庭旅遊規畫	家庭創意	家庭空間布置
自我發展系列	家庭人際心理學	中年身心調適工作坊	婦女生活法律
準父母成長系列	父母新鮮人成長工作坊（準備篇）	*	父母新鮮人成長工作坊（準備篇）
親職營造系列	創意媽媽教室	父母 EQ 效能	親子創意溝通
養生保健系列	家庭保健（飲食篇）	家庭保健（疾病預防與保健）	居家老人照護

九、實施方式：以講座或成長團體方式進行

　　1.每門課程以十六小時爲準

　　2.每期三個月

　　3.每期開設四至五門課程

　　4.爲因應需求，各課程得加開進階班

　　5.專題講座列入必修課程中

十、招生人數：每門課程三十至四十人，小團體十五至二十五人。

十一、預期效益：讓參與者對於婚姻的經營、人生發展階段其角色任務的轉銜，培養處理應變問題的能力。並透過工作坊的進行使參與者能有經驗分享的互動機會

附錄二

高雄縣婦女學苑八十七年度上學期活動實施計畫

理念：說在計畫之前⋯⋯

　　婦女相關議題一直是我們關注的焦點，婦女學苑更是期待能在婦女朋友的生活與學習中扮演啟蒙的角色，而在每個課程之前的共同理念是，希望每個婦女朋友可以在學苑中尋找到有興趣以及關心的課程，同時希望婦女學苑的學員可以從課程中培養自己規畫學習的能力，培養將想法轉化為行動的能力，可以在家庭、工作與社會中找到自己的定位，創造屬於自己的天空。

一、目的：為鼓勵有心向學之婦女，提供婦女進修管道，提昇婦女自
　　　　覺及思想層次，擴充知識領域，協助婦女二度就業，促進婦女自
　　　　我規畫與學習能力

二、主辦單位：高雄縣政府

三、承辦單位：高雄縣婦幼青少年館

四、對象：本縣市婦女，歡迎已婚、未婚、家庭主婦、上班族等女性
　　　　朋友參加

五、上課時間：實施期間：八十六年七月至十二月
　　　　上課時間：每週二至五晚上 7:00～9:30
　　　　不定期的大型講座、座談會、工作坊安排

六、上課地點：高雄縣鳳山市光復路二段 120 號（婦幼青少年館）

七、開設系別與課程內容：

一、幼稚教育系	二、生活應用管理系	三、生活藝術系	四、共同科目
1.教育心理學	1.女性生涯規畫	1.藝術欣賞入門	1.人生哲學
2.教育哲學	2.生活與人際關係	2.音樂與生活	2.社會福利導論
3.兒童遊戲	3.簡易財務管理投資	3.環境美學	3.婦女問題研究
4.行為改變技術	4.社會心理學	4.影像藝術賞析	4.婦女衛生保健
5.創造力與特殊才能	5.領導與團體	5.戲劇人生	5.實用心理學
6.兒童文學	6.創意思考與生活	6.生活創藝	6.社會問題討論
7.兒童發展	7.家庭經營	7.文學、寫作與生活	7.未來學
8.幼兒保健與安全	8.居家照顧	8.文史與生活	8.死亡學
9.學習環境設計布置	9.生活與法律	9.傳播媒體解讀	9.自我探索團體
10.幼兒音樂	10.健康心理學	10.藝術中的兩性關係	10.兩性關係

五、實用課程	六、主題學習工作坊
電腦與生活㈠㈡ 二度就業、創業課程與座談	婦女人身安全工作坊、兒童青少年性教育工作坊、 家庭危機處理工作坊、在地文史生態工作坊、 自我導向學習工作坊

八、開課方式：

1. 共二學期，每學期三個月

2. 每學期預計各系開一門課程、共同科目一門，每科目以二十小時為準，每學期課程另以選課表排定之。各系課程預計兩年內開辦完畢

3. 實用課程除電腦課程外，其餘每學期辦理一次主題就業課程與講座，以及一次主題學習工作坊，招收對象以本學苑學員為主

4. 另有大型講座、婦女論壇列入課程中，於學期開課時排定之

九、修習規定：

　1. 凡修畢該系八門課程及共同科目四門，合計十二門者，即可取得本縣府頒發之婦女學苑結業證書。唯該證書不具任何資格或學歷效力

　2. 全勤需包含大型講座或婦女論壇之出席，凡缺席時數不超過該門課程總時數四分之一並依規定繳交作業者，即可取得該門學分

十、報名繳費：

　1. 收費標準：每科八百元，全勤退費三百元

　2. 由承辦單位統一收齊後繳入縣庫十一款三十項五目之其他收入——雜項收入內

十一、預期效益：

　1. 透過不同型態課程辦理，提供婦女多樣的進修管道

　2. 透過「幼稚教育系」、「生活應用管理系」、「生活藝術系」、「共同科目」課程辦理，使學員獲致專業知識、培養興趣、提昇自我意識以及思想層次

　3. 透過實用課程辦理，提昇二度就業技能以及創業相關事項

　4. 透過主題學習工作坊的辦理，使學員獲致自我學習與規畫能力

　5. 透過團體運作及關懷社會相關課程的辦理，培訓婦女幹部，推動婦女關懷並參與社區社會

附錄三

1997 婦幼館婦女志工團第五期志工招募計畫

一、目的：加強婦女獨立自主能力，建立自我信心，以促進家庭、社
　　會的和諧；同時提供及擴大婦女社會參與的機會

二、對象：高雄縣市有興趣參與社會服務的婦女（包括已婚、未婚）

三、招收人數：七十五人

四、日期：八十六年九月至十一月

五、課程：

　　1.專業課程：共六次

　　　時間：週二下午 2:00～4:00

　　　內容：

　　　　(1) 9/23 (二) 開訓典禮暨服務的意義——從婦幼館服務理念談起

　　　　(2) 9/30 (二) 志願服務理論與實務

　　　　(3) 10/14 (二) 我們需要什麼？——社會福利概論～從女性角色
　　　　　　看社會福利

　　　　(4) 10/28 (二) 我們可以做什麼？——淺談社會問題～社會問題
　　　　　　與社會參與

　　　　(5) 11/11 (二) 康輔理論與實務

　　　　(6) 11/18 (二) 生涯規畫

2.自我成長團體：每週一次，共七次

時段：

(1)週二班：每週二上午 9:00～11:00，自 9/30 至 11/18

(2)週三班：每週三上午 9:00～11:00，自 10/1 至 11/19

(3)週四班：每週四下午 2:00～4:00，自 10/2 至 11/13

內容：

自我探索、自我防衛、自我坦誠、自我肯定、情緒管理、人
際溝通、助人技巧

六、收費：每人繳交二千元保證金，活動結束後出席達標準者全數退
還，未退還之保證金於活動結束後繳入縣庫經常門十一款三十項
五目之雜項收入

附錄四

女人・社區・故事情
高雄縣婦幼青少年館八十七年度婦女節活動

一、目的：結合高雄縣從事社區工作的女性團體，達到資源整合，經
　　驗相互交流，凝聚對社區工作的投入與共識，並從女性思維的觀
　　點分享社區工作實務，聯繫女性情誼，並希望影響及帶動更多女
　　性願意投入社區工作
二、主辦單位：高雄縣政府
三、承辦單位：社會科婦幼青少年館
四、協辦媒體：鳳信有限電視股份有限公司、高苑有線電視股份有限
　　公司、慶聯有線電視股份有限公司、港都有線電視股份有限公司
五、參加團體：鳳山市文英社區媽媽讀書會、五甲藝文發展協會、快
　　樂媽咪讀書會、大樹鄉檨腳社區發展協會、大寮後庄社區發展協
　　會、岡山知心園媽媽讀書會、高雄縣褓姆協會、高雄縣保育人員
　　工會、原住民婦女成長團體、長庚醫院火鳥實習商店、婦幼青少
　　年館婦女志工團、辣媽媽劇團、婆婆媽媽下午茶、梓園讀書會等
六、活動日期：八十七年三月八日上午 9:00 至下午 3:00
七、活動地點：婦幼青少年館前庭廣場及相關場地（高雄縣鳳山市光
　　復路二段 120 號）
八、活動內容：
　　1.「展覽區～婆婆媽媽美麗新世界」

邀請全縣從事社區工作的女性團體參展，包括從事社區工作的理念、目標、運作過程、活動內容、遭遇困難等；透過參展使各社團達到經驗交流，相互瞭解、支援的效果，同時有一示範作用期待更多女性也可以從事社區工作

2.「交換區～私房收藏大公開」

提供社團展示個別才藝或工作周邊產品的機會，以作品作為理念訴求之呈現

3.「表演區～我的美麗看得見」

設置一表演台，讓團體可以將欲傳達的理念及實務經驗透過口述或表演方式傳遞

九、呈現內容及思考議題：

1. 女人可以在社區中做什麼？

2. 我們的理念

3. 緣起、形成

4. 我們正在做什麼

5. 困難

6. 期待

7 呈現方式

十、資源手冊內容：

1. 社團基本資料

2. 社團性質

　　(1)緣起

　　(2)理念

　　(3)曾經辦過的活動

　　(4)現在正在進行的活動（常態性的活動或是籌備中的活動）

3. 屬於社團的小故事

4. 過來人的貼心話

　　(1)社區工作要從哪裡開始？

(2)可以切入的點有哪些？

(3)可以尋找的資源與支援有哪些？

(4)如何吸引更多人的認同與加入？

(5)可以預期的困難是什麼？

(6)建議以什麼心態來從事社區工作？

(7)其他：妳們想要分享任何的經驗

十、宣傳方式：

1. 海報

2. 小型 DM

3. 月訊

4. 新聞稿

5. 社區資源活動手冊

6. 有線電視宣傳

7. 電台宣傳

參考書目

女性學學會（1995）：臺灣婦女處境白皮書：*1995* 年。臺北：時報。

王淑英（1993）：側記婦女學苑。歲月無悔向前行——關愛婦幼手冊。高雄縣婦幼青少年館。

王麗容（1995）：婦女與社會政策。臺北：巨流。

王鴻佑（1997）：用女性的思維在這塊土地成長——感受幸福的高雄縣婦幼青少年館。新觀念，109 頁。

吳麗雪（1998a）：以女性的思維經營管理——高雄婦幼青少年館。兩性平等教育季刊，4，99～102 頁。

吳麗雪（1998b）：我們的想法。女人社區故事情一九九八年婦女節活動手冊。高雄縣婦幼青少年館。

郭美華（1993）：婦女學苑隨班感言。歲月無悔向前行——關愛婦幼手冊。高雄縣婦幼青少年館。

蔡秀美（1997）：兩性教育相關議題之探討。成人教育雙月刊，37，16～22 頁。

第十二章

兩性平等教育的
回顧與展望[1]

蘇芊玲　著

第一節　前言

　　根據我國憲法第七條規定：「中華民國人民，無分男女、宗教、種族、階級、黨派，在法律上一律平等。」然而，我國一方面因受到傳統父權意識型態深遠的影響，二方面因民主化的發展過程較爲遲緩，性別平等的議題長久以來並未受到應有的重視。從近幾年的年度婦女人權報告書中，可以明顯看出，臺灣婦女的人權，無論在法律、工作、參政、教育、婚姻家庭、人身安全、生命尊嚴等各方面，至今都仍存在著男尊女卑的差別待遇與歧視現象，致使婦女的許多基本權益受到忽視剝奪。而兩性之間也因資源分配的不當與性別刻板印象的框限，呈現出緊張不平衡的關係，並衍生出公私領域中諸多嚴重的問題[2]。

　　過去十年，已有一些人士對此問題提出深切檢討並力求改進，從教育管道的角度而言，如果以一九九七年三月教育部成立「兩性平等教育委員會」，正式將兩性平等問題納入全國教改政策做爲一個分水嶺，兩性平等教育工作的推動可以分成兩個階段。

---

[1] 本文原標題爲「婦女人權運動之兩性平等教育的回顧與展望」，一九九八年十一月十七日發表於由東吳大學所主辦之「人權教育與成果展覽國際研討會」。一九九九年三月重新修訂，並改成目前標題。

[2] 摘自《兩性平等教育實施方案》之「緣起」部分，教育部，1997。此部分文字原由本文作者撰寫。

第二節 兩性平等教育工作的回顧

一、第一階段：從民間婦女團體到教改會

臺灣社會歷經數十年的戒嚴過程，在寧靜一統的表相之下，蓄積了不少嚴重的問題，其中尤以教育問題的沈痾最深。一九八七年解嚴之後，大量的改革活力才得以被釋放，許多人士對教育改革之期盼殷切，開始紛紛成立組織，就教育相關的議題從事研究、提出看法，並寄望落實爲政策。前面幾年，執政黨及教育部對此並沒有太多善意的回應，遑論具體落實爲政策，直到一九九四年，官方才終於做出具體回應。同年九月在行政院之下組成「教育改革審議委員會」，由中研院李遠哲院長領軍，計畫以兩年的時間，深入診斷教育問題，勾勒新時代教育藍圖，提出具體可行之教改政策。從此，教改呼聲始蔚爲風潮。

教育改革所牽涉的範圍，不只是教育行政或體制層面的改絃易張，更應該是教育內涵的實質改變。如果從性別的角度切入，我國憲法既已明定「中華民國國民不分男女一律平等」的基本原則，現狀中一切男女不平等的事實當然違反了憲法的規定。兩性不平等之形成，教育實難辭其咎，但如要匡正它，卻又不得不訴諸教育的管道。過去十年，推動落實兩性平等教育最力者，主要爲民間婦女團體。

臺灣的婦女運動雖起於一九七〇年代，有組織的婦運團體卻在解嚴之後才正式成立。婦運團體一向致力爲婦女爭取權益，消除性別歧視，以達成兩性平等爲目標。努力的管道有許多，教育是其中最根本長遠的，推動兩性平等教育因此是婦運團體最關心的議題之一，近年

來也有許多學界人士及民間教改團體加入努力，至目前算是累積了一些成果。在一九九五年由女學會召開的「臺灣婦女處境研討會」中，清華大學謝小芩教授針對近十年來相關的行動與研究做了回顧，詳細說明兩性平等教育所含括的議題，最後並提出了一個「根本之問」——從性別的觀點而言，我們應如何定位教育，它到底是「父權秩序的再製或是女性的解放」[3]？

此階段由民間婦女團體及相關學者所推動的兩性平等教育，其理念、議題與訴求如下：

過去在臺灣一般人較為熟悉性教育，對兩性平等教育則普遍陌生。到底何謂兩性平等教育？它和性教育有何差異？簡單的說，傳統性教育（sex education）強調的是男女差別的生物本源性，從男女性器官之差異出發，探討生理的性（sex）所衍生的相關議題，偏重於性行為生理、心理及社會差異，次及生育生殖及婚姻家庭的功能探討。而性別（gender）則不僅包括由生理的性所衍生的差異，更重要的是包括社會制度以及文化所建構出的性別觀念，也即是「性的社會建構」之意（Gender is the social construction of sex）。而平等（equity）指的是「公平、無私、公正的對待不同屬性的個體，例如對不同性別、種族或階層等人一律平等對待」。換言之，「平等」一詞有尊重差異，包容異己之意。而「性別平等」（gender equity）意指「能在性別的基礎上免於歧視，而獲有教育機會均等」。兩性平等教育的內涵因此在於破除由社會文化長期建構出的「性別刻板印象」（sex-role stereotype）以及「性別歧視」（sex discrimination）[4]。

既然社會文化建構才是造成男女行為表現與發展差異最大的原因，兩性平等教育即是要藉由後天教育等管道，多方努力，積極匡正

---

[3] 參考謝小芩著〈教育篇〉，收錄於《台灣婦女處境白皮書：1995 年》。

[4] 莊明貞〈兩性平等教育如何落實——多元文化教育觀〉一文，發表於兩性平等教育中心資源資源學校相關人員培訓營，1998 年 9 月 18 日，4～13 頁。

偏頗不當之性別文化,而非消極宿命的順應兩性「天生自然」之差異。因此,就個人而言,應先檢視自己潛在內化而不自覺的性別偏見,並培養正確的性別意識,以破除性別的刻板化印象及歧視心態,學習平等尊重他人的能力。而就整體社會來說,更應群策群力改變不合宜的文化觀念、社會制度與法令依據,進而建立無性別歧視的社會制度與教育環境,讓不分性別的人都能合理的分享社會資源。唯有如此,兩性平等和諧的目標才有可能一步步達成[5]。

在實際的教育場域中,兩性平等教育涵蓋之議題極為廣泛多元,總結第一個階段,兩性平等教育工作推動並關切過的重要議題如下:

(一)教科書內容

教科書內容中的性別失衡問題是最早獲得注意的,早在一九八五年歐用生、黃政傑兩位教授就已對國小的生活與倫理課本做過性別分析;一九八八年民間婦運團體婦女新知基金會更全面性的針對國小國中的國語、社會、生活與倫理、公民與道德、歷史課本和高中的國文課本做過兩性觀的檢視,發覺不管就人物出現的次數、樣態、文選作者、內容以及插圖,都存在著極嚴重的男女不平衡比例及男尊女卑的性別刻板印象。當時除了將檢視結果出版《兩性平等教育手冊》,公布於社會,呼籲教育部及國立編譯館力求改進之外,並進一步要求開放民間編印教科書。一九九三年臺灣教授協會召開「體檢國小教科書」研討會,婦女團體續就其中兩性觀加以檢視,發覺五年來雖已有小幅度改善,整體而言卻仍不脫原先之刻板印象。一九九六年國小一年級教科書首先開放民間審定版,採逐年更新方式。脫離了國立編譯館大一統控制的新編審定教科書,對於性別的呈現大體已有明顯的改進,如能持續加以監督進言,相信一定能日臻理想。

---

[5] 參考張玨〈兩性教育〉一文,《測驗與輔導》,1997,135 期,3~8 頁。

(二)就學機會

以就學人口的性別比例而言，目前兩性在量的方面已經趨近相等，不過若仔細加以分析，在大學以上的階段男女學生開始出現差距。以一九九二年至一九九三年的統計來看，女性大學生約佔45%，碩士班則只佔28%，博士班更降至17%。顯見教育階段愈高，女性的教育參與率愈低。另一個值得注意的現象是，即使在同樣的教育階段，女性也多集中於聲望較低的職業學校；在同樣類別的學校中，女生又集中於低聲望的私立學校。

(三)課程設計

過去課程設計常出現男女區隔的現象，如男生習工藝，女生學家事。此情形在多方的努力之下，國中部分已經改變，目前男女同學都必修工藝及家事，但高中及大學的軍訓護理課則維持原狀，護理課只有女生上，軍訓課男女學生雖都必須上，但課程的內容、傳遞的意識型態卻迥然不同。這個問題近年來雖經婦女團體亟力呼籲改革，然因軍訓護理課由軍訓處掌控，至今毫無改革的跡象。

(四)師生互動

在性別意識的傳遞上，教師無疑扮演著舉足輕重的角色，無論是透過正式課程或潛在課程（hidden curriculum），教師都直接間接的在從事性別教育。如果老師本身不具正確的性別意識或敏感度，當然無法從事品質良好的性別教育，甚至還會有複製不平等之虞。譬如，根據許多研究顯示，國小老師，不論男女，都對男學生期望較高。上數學及自然課時，男生受到較多鼓勵，而女生在國語及社會課中得到較多鼓勵，顯見教師在對待學生時，有明顯的性別差別待遇。另外，教師與女學生的互動頻率低於與男學生的互動；男學生在課堂中的發言機會高於女學生。這樣的現象不免令人思考，目前已相當普遍化的男

女合班或合校制度，對女學生究竟是利還是弊？

㈤學科比率

除了就學機會之外，女學生就讀的科系也有集中於傳統女性領域的現象，舉例來說，根據一九九二年至一九九三年的統計，高職的家政與護理科，女學生人數超過97%，商業類也佔85%以上，而工業類卻只有15%。大專院校中，女學生亦多修習人文及社會學科。家政護理是傳統女性角色與照顧職責的延伸，人文社會學科是較重視感性與人際關係的領域，符合對女學生的刻板性別角色的期待。女性如果想要在自然科技方面有所發展，往往得不到充分的鼓勵。

㈥學習表現與教育抱負

過去的研究顯示，國中、小階段，男女學生的學習表現不相上下，但最近的研究卻發現，國中三年，男學生的學習表現已超過女生。國中階段女生的升學抱負不亞於男生，到了大學，男生畢業後打算繼續深造的人數卻是女生的三點五倍，進入研究所後攻讀博士學位的意願是六倍。接受高等教育雖有助於女性增加就業機會及提高薪資所得，但大社會中整體的工作環境與條件，譬如同工不同酬、玻璃天花板障礙（glass ceiling）等等卻仍對女性十分不利。

㈦人事結構

中小學的人事結構中，基層的職員與教師以女性爲主，而高層的主任校長卻大多爲男性。一九九三至一九九四學年度國小85%的職員與60%的教師爲女性，卻僅有8.3%的女性校長；同年國中職員與教師分別有65%與58%爲女性，而女校長只佔6.1%，高中女校長爲17.9%。學校層級越高，女老師的比率明顯下降，大學女性副教授僅爲20%，正教授則不到10%。女性教師也多集中在傳統女性學科領域。女性教師在階層與性別雙重因素的限制之下，不僅難以發揮教育功能，也形

成校園決策權力的斷層。學生在日常接觸觀察模仿之下，自然又複製了此種刻板性別分工的模式。

(八)師資培育與在職進修

過去中小學師資主要來自師範院校，一方面緣於師範體系僵固封閉的性格，二方面在師資養成過程中亦完全沒有性別方面的課程，以致於絕大多數的教師缺乏正確的性別意識，無法在性別教育上扮演積極的角色。近幾年來，因師資多元化的趨勢使然，除了師範院校之外，各大學亦紛紛開設教育學程，加入師資培育的行列。趁此開放機會，應呼籲將性別課程納入教育學程，在養成過程中即能培養具性別教育知能（competent）的教師。現職教師部分，雖然根據教師法之規定，教師有接受在職進修的義務，然目前並未全面強制實施，也未普遍提供性別相關課程。

(九)空間分配與安全

提供善意安全的學習場所是學校的責任，然而從性別的角度而言，這樣的要求往往未被徹底落實。許多學校的基本設備與空間規畫常不考慮女學生的需求，譬如學校廁所地處偏僻、間數不足，造成女生憋尿的習慣，影響其健康及上課情緒，或甚至隱藏威脅和危險。學校的操場、球場也常為男生霸佔，女生缺乏活動的空間，不利其身心發展。校園的死角及照明設施不足，亦對女生帶來較多的危險。學校宿舍對女學生有門禁的限制，對男學生則無。整體而言，校園空間對女生較不友善。

(十)性騷擾與性侵害

近年來校園性騷擾、性侵害事件頻傳，受害者大多為女學生，其中中小學女生的受害比例最高。臺灣的教育常教導學生盲目服從權威，加上對女學生乖巧柔順性格的期待，在階層與性別雙重因素運作

之下，使得女學生在遇到危險情境時，很難有臨場應變及脫逃的能力。許多學校在得知校園性騷擾、性侵害事件時，往往以「維護校譽」為考量，試圖掩蓋敷衍，不但造成受害者的二度傷害，也令加害者得寸進尺，使得問題更為嚴重。性侵害性騷擾事件，不但傷害女學生的學習權，更危及其人身安全，剝奪其快樂學習、免於恐懼的自由。

㈩性教育

傳統性教育著重教導男女性器官的生理結構、生殖功能和疾病，將性別差異歸於生理因素，極少觸及性別差異的社會文化建構層面，在價值觀方面則擁抱主流價值（如婚姻中的性與生殖才被允許），忽視個體的多元性（diversity）和人生的複雜度（complexity）。事實上，性教育牽涉的範圍不僅在知識或技巧（如避孕）層面，更在於互動之雙方權力是否平衡，如何培養個人擁有充分的身體自主權才是關鍵所在，這其中當然不容許性別歧視的存在。以實施性教育最為長久成功的瑞典為例，其性教育的內涵包括了自我認知教育和親密關係教育，對性別權力的認識尤其重視。也就是說，富含兩性平等精神和多元文化觀點的性教育才是新時代的性教育。

二、第二階段：教育部兩性平等教育委員會

從一九八八年民間婦女團體婦女新知基金會率先提出「兩性平等教育」的訴求，到一九九六年教改會總諮議報告書中將兩性平等教育納入教改政策，一路走來，花費八年的時光，雖小有所成，但因教改會為一臨時責任編制性質，並無行政實權，因此此建議是否得以落實為教育政策，在當時仍是未知數。

一九九六年十一月底發生的彭婉如事件，暴露出婦女人身安全長期以來嚴重缺乏保障的事實，婦女團體旋即組成「全國婦女連線」，

發起「1221女權火照夜路大遊行」。立法院在強大民意壓力之下，一個月內火速通過「性侵害犯罪防治法」，並於翌年一月二十二日公布實施。「性侵害犯罪防治法」側重受害者之救援保護以及相關教育的實施。該法第八條明文規定：「各級中小學每學年應至少實施四小時以上之性侵害防治教育課程。」其內容包含「兩性平等教育」。為因應此法案的要求，教育部於一九九七年三月七日成立「兩性平等教育委員會」，自此，兩性平等教育正式成為全國之教育政策。

第一屆「兩性平等教育委員會」由二十一位委員所組成[6]，廣納教育行政人員、學者專家、民間婦女團體代表等，其中女性十一人，性別比例平衡。正式成立後，委員會首先訂定出「兩性平等教育實施方案」、「各級學校兩性平等教育實施要點」，以及「中小學性侵害防治教育實施原則及課程參考綱要」。而為了全面落實的目標，委員會分成五個小組規畫年度工作計畫。它們分別是：⑴師資與教學小組；⑵課程與教材小組；⑶研究發展、資料蒐集與評估小組；⑷申報與危機處理小組；⑸社會宣導及親職教育小組。第一年共編列五千萬預算，預定執行三十多項計畫，採委託與開放申請兩種方式。分配原則為基礎及高等教育並重，城市與鄉村平衡。

另外值得一提的第一年重點工作項目有：⑴以分區負責的方式培訓種子教師：因為教師在推展兩性平等教育工作中扮演了絕對關鍵的角色，提供教師研習的機會，協助他／她們了解兩性平等教育議題，成為推動兩性平等教育工作的種子，當然應該優先辦理。因此，特別在全國各縣市選定六十九所學校為中心資源學校（含國小、國中、高中職），負責各該縣市／區的教師研習工作，培訓各校種子教師。⑵以定點實驗方式累積細緻經驗：為了深入明瞭執行兩性平等教育工作

---

[6] 第一屆兩性平等教育委員會共二十一名委員，男性九名，女性十二名，委員名單及其背景見《兩性平等教育季刊》第一期。第二屆主任委員因吳京部長下台，改換林清江部長，另增聘莊明貞教授。

的過程和可能遭遇的困難，特別進行兩套實驗計畫，一是兩性平等教育實驗學校行動研究整合計畫；二是推廣兩性平等教育社區實驗計畫。三所實驗學校為：臺北縣板橋市中山國小、臺北市中山國中以及高雄市左營高中；四個社區則是：臺北彭婉如文教基金會的「社區治安／認輔／課輔計畫」、花蓮 YWCA「失婚婦女的喜樂園計畫」、台南成功大學的「台南女兒／媳婦心社區計畫」以及台中和平鄉「泰雅婦女社區計畫」[7]。預定以一年的時間從事深入密集的實驗，記錄其過程，檢討其困難，以提供其他學校或社區日後執行的參考。(3)發行《兩性平等教育季刊》：為了廣泛宣傳兩性平等教育理念並分享實務經驗，兩性平等教育委員會決定發行《兩性平等教育季刊》，每一期以兩萬冊的印量發行給各級學校、教育相關單位以及社會大眾，期能發揮遠播深耕之效。

　　在委員的全力投入之下，第一年很快過去了。第二個年度兩性平等教育委員會策畫的計畫多數為延伸的工作。在區域部分，除了六十九所中心資源學校之外，並遴選出四所大學成為「兩性平等教育資源工作站」，負責提供區域內相關諮詢與服務工作。它們分別是：北：台大婦女研究室；中：暨南大學性別研究室；南：高雄醫學院兩性研究中心；東：花蓮師院多元文化教育所。在課程規畫方面，兩性平等教育已被納入九年一貫課程，九十學年度之後便可望以融入的方式反映在所有學科與教材之中。另外，有鑑於欲有效落實兩性平等教育，除了基層教師相關知能的提升之外，行政階層的配合亦相當重要。因此第二年的重點工作還包括各縣市教育局官員、各級學校校長、各資源中心學校負責人員的培訓課程、協助／督導各縣市和各級學校成立「兩性平等教育委員會」等等。期待經由這樣的努力，除了進行橫向的連結之外，亦可將上下縱向連繫起來，打造全面密實的網絡。

---

[7] 本計畫因故未能進行，其餘三個社區實驗計畫則已圓滿完成。

第三節 檢討與展望

　　兩性平等教育第一個階段的工作，主要由婦女團體及學院內從事性別相關研究的學者所推動。她／他們從女性經驗和觀點出發，分析性別不平等的現狀並提出批判，她／他們亦試圖勾勒出理想藍圖，不斷宣揚理念，呼籲落實。繼一九八五年台大婦女研究室、一九八八年清大兩性與社會研究室之後，一九九〇年以來，雖陸續有幾個大學院校成立相關研究室，也開設相關課程，但整體說來，第一階段仍以小規模、點狀的方式為主。其中尤以婦運團體所扮演的壓力團體角色最為突出，「落實兩性平等教育」議題得以被納入教改會之教改藍圖的過程，即為明證[8]。之後，由婦運團體所推動的「性侵害犯罪防治法」得以通過，亦由於婦運人士的死難事件所引發的社會壓力。因此可以說，兩性平等教育之所以能夠成為全國教改政策，全面實施，婦運團體長期的堅持與努力居功厥偉。教育部兩性平等教育委員會成立後進入第二個階段，目前已屆滿兩年，正要進入第三年，許多工作仍在草創／進行之中。在此，僅能就兩年來的觀察與經驗，試做階段性的檢討，希望有助於未來兩性平等教育工作更為順利有效的推動。

---

[8] 教改會在進行第二階段「多元文化教育」之研究時，性別議題居然沒有被包含在內，婦女新知基金會得知此事之後，立即毛遂自薦，提出「落實兩性平等教育」一案。進行期間，數度向教改委員們力陳兩性平等教育之重要性，期間獲得教改會執行秘書曾憲政教授及委員周麗玉校長的大力支持協助，始得以定案。

一、政策與現狀之間落差嚴重

　　兩性平等教育工作的推動，雖已進行大約十年的時間，但前期多集中在婦運團體和大學院校。事實上，中小學才是落實兩性平等教育最重要、最根本的場域。但因為過去由教育部所掌管的中小學，在第一個階段對婦運團體在社會外圍或學者在大學院校所推動的這個議題完全陌生。「性侵害犯罪防治法」的通過，雖然打開了全國中小學的封閉系統，但該法要求在八十六學年度立即實施性侵害防治教育暨兩性平等教育，卻有如進到一片廣大沙漠的境況。「教什麼？」「怎麼教？」「誰來教？」「在什麼時間／課程裡教？」是兩年來由全國中小學反應出最為普遍的疑慮。

　　作為最高教育主管機構，教育部當然有責任對此新政策提供全套周詳的規畫和細緻的內容，兩年來各地中小學面臨的恐慌與需求，暴露出立法過程的倉促（該法通過前在立法院被冷凍三年，無人聞問），也顯示臺灣教育大計品質的粗糙。這些當然都需要檢討，但其中反映出最嚴重的問題卻是，中小學校園長期以來與社會脫節的事實。兩性平等教育的推行，具體可用的教材教法固然十分重要，但在相當程度上，它憑藉的是施教者對性別問題的認知以及其本身的性別敏感度。也就是說，透過潛在課程與生活互動等管道，隨時隨處都可以學習／傳遞兩性平等的理念與做法。一個教師，只要關心社會、習於接觸性別議題、具有自主意識，就可以勝任這樣的工作。可惜，在我們的教育現狀中，上述每一個環節都不及格。

二、少數人力應付不了龐大需求

　　對中小學校園而言，兩性平等教育是一個全新、陌生的議題，在被要求立即執行的情況下，所有的需求自然都得往外尋求奧援。按目

前教師法的規定，教師每年應接受至少十八小時的在職進修。為教師安排兩性平等教育相關議題的研習課程當然是一個可行的做法，但是以目前臺灣地區共有二千五百一十九所小學、七百一十七所中學、二百零四所高職、二百一十七所高中，教職人員總數高達二十一萬多人的情況看來，如要教師普遍接受這個議題的研習，必須投下十分可觀的人力、物力，也非短時間可以完成。目前所採行培訓中心資源學校種子教師之做法，雖為一正確可行的方向，但即使如此，要讓教師嫻熟一個新議題也非一蹴可及之事，並非幾天幾堂的研習課程就可以達成。

反過來說，進行教師培訓需要師資，但目前具有兩性平等教育學術或實務背景的專業師資十分不足[9]，大多數講授者或是著重傳統性教育，或是強調性侵害防治技巧。甚者，許多講者本身並不具兩性平等理念，恐怕在不自覺當中又會複製了兩性不平等。師資部分亦存在南北及城鄉差距懸殊的問題，在法令政策要求全面同步落實的情況下，現實與需求之間的無法吻合也是一個需要正視的問題。

三、由上而下與由下而上的推動方式，孰優孰劣

兩性平等教育的推動，在第一階段是由民間而官方、由外圍而核心、由基層往上的方向在進行。從教育或社會運動的觀點而言，從事任何的改變，學習者是否具有自發的動機，經常在過程中會有加成或削弱的關鍵影響。也就是說，對於兩性平等教育這個教改新議題，如果學校以及老師們是基於本身的認同及熱情而參與，當然最珍貴實在，也能收事半功倍之效。反之，如果它只是由上而下的政令指示，

---

[9] 為因應此需求，教育部兩性平等教育第一年的委託專案中，包含「兩性平等教育專業人才資源」的建立，分為「學校教育」（台大婦女研究室）及「社會教育」（婦女新知基金會）兩大部分，目前已完成。

下位者常會拖延搪塞、應付了事。由下而上或由上而下的做法,成效當然有很大的不同。

　　放在臺灣的教育現實來看,如果學校這個系統和外界社會脫節已久,由個人或基層出發、由下而上的推動方式雖值得鼓勵期待,卻不見得是唯一可行的做法。對於現狀中的臺灣校園,採用由上而下發布政策要求實施的方式,或許也有可以肯定及借力使力之處,至少它讓封閉已久的校園被迫開了門,迎入一個重要的新議題。否則,只靠過去社會運動式的做法,要全面進入中小學校園不知要等到何年何月。但是,當校門已然開啓,這兩種方向如何互動,如何銜接,接下去又該如何打破教育場域中的階層關係,如何鼓勵／激發出基層教師的參與動機,又是另一個必須面對的問題。

四、教育人員普遍缺乏結構性思考的能力

　　一般而言,在臺灣從事中小學教育的教育人員大多擁有能力優秀、責任感重、樸實善良、值得信賴的特質,但長期的師範教育和校園特殊的文化,卻早已剝奪掉大多數教育人員的自主性和獨特性。他／她們對於長期接觸的教書工作和教育環境雖然不是沒有自己的看法,但這些經驗與意見經常只停留在個人的感覺層次或私底下的抱怨,很少有機會或管道轉換爲積極的行動。再加上校園中權力階層化嚴重,如果教育主管無法體認教育必須隨著時代不斷進行反省改變、加入新內涵的必要性,毫無意願營造校園內的開放空間的話,基層教師往往只能淪於聽命行事。長期下來,一般教師對於兩性平等教育傾向從社會文化等結構面分析問題的方式,或意圖激發行動力、改變現狀的目標便經常心存疑慮,以迴避或抗拒來因應。

　　舉例來說,許多教師誤解兩性平等教育的內涵,以爲「平等」就是要將所有人變成「相同」,事實不然。兩性平等教育固然堅持男女應同等享有個人的基本人權,在分配資源或維護權益諸事上都不應有

性別的差別待遇或雙重標準，但在個人的發展上，卻主張應尊重每一個個體的個別差異，不分性別的給予發展潛能的機會，肯定個人不同的特質，開創社會多元並容的價值觀，而不是以性別來爲個人設限。

另外，談論兩性平等教育議題，經常無可避免的會介紹女性主義或婦女運動或婦女人權等問題。每當此時，許多教師們的反應頗爲有趣，一種是納悶不耐煩，覺得讓教育歸教育就好，爲什麼要牽扯這麼多；另一種則是積極挑戰，不斷以其原先之知識／經驗體系駁斥女性主義的理論以及婦女運動的主張；還有一種則力力迴避、多所撇清，在詢問「兩性平等教育是不是等於女性主義或婦女運動」，或「兩性平等教育是不是在爭女權」時，希望得到否定的答案，好像如此一來，就能證明自己沒有被「毒蛇猛獸」污染。

這些反應都屬預期，卻令人慨嘆。事實上，因爲兩性之間確實在公私領域各方面存在著結構上的不平等，而放諸歷史，各種民主運動當然都是由弱勢的一方所發動，這也是婦女運動產生的緣由。而爲了解釋造成性別差異諸多錯綜複雜的原因，遂有各種流派女性主義的研究，繼而將之運用到不同的領域，性別的文化建構論就是在教育上可運用的重要理論根據。教育作爲文化建構的一環，當然必須接受檢視與進行改革，檢視並匡正教育場域中的性別不平等謂之兩性平等教育。婦女運動、女性主義與兩性平等教育，三者環環相扣，具有發展先後、精神相通的關聯性。是不能也不必否認的事實，如刻意加以迴避，不但漠視了歷史的進程，也完全喪失了兩性平等教育的精義。

也有人質疑，婦女運動或女性主義都是西方社會的產物，不一定符合本土需求。但無法否認的是，兩性之間的不平等也是存在於我們社會的具體事實，例如每一年臺灣婦女人權調查報告就是明證。對此，我們一方面固然應以發展本土的行動策略與內涵自許，但另一方面更應團結更多人的力量，更努力於落實的行動，儘速從小、從根消除性別的不平等。但在崇尙和諧、害怕衝突的教育環境中，如何鼓勵教師們自我增權（self-empowerment），培養突破現狀的勇氣與認

知，是推動兩性平等教育工作時必須面對的一個課題[10]。

五、各方論述亟待整合，以期彼此增益、相互豐富

在臺灣校園內推動最早的性教育，十年來成果與影響不可小覷，因為性教育的推廣，早期「健康教育課本第十三、十四章跳過不教，由學生回家自己看」的現象幾乎已成了某個時代的笑話。但由泌尿、婦產、公衛等專業人士所推動的性教育，著重的是生理層面的知識和其衍生的問題（性行為、懷孕、生育、性病防治等等），涉及之議題有限，在價值觀上傾向擁抱主流價值，對於諸多不合主流價值的經驗，如婚前性行為、未婚懷孕、同性戀等等，則採取譴責、簡化或迴避的態度，以至產生與受教者或與時代需求之間頗大的落差。

繼之定義籠統廣泛的兩性教育，傾向於接受兩性在現狀中的差異，以教導學生互相了解、彼此尊重為主，不挑戰性別差異的社會建構過程及成因，而將兩性問題解釋為個人能力的欠缺。因此，在碰到問題時，通常以輔導個案的方式加以解決，這也是此類工作經常會編派給輔導室承擔的原因。

一九九四年性解放論述的提出，無論對性教育、兩性教育或兩性平等教育都造成程度不一的衝擊，也引發極大的爭議。以性學和多元文化觀點出發、強調多元差異的性／別教育，雖有其深厚的論述基礎和運用價值。但到目前為止，四方之間常止於各說各話，或彼此批評攻擊，較無正面、具建設性之對話產生。

性教育、兩性教育、兩性平等教育和性／別教育四者之間，既有其不同的時代背景，又各自奠基於不同學理和價值觀之上，彼此之異同，到底存在著互斥，或有互相增益豐富的可能，都亟需彼此辨證釐

---

[10] 見蘇芊玲〈教師兩性意識的覺察與自我檢視－以台北縣中山國小的實驗為例〉一文，發表於教育部兩性平等教育整合實驗計畫成果研討會，1998 年 10 月 28 日。

清，否則各說各話的現況，對廣大社會大眾或教育人士而言，只會造成錯亂混淆、無所適從的結果[11]。

六、法源適切有問題，應考慮另行立法

目前在中小學推動兩性平等教育工作，依據的法源是「性侵害犯罪防治法」中第八條的規定。但根據該條文，兩性平等教育只是性侵害防治教育中的一個項目，許多人得此印象之後，逕自將兩性平等教育簡化為性侵害防治教育，以為只要教導應變／防範性侵害事件的能力便已足夠。事實上，兩性平等教育範圍甚廣，從教材教法到師生互動，從人事結構到校園空間規畫，從師資培訓到政策制定，都包括在內。它的內涵更不只在防範不當錯誤的人際互動，更在培養個別主體的自在自主，鼓勵個體開發自身潛能，開展多元豐富的學習經驗與人際互動，更在於資源的重新分配，打破諸多性別文化迷思，重建新的文化內涵。將兩性平等教育納入以防治性侵害為目的的「性侵害犯罪防治法」，實在是一個以小含大的不適切做法。

於今之道，或許可以參考美國在一九七二年制訂教育法修正條例第九條增修「平等教育機會」法案（Title IX）的做法。按該法規定，聯邦政府不得補助任何具有性別歧視的教育方案。美國繼之於一九七四年頒布「女性教育平等法」，要求各州致力推動兩性平等教育工作。至今無論是學校裡的課程、教材及評量，以及人際互動中的性別歧視現象都大獲改善。如果我們也有類似的法條，上自教育部、各縣市教育局，下至各級學校，都必須確實依據執行，並積極培育及配置相關人員，負責推動、處理與監督相關的工作。如此的做法，才有可

---

[11] 此項討論，預計在《兩性平等教育季刊》第七期以專題處理，擬邀請各方代表人士，各自表述並進行對話，希望對諸多問題能有所釐清，探尋日後相互看見、彼此合作的可能性。

能消除疑義，全方位推動兩性平等教育[12]。

七、建立常設機構，納入百年教育工作

目前中小學兩性平等教育工作的推動由教育部「兩性平等教育委員會」主其事，委員會在性質上屬任務編制，雖較具彈性，卻也有其不穩定性，譬如工作成效常須視委員的投入程度而定。以過去兩年的運作狀況來看，「兩性平等教育委員會」可以說是中央部會中運作得最為積極的一個委員會，但在委員們本身都各有其他專職工作的情況之下，能否長期保持同等熱忱與精力，令人憂心。另外，在委員會的架構之下，教育部對此議題的重視程度，經常受到主管人員的調動或其主觀意願的影響，每遇延宕鬆懈，委員們則必須耗費無謂精力與時間督促委員會的正常運作，此也實非常態。

另外，目前「兩性平等教育委員會」的秘書／執行單位為訓委會，人力必須完全仰賴訓委會的工作同仁，不僅為她／他們造成額外的工作負擔，在工作優先順序上，也常會發生訓委會的其他業務排除兩性平等教育業務的情形。至於經費方面，也無法獨立編列，兩年來所需經費都是從「青少年輔導計畫」年度總經費三億元中挪用五千萬而來。此做法造成弱勢議題／團體互相瓜分經費，而不是從教育總預算中獨立編列，實屬不該，也非推動此工作之委員與人士所樂見。五千萬元之經費看似龐大，放在全國的需求來看，卻像丟入池塘中的一顆小石頭。根據一九九八年十一月九日《國語日報》刊載之消息，教育部決編列每年六億，三年共十八億的預算來培訓小班教學的種子教師，與之相比，兩性平等教育議題的「看似熱鬧，實則無（可炊之）物」的現狀，明顯可見。

---

[12] 參考蘇芊玲、莊明貞〈全面通盤落實兩性平等教育〉一文，發表於《國語日報》國
　　民教育版，1997 年 12 月 30 日。

改善之道，應於教育部設置常設機構，每年編列獨立預算，聘用專責人員，循序漸進制定長中短程計畫。委員們則只負責政策建議與諮詢的功能，另外應將兩性平等教育視為重要教育議題，納入百年教育大計。否則，如果委員會的設立只是純屬社會壓力之下的虛應故事，恐怕起不了任何作用。

第四節　結語

從呼籲改革到法案通過到校園落實，從零星點狀的推動到大規模的落實，是一步步踏實努力的足跡。至目前為止，雖然已小有一些成果，譬如兩性平等教育已納入九年一貫教育課程，各縣市教育局也已成立兩性平等教育委員會負責推動此議題等等，但和期待兩性平等教育能持續往下紮根，有改變文化體質之日的目標相比，則目前的一切還處於起步的階段。

多年下來，特別是在教育部成立兩性平等教育委員會的兩年以來，本人在深入中小學校園與各地推動兩性平等教育的實際經驗中，發現存有上述不少問題，如何一一面對，並加以解決，恐怕是所有負責推動此工作的機構和人士必須繼續努力的課題。對任何一個推動者而言，兩年來這樣深入的、第一手的經驗別具意義，它提醒運動者在懷抱理想的同時，必須立足於現實，與此議題欲號召的眾多運動主體站在同一條線上，為其解決困境，爭取資源，進行橫向、縱向的所有可能連結，共同攜手，點滴紮實累積，進行改造性別文化之大工程。唯有如此，此項教改工程才能持續，走得深遠，走得長久。

參考書目

李元貞（1993）：兩性觀。體檢國小教科書。台北：臺灣教授協會。

婦女新知基金會（1988）：兩性平等教育手冊。台北：婦女新知。

愛瑞克先德沃爾編著，劉慧君譯（1998）：可以真實感受的愛。台北：女書文化。

謝小芩（1995）：教育篇。臺灣婦女處境白皮書：1995 年。台北：時報。

教改會（1996）：教育改革總諮議報告書。台北：行政院教改會。

教育部兩性平等教育委員會：蘇芊玲總編，兩性平等教育季刊，1～6期，1997 年 11 月以降。

蘇芊玲等（1996）：落實兩性平等教育。台北：行政院教改會。

蘇芊玲等（1997）：體檢國小新教材兩性觀報告。台北：婦女新知基金會＆台北市教育局。

蘇芊玲、莊明貞、彭婉如（1997）：中小學教師女性化之教育現狀及其與教改的互動關係。張榮發學術基金會國家政策研究中心委託案（出版中）。已收錄於婉如火金姑（下）。台北：女書文化）。

顧燕翎等（1996）：女性主義理論與流派。台北：女書文化。

第十三章

展望新世紀的性屬
關係

王雅各　著

　　女性主義不把性別的種種視爲理所當然，是一個二十世紀人類最大的發現，同時也對許多傳統觀念形成了嚴厲的挑戰（王雅各，1998：58）。終極而言，轉化人們在生活世界中的性別相關觀念是植基在具體的日常觀察、慣行和生活實踐中的性別歧視現象。長久以來許多人習慣以生理上的差異來區別／辨不同的人，尤有甚者，生理上的不同往往也被用來合理化兩性在社會中所遭受的不平等待遇，因此我們就常常聽到：「男人嘛，總是……」「女人都是這樣……」這種表達的方式。

　　簡單的說，性別差異的論述有兩個分析層次／面向：生理和社會。前者主要針對女性和男性在身體構造上如生殖器、性徵、內分泌腺（激）素等的不同，而後者則指人們依據對於不同生理性別期望而衍生的社會建構。由於傳統理念耽溺於容易辨識的外觀差別以區別不同族群的人，因而使得生理性別（sex）長久以來成爲一種分類人的重要標準。另外，萌生於十八世紀並在其後一百多年橫掃西方世界的演化論，也因爲著重於生物（和生理）的因素，而強化了這種不當的方法。

　　在一九七〇年代，女性主義學者發現了性屬（gender，社會性別）的存在及它的重要性。正如社會學者 Merton（1948:193-210）所提出的概念「自我實現的預言」（the self fulfilling prophecy），一般我們對性別的期望，和，或許更爲重要的，社會建構也會對於自身的性別認同造成相當大的影響。特別在社會化過程中所習染的生存心態，往往也是一個人在性別認同、性別角色扮演、性別分工等事項上的重要依據。

　　顯而易見的，人既是一個生物的種屬，也是一個社會／文化的產物。以往純粹生物性差別的注重，使得一般人很容易陷入一種二元對立和互斥的陷阱，而無法進入——即使是很膚淺的——異性的生活世界中。更嚴重的是，生物本質論的說法通常在區分了兩性的差異後，直接或間接的強調（化）了男性種屬的優越性。因此，所謂的「男性

氣概」（masculinities）如理性、積極、勇敢、文化特性就是比所謂的「女性氣質」（femininities）如感性、消極、柔弱、自然等特質要好。這也就是 Simone de Beauvior 在一九四九年所撰寫的女性主義經典之作《第二性》（*The Second Sex*）中所指出的。

　　不僅女性主義者在一九七〇年代發現了社會性別的重要性，更值得重視的是：她們也開始全面檢討社會中性別不平等的歷史背景、維繫機制、打破的方法和性別歧視主義（sexism）對女人所造成的不利影響。因此在婦女解放運動、婦女和性別研究以及女性主義理論的攜手合作下將全球的人類社會帶領到一個前所未有的新境界。

　　這本書大體上是上述性別革命在臺灣所歷經的版本和成就。醞釀在解嚴前並對社會造成巨大衝擊的組織化婦女運動起源在一九八二年，而婦女研究則肇始於一九八五年（王雅各，1999）。在十多年的努力中，性別平等的訴求向臺灣社會每一個面向中的性別歧視挑戰，並提出改善方案。而一九九七年性別研究學程在國立臺灣大學成立，及一九九九年「婦女研究室」從十四年的體制外到正式成立「臺灣大學人口與性別研究中心」，則見證了婦運在學界中的最新成果。

　　在本書上冊中談論了性別、社會制度和社會建構與生活差異的互動關係。除了提出常人所有的一些攸關性別的刻板印象並加以批判之外，也介紹了模（型）塑性別差異和維繫性別不平等社會機制的運作情形，並提出打破（轉換）的方法（可能性）。下冊則專注在社會性別與文化理念以及再現關係的探討。關注的領域從歷史、人類學、空間、美學等學術建制到融合學術與日常生活的商業、廣告、藝術等。接下來我們依序把每一章的重點再做一次扼要的整理。

　　上冊第一章的緒論以一個全觀的視野介紹了發生在第二次世界大戰之後的世界第二波婦女解放運動。除了介紹美國婦運史的緣起，四個重要的口號：「個人的就是政治的」（the peosonal is political）、「意識揚昇」（consciousness raising）、姊妹情誼（sisterhood）、賦權（empowerment），以及美國版婦運對於美國社會和世界的衝擊之

外，也扼要的提到了婦運在臺灣發展的一些情形。正如筆者在《臺灣婦女解放運動史》（1999）中一再強調的，婦女的政治——社會動員始終存在著健康的異質和多元性。本土的婦運經驗——包括學院中婦女研究的推動在內——自有其明確的主體／題性，由這裡也引出了本書其他重要的討論。

上冊第二部分共有四章，主要集中在生理性別和社會制度之間的關係和互動。劉仲冬的性別差異的生物論述，藉由通常一般人對生理性別迷信的批判，以帶出社會建構論點的重要性。從身體和行為方面看鑑別男女大不易開始，第二章也提到了生理性別（sex）和社會性別（gender）的差異，先天／後天、生物／社會、天生／教養的爭議，並在比較死亡率和疾病率例子中，駁斥了全然強調性別差異生物學理論和其觀點。

在清楚和具體的說明了本質論的謬誤之後，劉仲冬更在結論中，明確的指出生物醫學在科學大旗的引領下，事實上支撐了人們對性別長久以來的刻板印象。而性別類型標籤化下的結果，使得我們長期處在僵化和刻板化的性別世界中。女性主義的生物學論述，當然不在全盤否定生理的因素，而在於指出過度強調命定或「自然」的偏頗。正如劉仲冬所言：「自極端的男性到極端的女性之間，呈現連續性的變異而不是絕對的二分」。

第三章性別暴力與性別歧視，也是一個和生物（理）學密切相關的課題。在傳統男強女弱的觀念中，女人從來就不被視為是一個有慾望的主體，更通常的則是在眾多且頻繁的侵犯案例中，受害者成了責任的唯一背負者。正如知名的強暴控訴女性主義研究者林芳玫在研究中所指出的：「強暴和強暴控訴往往是兩件不同事件」，而不論是哪件中女人都極易成為「被怪罪的受害者」，為大眾所普遍相信的「強暴迷思」就是主宰有關性別暴力思考的主要理論和方法。

本章作者羅燦煐的貢獻不僅在於指出並批判強暴迷思，更重要的是她還進一步以西方（主要是美國）的研究和理論，檢視在性暴力中

女人的處境爲何，及女人爲何淪落到此一處境。此外羅燦煐也強調在媒體中有關性別暴力的迷思再現，往往會強化父權意識型態的主控詮釋及對女性受害者的誤解與責難。最後，羅燦煐也提到：由於性別暴力的體現有利於男性的認同與聯結，及父權體制的持續與強化，因此如何放棄男性發展另類凝聚機制以阻止對共犯結構的參與，方能根本的預防及推翻性別暴力。

第四章關注性別與照顧的關係。長久以來照顧被視爲是女性的「天職」，而在父權意識型態的荼毒下，許多人都不自覺的依此而行。因而人們常見當有任何家人需要照顧時，幾乎都是女人（甚至即使有時她們是家中收入較高的一方）辭去工作而扮演照顧者的角色。呂寶靜以女性主義的觀點釐清照顧的意涵，比較兩性在照顧經驗上的差異，並討論照顧對生活上的影響，分析影響家庭照顧者的社會價值、意識型態和社會福利政策，和提出女性主義對家庭照顧政策的主張。

照顧相關探討的重要就如家務工作一般是對女人有決定性的影響。國內對工作領域的女性主義探討中，張晉芬、嚴祥鸞和劉梅君等人的研究都發現，這兩者是女人決定是否進入（和重新進入）勞動市場的最重要因素。而性別盲的社會福利政策，也完全沒有考慮到沒有進入職場，但卻比全職工作者還要辛苦照顧者的社會福利。因此這個領域的研究可能是目前最重要的婦女福利探討。

劉惠琴在第五章中具體的以心理學爲例，說明女性主義對學術社群所造成的衝擊。不同於傳統觀點以女性爲主體的女性主義心理學不但挑戰了男性沙文主義（male chauvinism），更以探究女性心理的方式補充並豐富了心理學。這種發展趨勢必將影響心理學者如何界定和研究「人」（因爲以往研究中的「人」只是「男人」）。

藉由敘述女性主義觀點如何改變人格心理學、社會心理學和心理諮商等領域，劉惠琴強調 Gilligan、Chodorow、Bem、Blenky 和 Eagly 等人的研究如何逐步將性別差異，從理所當然的生理特質轉向社會建

構，而透過性別的重新建構也解構和重構了社會結構。更重要的是她指出「改變的方向永遠都不是直線進行的，總是在挑戰和反挫中輾轉前進」。因此持續此一「邊緣」和「主流」的辨證，是身居弱勢的女人必須儆醒且一直去從事的重要任務。劉惠琴的這一章也是第二部分相當好的結尾。

上冊的第三部分「社會建構與社會性別」共有八章，分別在不同的領域中描繪生物性別如何透過社會制度的互動，並以眾人同心協力的方式建構出大家所以爲（無異於生理結構）的「社會性別」。王行在第六章中以提出「什麼是婚姻」的問題著手談論有關愛情、性、婚姻和家庭的各種現象。藉由生命周流（life cycle 或 life course）觀念的提出，王行強調具變異性的「人」的本質和具不變性本質的「親密（家庭）關係」之間的矛盾。因此，人必須在每個生命的階段都努力，以不同的方式和不同的期望去經營和調適婚姻。第六章也提出將婚姻視爲是一個旅程（從美好、好奇到個人內在），以便在不同的階段作不同的溝通、互動和追求，最重要的則是除了自身之外，也要關懷對方並一起從事內在之旅。

就某種意義而言，第七章是前一章論點的再次強調。正如王行在家庭中的結論，強調多元家庭觀的出現和重要性一般，謝臥龍與駱慧文在詳細的論述中指出諮商輔導歷程中的性別偏見。在女性主義觀點出現之前，諮商輔導工作者往往無法自外於社會中的性別偏見和性別刻板印象，以致於給案主帶來許多負面的影響，如被刻意強化的性別角色、雙重標準的對待和歧視、使用偏見的療法，甚至將女性案主視爲性對象等。對於上述的缺失，謝臥龍與駱慧文對諮商輔導人員提出：(1)包含具性別意識及無性別偏見療法於訓練課程中，(2)建立證照制度，(3)以性別意識評估並改善教材，(4)建立資料庫，(5)鼓勵與支持性別意識的研討會、工作坊和講習會，(6)加強督導制度的功能，和(7)鼓勵從業人員以多元文化觀進行諮商輔導等。

前述在家庭中的性別歧視，可以被視爲大多在私領域之中的現

象，在第八章中逐漸轉移到公領域之中。蔡秀美的標題「性別意識的
再製與轉化」清楚的說明了教育在維繫社會運作上的功能：再製與轉
化。她也很具體的以帶出功能論和衝突論的不同觀點來說明教育——
包含了家庭教育、學校教育和社會教育——所扮演的角色。基於此蔡
秀美一方面呼應教育中兩性平等意識的訴求，針對教育中再製的部
分，做全面和深入的反省，以期擴大和周遍的照顧到教育改革；另一
方面，她也引用批判教育學和女性主義，以做為推動兩性平等教育的
基礎。

　　在公領域中自本世紀中葉開始有劇烈變化的工作——勞動市場的
參與——領域是第九章的主題。從將公私領域的二分和母職論述視為
是對女性生命強制的文化規範和制度，劉梅君指出若要改善女性所身
處的就業市場困境，必須挑戰並改變這些不利女性發展的文化規範和
制度結構。從介紹女性主義的勞動觀點開始，第九章也描述了女性勞
動理論，剖析了性別面向的勞動價值，「同工同酬」到「等值同酬」
的演變，性別與技能（訓練）的差異，性別職業隔離和工作與貧窮
（特別是貧窮女性化）。在結論中，劉梅君表達了若要根除工作中的
性別歧視，必須同時兼顧性別正義的立法和兩性文化規範的改變。

　　第十章是針對一個晚近愈來愈受重視的題目：婦女與休閒文化，
余嬪的討論涵蓋了婦女休閒行為的特質和休閒阻礙的克服。在特質
上，余嬪認為我們可以在包括了自由時間、活動的選擇和參與主觀經
驗等三個面向的性別差異中，看到女性所受的不平等待遇。其次休閒
活動亦與性別角色的發展相關，因此在諸如職業的選擇和表現、婚姻
生活、親密關係的建立和生活適應都有受到休閒經驗的影響。至於在
婦女休閒的個人內部、人際和結構性三大阻礙上，余嬪也主張以女性
主義觀點批判男流（male stream）的傳統研究來加以解決。最後她甚
且提出以休閒賦權婦女的獨特想法。

　　周碧娥在第十一章中開宗明義的就說明了「爭取政治權一直是婦
女運動一個主要的目標」。她同時也強調儘管不同流派的女性主義理

論對於婦女參政的基礎和追求目標上有若干差異，但對於婦女長期被排拒於政治之外劣勢改善的關懷是全然一致的。

　　除了扼要的介紹婦女和政治互動的歷史之外，周碧娥也以文獻回顧的方式討論了性別與政治中的幾個重要研究領域：婦女對傳統政治的參與、婦女對社會民主化的貢獻和民主化、政黨開放與婦女參政空間的開拓等，特別在第三個部分中，周碧娥以她長期所從事的研究成果，詳細且清晰的說明了婦女從政在臺灣社會情境中的表現。以臺灣民主化過程中的轉變而言，周碧娥的敘述完整的說明了女性和政治互動的所有面向。

　　吳嘉苓在第十二章所關照的主題是醫學中的性別與權力關係。她一方面延續了劉仲冬在第二章中所提到的生物（科學）醫學在人類認知領域地位中的強勢地位分析，同時也以探討性偏好少數，替讀者打開了另一扇性別探討的門。具體而說，吳嘉苓是以女性主義的角度將醫學視為一個社會制度來探討其中的性別議題。藉由對「癔症」（hysteria，歇斯底里）和月經的醫學史介紹，吳嘉苓極有說服力的證明了醫學做為一種社會控制，是規馴／訓女人的重要機轉。而在社會和個人的「過度」醫療化分析──一個一九七〇年代興起的顯眼的醫療社會學領域──中，她也分別以月經、生育、不孕科技和泌尿科的發展，說明女性和男性的現象，最後吳嘉苓更提出制定有性別敏感度的健康政策做為對女性身體醫療化的反／防制。

　　本書上冊結束在王如玄的法律和兩性關係上。從開宗明義的列出中華民國憲法第七條條文中的平等權入手，王如玄以實際的四個修（立）法運動：民法親屬編、性害犯罪防制法、家庭暴力防治法和兩性工作平等法，來說明法學理論和社會現實之間的嚴重差距。這四個法案各自在不同層面對女人有重大的影響，其中牽連最廣也最引起婦女普遍關注的，就是民法親屬編的修正。目前進入第三階段的此一法案，除了子女姓氏之外，尚有待其他如夫妻財產和離婚等條文修正以竟全功。另外，家庭暴力防治法也已在一九九九年六月二十四日開始

施行，兩性工作平等法則於一九九九年四月六日勞委會版本草案送入立法院審議中。

整體而言，在《性別與社會、建構》中，我們以介紹婦女解放運動的源起、歷程、概念和本土的現象為起點，除了區別／辨生理差異之外，也試圖說明性別的社會建構性。第一部分集中在批判生物／理性別的迷思，接著我們在家庭制度、諮商輔導、教育（社會化）、工作職場、休閒文化、政治參與、醫療體制和法律中，以女性主義的觀點來剖析生物性別與社會制度之間的互動（和互相增長）關係。在這些分析中，我們明確的指出性別不平等是如何形成、怎麼維繫和有哪些打破這種機制的方法（可能性）。明顯的是，性別歧視——儘管有某種程度的生理基礎——主要是一個普遍和社會建構的現象。也因此，打破社會制度中不利於女性的部分就是值得大家做進一步思考的重要領域。

名為《性別與文化、再現》的下冊共有四個部分。最先是「性別與文化建構」（包含了三章）；其次是包含了四章的「性屬於文化中的再現」；接著是包含了五章的「女性主義的經驗與實踐」；最後則是全書的總結。李貞德的〈傑出女性、性別與歷史研究〉是拉開性屬關係下冊序幕的第一章。

專研中世紀歷史的李貞德在第一章就以分析法國女作家克莉斯汀狄琵珊（Christine de Pizan）的名著《女性之域》（*The Book of the City of the Ladies*）提出了歷史學中幾個攸關性別的重要議／問題，在該書中，女主角從發現歷史中的性別歧視入手，而以問答的方式駁斥了以男性為中心的歷史觀和歷史研究。尤其特別的是李貞德除了討論西方世界的婦女——歷史研究之外，也以類化的方式分析了本地的歷史學現況，除了性別之外，李貞德也提到了階級、種族和族群與性別交錯研究的重要性。

盧蕙馨在婦女人類學中探討「有哪些文化因素造成兩性之間的支配／附屬模式」為主要關懷。從介紹分析性別不平等的三個模型：以

勞力分工來區分的自然（nature）／文化（culture）、複製（reproduction）／生產（production）和家內（domestic）／公共（public）的二元對立著手；繼之以對此類二分法的批判和提出替代性的看法。由於影響女性地位的因素是多重且地位也並非絕對，因而顯示──相對於傳統觀點而言──女性亦可成為運用各種方式以謀取權力的行動主體，且文化與個別女性存在著一個相互影響的辯證過程。盧蕙馨同時也在歷史的敘述中帶出了人類學婦女研究對臺灣社會探討的成果（和本土化的一些議題），並在結論中強調民間婦女團體的重要性。

畢恒達的性別與空間是性別與文化建構部分中的最後一章。以指出空間和語言的相似之處──常為人所忽略其中的性別意涵──特別是它對女人的規範與限制，畢恒達以家的意義、住宅空間安排、公共空間的性別藩籬、安全感、犯罪與空間設計、防暴論述、同志空間和批判空間規劃設計專業等面向說明性別與空間的關聯性。在第三章中畢恒達極有說服力的證明了完全不考慮女性需求的私密空間──家──其實對女人而言，充塞著複雜的認同與責任的牽扯、無可奈何的感覺和壓抑痛苦的情緒。在公領域和同志空間的討論中，本章也對空間規畫的性別盲有清晰的說明。

性屬於文化中的再現由孫秀蕙的〈廣告與兩性〉為開端。在文章中，她整理了許多研究，發現無論就旁白、模特兒或故事情節來看，廣告都反映了一個男女有別且由男性主導的世界。如同父權社會中所有領域一般，廣告世界中的男性都被描繪成積極、富冒險精神、強而有力、在性方面主動且不關心人際關係的角色；相對而言，女性角色則以年輕、纖瘦、美麗、依賴、無能和需要被男性呵護的樣貌出現，此外，女性也大多以在家庭的情境中出現，以致於在廣告中她們的能量也都投注在裝扮自己和照顧家庭上。針對這樣的情況，孫秀蕙以實際的例子指出閱聽人可以採取行動的方向。

張錦華在第五章中，說明了女性主義的傳播研究為傳播研究所增加的理論啟發、問題意識和研究觀點。首先張錦華詳細介紹了國內外

的女性主義傳播研究文獻；其次她指出這類研究的三個議題：刻板印象研究、意識型態與符號學分析、多義解讀與閱聽人接收分析；接著張錦華從問題意識和方法論兩個面向討論女性主義對大眾傳播的影響，前者包括了「傳播是否造成歧視與壓迫」、「傳播如何造成對女性的歧視與壓迫」、「在哪些傳播層面中有歧視女性的內容或作法」和「如何重視女性日常生活的傳播經驗」等問題，後者則涵蓋了(1)解析深層的父權意識型態結構，(2)理論是改革實踐，(3)重視研究對象的意識與行動，(4)研究者與受訪者之間的互動過程：動態客觀與相互主體，和(5)女性主體認同等方法論的特色。她也在說明了女性主義的貢獻後指出女性主義傳播研究可以繼續努力的方向：產製行銷、主體認同形式和政策研究等。

第六章的〈女性主義〉電影是由黃玉珊導演介紹臺灣電影中的女性形象。在半個世紀的歷史陳述之後，她把重點轉移到已歷經五屆的女性影展介紹。黃玉珊所提及的是相當完整的主題影片、相關——特別是導演——人物和運作方式。她說：「從兩性平權、性別差異與性偏好、婦女運動、身體和情慾自主、家庭中的女性角色、母女／子關係、歷史身分認同、媒體中的女性形象、同志與愛滋、女性與醫療記憶與傷痕都是女性影展包含及探討的主題。而在類型上則有劇情、記錄、動畫、實驗等種類，為開發女性藝術家的潛力作了最佳的見證。」黃玉珊也在結論之中表達了更寬廣推動和引發更多對女性電影對話的期望。

陳香君的〈尋找陰柔的聲音：女性主義與藝術／歷史〉則展現出一個難得的藝術歷史觀點。第七章首先從英美女性主義運動前一般女藝術家的處境介紹，著手點出藝術／歷史中的性別歧視；接著陳香君以充分的文獻說明了女性主義藝術史的創建、開展和女性主義對男流藝術史的介入，同時在論及女性主義藝術實踐時，也有許多著名作品的介紹。至於在本土女性藝術情境描繪，陳香君也在有限的篇幅中提到了女性藝術家的聯展及她們對父權藝術體系的介入策略，分析其中

的問題與限制和實際討論台北市立美術館的雙年展「情慾與權力」。
她並在結論中對於在地女性主義的開展，表達了殷切的期望。

《性別與文化、再現》的第三部分是饒富特色的。一方面它援引
了女性主義理論付諸實踐；另一方面它也是臺灣的女性主義者在吸收
並轉化了西方的思潮後，針對本土的性別現象所做的應用。首先在第
八章中，游鑑明以一個全觀的視野，描述了臺灣的婦運歷史，藉由將
歷史分成戰前、戰後、遷臺後、解嚴前後四個階段，游鑑明完整且扼
要的敘述了臺灣的婦女運動歷史，尤其特別的是她以臺灣自身為主
體，但並不排除五四等民國初年大陸的社會事件的歷史書寫對臺灣的
影響，是極具創意的書寫方式。

在第九章中筆者觸及了另一個社會運動和性別研究中較為學界所
忽視的重要課題——同志人權運動。一方面呼應在上冊中，吳嘉苓所
提到的，醫學（做為一種社會控制）對性偏好少數者（尤其是同性
戀）的規馴／訓，同時也交待了同志運動萌生的社會背景。第九章的
要點主要在於說明，異性戀對於性取向少數的歧視，其實也是奠基在
僵化的男／女性別角色認同。特別就女同志而言，她們所反抗的包括
了性偏好和性別的雙重歧視，而美國婦運史中女同志女性主義者和異
性戀女性主義者的的糾葛，也充分說明了性別和性取向的錯綜複雜。
要言之，性偏好歧視也該被放在性別歧視的脈絡中才能有完整和豐富
的理解。

紀惠容在第十章裡敘述了雛妓救援運動，她說：「『雛妓救援運
動』是一項民間自發性的運動。它由抗戰遊行到殘障收容工作，乃至
嘗試立法，及第一線倡導式工作短短十幾年歷史，已立法成功、改變
政策，並創下多項歷史記錄。」紀惠容也在其中描繪了華西街慢跑、
兒童及少年性交易防制條例、廢娼爭議等話題，以說明「反雛妓運
動」是國內極罕見的「成功」社會運動案例，由於應酬（色情）文化
與雛（娼）妓有密切的關係，而性產業也是嚴重壓迫女性的社會制
度，因此本章的內容是婦運理論極有意義的一次運用。

　　吳麗雪、孔昭懿、蕭淑媛和吳幸蓉等人在第十一章所介紹的高雄縣婦幼青少年館是另一個非常獨特的婦運理論應用實例，婦幼館的運作是基於下列八個經營理念：(1)以女性思維考量婦女處境，活化空間之經營與管理。(2)打破專業門戶之見，重視工作者的意願態度與專業實質。(3)發揮女性優質特質強化組織、個人關係及團隊關係的建立。(4)爲高品質服務奠基，視每位同仁爲服務對象。(5)強調溝通、尊重與包容，從互動中學習成長。(6)重視過程而非結果的團隊文化。(7)注重創意行銷，服務供給多元化。(8)注重女性經驗的體驗與集結，發展女性互助與支持。自民國八十二年九月十九日開館迄今，婦幼館已然舉辦了婚姻學校、婦女學苑、婦女志工和另類婦女節活動等。在良好的活動效果下，成爲全省相關機構在規畫婦女福利及設施時必須參考和學習的典範。高雄縣婦幼青少年館在人性化經營理念和豐碩的活動成果中，也在民國八十七年底《遠見》雜誌所做的一項民意調查中，被認爲是全國十六個縣市中對婦女友善度最高的縣市，展現出一個良好應用性別平等理念的實踐成果。

　　蘇芊玲長期推動兩性平等教育的點點滴滴，是第十二章的具體內容。自教育部在民國八十六年三月七日成立由當時部長爲首的「兩性平等教育委員會」以來，兩性平等教育成爲臺灣社會一個極爲熱門的話題。蘇芊玲在本章中首先回顧了兩個階段的兩性平等教育工作，第一階段由民間婦女團體到教改會的推行，在此階段中由民間婦女團體和相關學者所推動的兩性平等教育在理念、議題和訴求中包括了：教科書內容、就學機會、課程設計、師生互動、學科比率、學習表現與教育抱負、人事結構、師資培育與在職進修、空間分配與安全、性騷擾與性侵害和性教育等；第二階段則爲描述教育部兩性平等教育委員會的組織和活動，檢討這兩年的成果，蘇芊玲發現了下列七個值得深入思索的議（問）題：政策與現狀之間落差嚴重，人力太少，由上而下與由下而上的選擇，教育人員普遍缺乏結構性思考的能力，各方論述亟待整合，法源適切性有問題宜考慮另行立法，和建立常設機構。

　　總結下冊的內容，我們發現了文化中各種歧視女性的現象。做為一種結構，文化本身是一個思維、理念和符號的主體（和體系），但同時文化也和社會結構互動以形成一個互相反饋的系統，在此系統中，物理的真實（social reality）和符碼的再現（representation）造就了一個封閉且互相證成（justify）和增強（reinforce）的迴路（circuit）打破此一封閉系統的方式，須賴外部的影響和內部自身由新理念所生的反動，因此，臺灣婦運的實踐經驗成為一個我們追求性別平等新世界（紀）的恰當起點。

　　在千年末的此刻，我們實在應該從陳腐的生理性別窠臼中脫身而出。在不否認生理性別某種程度的作用下，將社會性別──「性屬」──做為一個嶄新的探討焦點。就以生物學而言，多樣性和異質性實際上是個值得大張旗鼓慶祝的優（特）點，在揚棄了互斥、二元對立的生理性別後，將人們轉移至可以有無家且流動的社會性別中。而此一理想的未來社會，每個人可以不須因她的生理性別而被迫害或歧視，並得享和所有人一樣的成長、學習、努力和自我實現的機會。換言之，男女儘管有（生理上的）不同，但我們絕不容許社會上的歧視（不平等、差別待遇）。這種尊重差異、包容、多元和快樂的將來是值得我們努力追求的新世紀。

國家圖書館出版品預行編目資料

性屬關係／王雅各主編.--初版.--臺北市：
心理, 1999（民 88）
面；　　公分.--（性別教育；2, 3）
ISBN 957-702-338-X（上冊：平裝）
ISBN 957-702-339-8（下冊：平裝）

1.女性主義　　2.性別　　3.兩性關係

544.52　　　　　　　　　　88013749

性別教育 3　　性屬關係（下）：性別與文化、再現

策劃主編：王雅各
總　編　輯：林敬堯
出　版　者：心理出版社股份有限公司
社　　　址：台北市和平東路一段 180 號 7 樓
總　　　機：(02) 23671490　　傳　　真：(02) 23671457
郵　　　撥：19293172　心理出版社股份有限公司
電子信箱：psychoco@ms15.hinet.net
網　　　址：www.psy.com.tw
駐美代表：Lisa Wu　　tel: 973 546-5845　　fax: 973 546-7651
登　記　證：局版北市業字第 1372 號
印　刷　者：博創印藝文化事業有限公司
初版一刷：1999 年 10 月
初版三刷：2006 年 3 月

定價：新台幣 350 元　　■有著作權·侵害必究■
ISBN 957-702-339-8

讀者意見回函卡

No. _____　　　　　　　　　　　　　　填寫日期：　年　月　日

感謝您購買本公司出版品。為提升我們的服務品質，請惠填以下資料寄回本社【或傳真(02)2367-1457】提供我們出書、修訂及辦活動之參考。您將不定期收到本公司最新出版及活動訊息。謝謝您！

姓名：_____　　性別：1□男　2□女

職業：1□教師 2□學生 3□上班族 4□家庭主婦5□自由業6□其他____

學歷：1□博士 2□碩士 3□大學 4□專科 5□高中 6□國中 7□國中以下

服務單位：_____　部門：_____　職稱：_____

服務地址：_____　電話：_____　傳真：_____

住家地址：_____　電話：_____　傳真：_____

電子郵件地址：_____

書名：_____

一、您認為本書的優點：（可複選）

　　❶□內容 ❷□文筆 ❸□校對 ❹□編排 ❺□封面 ❻□其他____

二、您認為本書需再加強的地方：（可複選）

　　❶□內容 ❷□文筆 ❸□校對 ❹□編排 ❺□封面 ❻□其他____

三、您購買本書的消息來源：（請單選）

　　❶□本公司 ❷□逛書局⇨_____書局 ❸□老師或親友介紹

　　❹□書展⇨____書展 ❺□心理心雜誌 ❻□書評 ❼其他_____

四、您希望我們舉辦何種活動：（可複選）

　　❶□作者演講 ❷□研習會 ❸□研討會 ❹□書展 ❺□其他____

五、您購買本書的原因：（可複選）

　　❶□對主題感興趣 ❷□上課教材⇨課程名稱_____

　　❸□舉辦活動 ❹□其他_____　　　　（請翻頁繼續）